数学课堂成长型思维培养

朱国军　李冉　著

丛书顾问　周洪宇
丛书主编　刘大伟　张爱平

生活·实践教育系列成果

南京教育文库

顾明远题

南京出版传媒集团
南京出版社

育文库

顾明远题

顾明远

南京教

图书在版编目（CIP）数据

数学课堂成长型思维培养 / 朱国军，李冉著. -- 南京：南京出版社

（南京教育文库）

ISBN 978-7-5533-4019-7

Ⅰ. ①数… Ⅱ. ①朱… ②李… Ⅲ. ①小学数学课－课堂教学－教学研究 Ⅳ. ①G623.502

中国版本图书馆CIP数据核字（2022）第243261号

丛 书 名：南京教育文库
丛书顾问：周洪宇
丛书主编：刘大伟　张爱平
书　　名：数学课堂成长型思维培养
作　　者：朱国军　李　冉
出版发行：南京出版传媒集团
南　京　出　版　社

社址：南京市太平门街53号　　邮编：210016
网址：http://www.njcbs.cn　　电子信箱：njcbs1988@163.com
联系电话：025-83283893、83283864（营销）　025-83112257（编务）

出 版 人：项晓宁
出 品 人：卢海鸣
责任编辑：冯展君
装帧设计：张　淼
责任印制：杨福彬

排　　版：南京新华丰制版有限公司
印　　刷：江苏凤凰通达印刷有限公司
开　　本：787 毫米 × 1092 毫米　1/16
印　　张：17.75
字　　数：243千
版　　次：2023年3月第 1 版
印　　次：2023年3月第 1 次印刷
书　　号：ISBN 978-7-5533-4019-7
定　　价：60.00元

用微信或京东APP扫码购书

用淘宝APP扫码购书

总 序

不忘本来　吸收外来　面向未来

南京作为六朝古都，历史悠久，底蕴深厚，自古以来就是东南一带的政治、经济、文化中心。南北朝时期，宋文帝首开中国古代教育分科先河，在南京开设儒学馆、史学馆、文学馆和玄学馆，以分科的形式传经授道；梁代的五经博士以考试选拔人才，为隋唐科举制的实施奠定了基础。南京教育在明代更是达到了一个巅峰，不仅全国最高学府国子监设立于鸡鸣山下，且乡试、会试考场也设置于秦淮河畔的夫子庙，“天下文枢”也因此而闻名宇内。与官学相颉颃，私学在南京也有着悠久的传统，宋代的明道书院，明代的江干书院、新泉书院、崇正书院，清代的钟山书院、惜阴书院等，为学术思想的传承、学术流派的形成打下了扎实的基础。

民国以来，南京成为中西方教育思想汇聚的交融地，一大批本土教育家和海归教育家以南京为基点，加入了绘制中国近现代教育改革的蓝图大业中。张謇、沈恩孚、江谦、袁希涛、黄炎培、郭秉文、陶行知、陈鹤琴、邰爽秋、吴贻芳、俞子夷等一批学贯中西的教育家致力于南京教育的改革与发展，“生活教育”“活教育”等教育思想在南京萌芽、丰富与完善，铸就了传承至今的晓庄学院、鼓楼幼儿园等一批教育实践的典型代表。这些源于南京的教育思想与实践以中国基本国情为基础，对西方教育思想与实践进行了创造性转换与创新性发展，走出了一条独具中国特色的教育改革发展之路，一改民初“仪型他国”的社会风气，也为随后很长一段时间的中国教育改革与发展指明了方向。如果说，北京是近现代中国思想变革的策源地，那么南京一定是近现代中国教育思想变革的策源地，也是中国式教育现代化的起源地。

“敢探未发明的新理，敢入未开化的边疆”，这是我对南京教育的一个直观看法。这既有陶行知、陈鹤琴等教育先辈们对我的影响，也有我与南京教育人交往后的感触。早在1982年，我因为编撰《陶行知全集》，就多次来到南京市晓庄师范学校、南京大学、南京图书馆查找资料，认识了一批南京教育界的朋友。近年来，由于工作的关系，我常常有机会参加南京的基础教育活动，也因此与百军局长、张生书记结下了深厚的友谊，对新时代以来南京教育的高质量发展有了深厚的感悟。在学前教育普惠优质发展方面，南京普惠性幼儿园覆盖率达89%，优质园覆盖率达92%，率先全市域创成“江苏省学前教育改革发展示范区”；在义务教育优质均衡发展方面，南京义务教育优质资源覆盖率达98.6%，学校标准化率保持在100%，率先全市域通过“全国义务教育发展基本均衡县（市、区）”评估；在高中教育多样特色发展方面，南京整体规划和建设学术型、特色型、综合型普通高中，实施高中布局优化行动计划，全市达省定三星级以上的公办普通高中比例达95.5%；在特殊教育融合优质发展方面，南京建立了特殊教育工作联席会议制度，建立起从学前教育到高等教育全纳性的现代特殊教育体系，实现了全市所有街（镇）学前、义务教育阶段学校融合教育资源中心全覆盖。

南京教育能够取得如此优异的成绩，既有教育行政部门在方向上的正确指引，也有每一位普通南京教育人在岗位上的默默付出，因而我们既要关注教育宏观问题，也要关注微观上每一位教师、每一件事、每一个孩子。2022年1月，我的学生大伟从南京晓庄学院调任南京市教育科学研究所主持日常工作，我建议他既要在宏观上发挥市教科所作为教育智库的功用，也要关注到学校的内涵发展，更要关注到每一位教师的专业发展，因为教师的发展是学校发展的基础，只有教师发展好了，学校才能发展，而最终指向的必然是孩子的发展。因此我提议他能否整理出版一套“南京教育文库”，通过文库工作推动一批专家型教师梳理提炼教学主张、教育理念和学术思想，以时代为观照，立足南京教育实际，解决中国教育问题，推进南京教科研在知识创新、理论创新和方法创新上不断传承与发展。大伟很快邀请了南京一批名特优教师参与“南京教育文库”的编写工作，并规划了持续长达8—10年的发展计划，其中包括了写作指导、出版、评奖、宣传等全方位的保障体系建设。这一宏大体系建设还得到了顾明远先生的肯定与点赞，并欣然赐予墨宝“南京教育文库”六字。

“南京教育文库”的提出与推进，对于基础教育界具有非同寻常的意义，具体我认为有以下几点价值：

第一，独特性。毋庸置疑，每一个城市的教育发展都有独到之处和自身特点，但南京的教育发展与其他城市相比，其特点更加明显、风格更加独特。在江苏提出率先实现教育现代化的进程中，南京确立了“加快建设现代化教育强市、以高质量教育支撑高质量发展”这一战略目标，更加自觉地坚持教育优先发展、科学发展、创新发展。南京教育的主要发展指标已达到或超过OECD（经济合作与发展组织）发达国家和地区的平均水平，教育现代化水平连续六年获江苏省第一，在省对设区市政府履行教育职责考评中连续三年位居江苏省前列。可以说，南京教育在江苏省甚至全国都具有标杆性的独特作用。而如何将这种独特价值展现出来，“南京教育文库”的编撰正好起到了这一作用。这套丛书通过挖掘梳理南京教育的内涵，将南京教育的独特做法与经验理论化和系统化，既是对南京教育光辉历史过往的追溯与总结，也是对南京教育未来的期待与展望，更是可以成为中国教育改革与发展的地方样本。

第二，人本性。人的发展是教育的出发点和归宿，人的活动是教育的核心和关键，这是我近些年来提出的教育活动史的一个重要观点。教师是教育发展中的人，我们各级教育行政部门应该给予他们更多的关注与关心，特别对于一批具有典型性和代表性的教师，我们应该提供各种条件帮助他们总结、凝练、宣传、推广他们的教育理论与实践。就我所知，目前国内还尚未有类似的丛书出版。南京市教科所率全国之先，关注教育活动中的人，为教师的研究提供物质保障和学术指导，帮助他们在研究中发展，在实践中成熟，在推广中完善，可谓真正地将教师置于教育活动的中心地位，实现了以人为本的目的。

第三，开放性。对于这套丛书的设计与出版，我跟大伟提议，除了考虑名特优教师的教育思想总结与凝练外，还要在未来考虑对青年教师的支持，特别是要支持一批“学带”“优青”等具有基础的青年教师。南京教育近年来提出了如“宁教杰青”等一系列教师培育计划，我想我们的工作在未来还要吸收这样的教师参加“南京教育文库”的编写工作，加快对青年教师的培养速度。在学段上，我建议他要综合考虑各学段人员的配置，中学、小学、幼儿园各学段教师都要涉及，还要考虑在教师发展中心、教研室、教科所等单位工作的人员，更要考虑在学校管理岗位有丰富经验的教育管理者，这样就可以让我们这项工作更加开放、更加多元。

第四，持续性。南京教育的发展历史是一个整体，我们要做到不忘本来，吸收外来，面向未来，既要思考南京教育从哪里来，也要想好往哪里去，更要做好走向的持续性。因而对于这套丛书我还是有一个期待的，期待这套丛书能够持久地做下去，做成制度，做成系列，做成品牌，让更多的教师参与其中，享受到教育改革发展的红利，并在这项工作中得到发展、得到进步。我还希望将来“南京教育文库”能够借鉴“教育智库与教育治理50人圆桌论坛”的思路，形成一支队伍、一项制度、一套丛书、一个论坛、一个品牌的“五个一”发展思路，为南京教育的高质量发展注入持续不断的动力。当然，我也知道为了这套丛书的出版，大伟费尽了心思，他跟我说他要以陶行知办学的事迹为榜样，四处化缘筹措出版经费，找寻出版社确保进度，策划高级别平台宣传，以及筹划、参与各级各类评奖。我希望他能够保持这种工作激情的持续性，将这项工作一直做下去，实现陶公所说的“为一大事来，做一大事去”的理想目标。

合抱之木，生于毫末；九层之台，起于累土；千里之行，始于足下。“南京教育文库”的出版在不久的将来必然会成为中国教育界重要的一棵“合抱之木”、一座“九层之台”。我也衷心希望参与到文库编写工作的同志们千里之行，永不停歇！

是为序。

周洪宇

2022年11月22日

于武昌东湖

（作序者系第十三届全国人大常委会委员、湖北省人大常委会副主任，中国教育学会副会长、中国教育发展战略学会副会长、长江教育研究院院长、华中师范大学国家教育治理研究院院长，博士生导师）

目　录

绪论

思考和不思考是学习态度层面的两种状态：思考是一种积极的学习态度，不思考则是消极的学习态度。思考和会思考是学习动态层面的两种认知境界：思考是一种持续的思想活动，会思考则是方法论上的认知模式。

会思考和会思维也不是一回事儿。思考只是想问题，不太关注“怎么想”；而思维不仅关注“想什么”，还关注“怎么想”。会思考是认知的初阶层次，而会思维是认知的高阶层次，因为思维是一门科学，有规可循。

关于思维的思维就是思维模式，它关注“为什么这样想”，是智力心理学研究的一个分支理论。固定型思维模式和成长型思维模式是这个理论的代表性研究成果之一。

拥有固定型思维模式的人一般固执己见、一成不变，大多劳其一生而碌碌无为，因为方向错了，越努力就越偏离正确的轨道。而拥有成长型思维模式的人往往善于改变、因势利导，更容易成功。

目前的固定型思维模式与成长型思维模式在理论分类上走“两极路线”，即两者是相互对立、非此即彼的，但这样简单的分类容易忽视思维模式的复杂性。本书鉴于此做了一个大胆的理论创新，就是把思维模式数学化，用数学的方法描述固定型思维模式和成长型思维模式，这样多少可以弥补原有理论的不足。

本书的一个实践创新就是把成长型思维模式的培养与数学核心素养培养相融合，探索出一条在数学课堂上培养师生成长型思维模式的新路径——课堂成长共同体建设。如何测量学生的成长型思维并培养之，是本书要解决的主要问题。本书以数学课堂为例，基于课堂观察，通过课堂成长共同体建设，介绍了培养成长型思维模式的一些实用策略。

本书分为六章。第一章简介了卡罗尔·德韦克思维模式理论发展的来龙去脉，并详细介绍了我们的研究团队自主开发的思维模式测量工具，以及依靠这个工具测量的数据和对思维模式进行数学建模的过程。这个数学模型主要体现在四个方面：一是量化固定型思维模式和成长型思维模式，这样就可以通过数值大小描述两种思维模式倾向度的强弱；二是用坐标值描述思维模式，这样可以更清晰地引导人们由关注单极转向关注两极；三是建立笛卡尔坐标模型对思维模式进行分区，把两极表述拓展为四区表达，描述的是思维模式的外部特征，以及群体思维模式的分布情况；四是建立雷达图模型对个体成长型思维模式的构成要素进行细化分析，描述的是思维模式的内部特征。

第二章主要介绍了数学课堂成长型思维模式的观察研究情况。基于第一章提及的测量工具开发了“成长型思维模式课堂观察量表”，并进行了多轮课堂观察实践，形成了一套成熟的课堂观测工具。运用这一观测工具测得的固定型思维模式和成长型思维模式量化数值可以与前测参照值进行对比。将课堂观察量表观测的思维模式能量值与课前观察的数值进行对比后发现，两者具有区间排序的一致性。本章重点介绍了课堂观察维度和每个维度下的观察点，以及这些观察点的设计意图，并详述了课堂成长型思维模式的观测方法。

第三章通过对数学课堂成长型思维模式培养路径和机制的探索，从宏观和中观的角度分析了数学课堂成长型思维模式培养的可能性与可行性。本章先讨论了课堂上的师生关系发展历程，然后基于师生主体间性的未来发展方向和“教学相长”思想，提出了成长型思维课堂新样态——课堂成长共同体，并探讨了它的表现特征。重点对课堂成长共同体三要素在成长型思维模式方面的表现进行了探讨，这可以帮助读者更好地理解课堂成长共同体，也可以帮助读者鉴别这三要素的生长情况。同时还总结了研究团队在课堂成长共同体建设方面的一些实践经验，这对后来研究者具有参考和借鉴的价值。课堂成长共同体概念的提出，是为了整合成长型思维模式课堂要素，从而形成合力，共同发展。

第四章介绍了数学课堂成长型思维模式培养策略，在方法论层面进行了创新，其中有大量的案例提供给读者参考。这些策略都是基于成长型思维模式培养探索出来的经验，是经过梳理和提炼总结而成的，但提出的角度是全新的。同时，把成长型思维模式培养与数学学科核心素养培养有机结合，针对数学学习的一些拐点展开讨论，并提供实例，这是一种新尝试。本章还把数学学习与当前流行的深度学习、小组合作学习和创新学习等理念结合起来，作为成长型思维模式课堂培养的一些新途径进行探索和实践。

第五章关注的是数学课堂学习中的两类人群——资优生和学困生，分析他们进行成长型思维模式培养时与处于常规学习进度的学生有哪些不同，并提供了一些案例和策略。本章首先对资优生和学困生进行了界定，这种界定避免了“优生”或“差生”的称谓，也不使用“尖子生”和“后进生”，而是使用当前普遍认可的说法，以期反映“有教无类”的教育思想。资优生的鉴别、培养和可持续发展是一项系统工程，应该在“立德树人”的原则下让其得到全面发展，以体现“大育人观”。学困生的培养应立足于成长型思维模式，从知识的查漏补缺和习惯的日常养成两方面双管齐下、循序渐进。

第六章关注的是课堂成长共同体中容易被忽视的一个主体——教师。教师的成长型思维模式是怎样的？如何进行有针对性的培养？本章对此进行了探讨，把教师的成长型思维模式培养与教师的专业化发展结合起来，从日常的独立备课到集体备课，从磨课到赛课，甚至对当下教育竞赛生态中的说课、演课，都基于成长型思维模式视域进行了分析。同时，在做课题与写论文两方面给出了一些参考资料和建议策略。事实证明，教师的成长型思维模式培养与教师的专业化发展是相互融合且相互促进的。

全书以数学课堂观察和培养成长型思维模式为主线展开，告诉读者如何进行准备工作、如何观察、如何培养等的途径和方法。本书的核心是培养成长型思维模式，主要路径是建设课堂成长共同体。如何知道成长型思维模式是否得到了提升？这需要对课堂前后的相关数据进行对比，所以需要有成长型思维模式的课堂观察量表。这个量表测得的数据依据在哪里？这需要测量课前的参照值，所以需要先开发课前测量工具。这是本书内容的学术逻辑线路，也是章节分布的思路。正是因为本书有这样的严格逻辑体系，所以建议读者按序从第一章开始阅读。

本书的特色是从成长型思维模式的视角观察数学课堂，通过建设数学课堂成长共同体来促进师生成长型思维模式的发展，进而促进学科思维的发展，最终带动整个数学学习系统结构的优化和学科核心素养的提升。

本书的研究对象主要是小学教师、小学生及其家长，研究载体主要是数学课堂，而阅读对象主要是小学数学教师、成长型思维模式研究者、教育学及心理学研究工作者等。我们在书中对一些研究方法和工具都做了详细说明，便于读者复证。

第一章　成长型思维模式的数学建模

数学学科与思维科学有着紧密的联系。数学课堂在教给学生数学知识的同时，也在培养学生的思维和思维模式。

一、思维与思维模式

近代脑科学的发展促进了人们对思维本身的认知。思维是人类认知的高级活动。在当下的教学实践中，各学科都非常关注学科核心素养，而学科核心素养中的核心则是学科思维。下面我们先来简单了解下“思维”。

第一，思维与思考。想事情就是人在用脑进行思考。事情想清楚了，在行动之前做出一系列决策的过程，都是思考的过程。所以，思考的内容非常宽泛，可以思考大事情，也可以思考小事情，甚至胡思乱想也算是一种思考状态。

思维则是被严谨定义过的概念，不同学科表述它的角度各有不同。

从信息学的角度来看，思维是信息采集、存储、整理、分析、输出的活动过程，突出信息流的媒介作用。像文献研究中的综述、气象和军事分析中的推理，都具有鲜明的信息处理特性。

从生物学的角度来看，思维是脑内一种非常复杂的生化反应过程，其机理至今尚未被人类完全认识。

从心理学的角度来看，思维通常是主体对客体本质规律的主观探寻过程。但教育界好像更热衷于对思维的分类和应用，因此更关注形象思维、抽象思维、求同思维、批判思维、系统思维、创新思维等。

思维被认知是思考的优化和深化过程。因此，学会思考一定是以深度思维为高级样态，高阶思维也就应运而生。

第二，思维模式与价值观。思维模式是关于思维的思维。如果说思维是一门学科，思维模式则是这门学科的上位哲学。因此，相对于一个个具体的思维种类，思维模式涉及视野更广的宏观研究。

思维模式是一种观念，这种观念包含两部分，一是自我认知，一是处理事务时的观念集合。向内认识自我，向外认识世界，在认识过程中进行决策，付诸实践，指导人们选择合理的观点和正确的行动，这是思维模式的价值所在。

价值观是人对自我和外在的主观评价。它和思维模式关联紧密：价值观引导人做什么样的事，而思维模式则关注怎样去做这件事。可以认为，两者指向的是一脉相承事件的结果和过程。

从心理学的角度来看，思维模式和价值观都属于心理倾向，因此二者都可以被看作是一种态度取向。

第三，思维与思维模式的联系与区别。教育工作者更关注思维和思维模式之间的区别。从两个方面可以很容易地把它们区分开来。从智力论的角度来看，思维是智力因素，而思维模式是非智力因素。从认知论的角度来看，思维是一种认知能力，而思维模式是一种非认知能力。

思维是构成智力及智商的核心要素，它具有广阔性、深刻性、逻辑性、灵活性、批判性、敏捷性等诸多特点，这些特点的强弱决定了一个人的智商高低。智力外显要素不包括观念类的态度，思维模式当然就被排除在智力框架之外。同样，认知能力也不包括思维模式。在知识的学习中，以记忆为基础、思维为核心的智力，以及以分析和综合为特征的认知能力构成了主流学习力理论。

但是，思维模式是思维的基础，优秀的思维必须要依靠好的思维模式才能有更好的发展。单纯地、一味地追求某种具体的思维，无异于舍本逐末。了解思维模式并正确地运用它，可以促进思维得到更好的发展。

第四，拥有正确的思维模式。思维模式不仅会影响思维的高度与深度，而且还会影响事业成功。稻盛和夫在阐述成功法则时，用一个数学方程式来表达：人生・工作的结果＝思维方式 × 工作热情 × 能力。

这里的思维方式显然不是指具体的某种思维，而是指思维模式。相对于工作热情和能力，思维模式是一个“更危险”的不确定因素，因为许多人对自己的思维模式一无所知。

上述成功方程式中的每一个因素都是未知数，积的大小决定于思维方式、工作热情和能力这三个因素的大小。这个方程式用乘法来做计算，是为了说明这三个因素存在倍数关系和依存关系。依存关系是指要想成功，决定结果的这三个因素缺一不可，不仅不能为零，更不能是负数，因此它们是成功的必备要素。倍数关系是指乘法放大了这三个因素的价值。正能量的价值会成倍增长，负能量的价值也会成倍叠加。

因此，我们不仅要拥有正确的思维模式，还要拥有优秀的思维模式，成长型思维模式就是一种优秀的思维模式。

二、思维模式的两极化表述

思维模式的研究与智力的研究息息相关。研究进展较快和影响较大的是美国斯坦福大学心理学教授卡罗尔・德韦克（Carol S. Dweck）。

第一，智力内隐理论的来龙去脉。20 世纪 80 年代初，美国著名心理学家罗伯特・斯腾伯格（Robert J. Sternberg）最早将解释智力的理论分为两种基本类型：外显理论（explicit theories）和内隐理论（implicit theories）。他进而把智力内隐理论分为两个研究领域：对内隐智力内容结构的研究和对内隐智力稳定性信念的研究。德韦克及其团队专注于后一个研究领域，他们发展了智力内隐理论，把智力描述成两种观点：智力实体观（entity theory of intelligence）和智力增量观（incremental theory of intelligence）。智力实体观认为智力是天生的、固定的、一成不变或者无法改变的，一个人的成绩是其智力或能力水平的反映。智力增量观则相反，认为智力是可以通过后天习得并不断增量的，不是一成不变的，而是动态发展的，一个人的成绩能反映其努力的程度和方法的有效度。这是德韦克对斯腾伯格智力内隐理论的继承和发展，也是成长型思维模式概念的雏形。

第二，成长型思维模式与固定型思维的提出。在《思维模式：如何全面实现你的潜能》（*Mindset: How You Can Fulfil Your Potential*）一书中，德韦克开始使用思维模式（Mindset）替代智力内隐理论，用固定型思维模式（fixed mindset）和成长型思维模式（growth mindset）替代智力实体观和智力增量观。思维模式理论因而受到关注，成长型思维理论开始为学术界所接受。

智力内隐理论中的两种智力观是固定型思维模式和成长型思维模式的核心前提。两组概念之间的进化关系如图 1-1 所示：

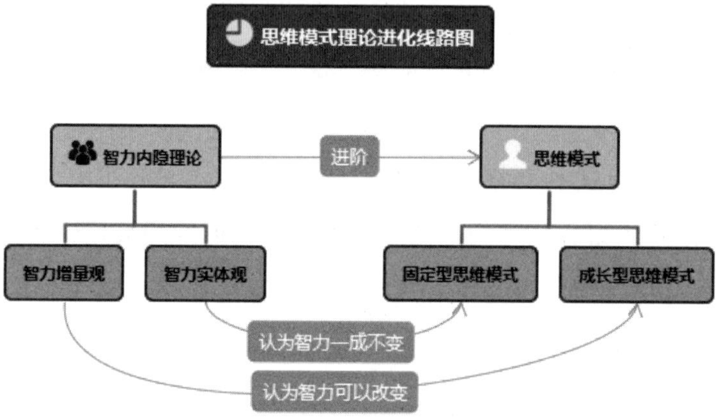

图1-1　思维模式理论进化线路图

安妮·布洛克（Annie Brock）与希瑟·亨得利（Heather Hundley）合著的《成长型思维训练》（*The Growth Mindset Coach*）一书中对德韦克的两种思维模式概念进行了界定[①]，比较简练且直白，本书采用这种说法：

固定型思维模式——认为智慧及其他素质、能力与才华是固定特征，不可能发生显著的改变。

成长型思维模式——认为智慧及其他素质、能力与才华是可以通过努力、学习与专心致志培养出来的。

① 安妮·布洛克、希瑟·亨得利：《成长型思维训练》，张婕，译，上海社会科学院出版社 2018 年版，第 2 页。

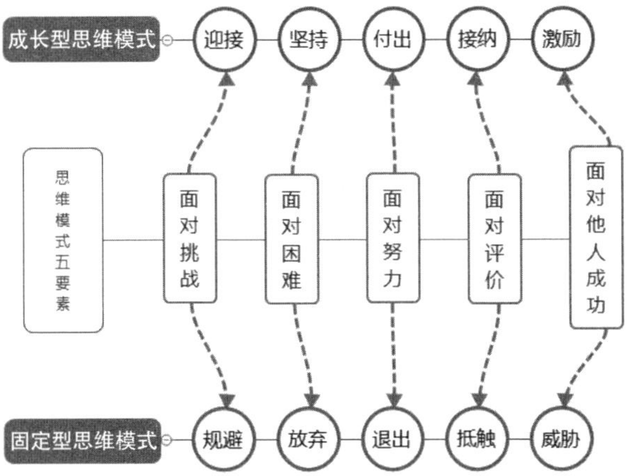

图1-2 固定型思维模式与成长型思维模式在不同方面的表现

固定型思维模式与成长型思维模式在面对挑战、面对困难、面对努力、面对评价、面对他人成功 5 个方面有截然不同的表现。（如图 1-2 所示）挑战、困难、努力、评价、他人成功就是德韦克的思维模式核心构成要素。

从图中可以看出，两种思维模式是相互对立、非此即彼的，这就是思维模式的两极化表述。

第三，成长型思维模式的价值所在。当下的教育过于注重对学生学科思维能力的培养，而对影响人的价值观生成的主要因素——思维模式重视不足，这致使学生的发展和成长出现基础性的结构失衡。具体表现在：学生有着较强的思维能力，但无法很好地面对挑战、批评、挫折，甚至对面对努力和他人成功等问题毫无认知。以前，我们把这些当作非智力因素来研究，现在把它们用固定型思维模式和成长型思维模式进行区分。

成长型思维模式被应用于教育领域后有一些“神奇”的案例，现列举一二：

①香港岭南大学魏向东院长代表国际科研团队分享的一项教育实验结果震惊全场：仅参与 2 个学时特殊课程培训，一学期后，学生的数学成绩（相比对照组）提升了近 4 分。[①]

① 安妮·布洛克、希瑟·亨得利：《成长型思维训练》，张婕，译，上海社会科学院出版社 2018 年版，序言第 1 页。

②然而，无论是贫穷还是富裕，在任何一种社会经济地位的家庭中，成长型思维学生的学业成绩都远优于固定型思维的学生。优秀多少呢？哪怕是来自最穷家庭阶层的孩子，当他们是成长型思维时，语文成绩竟然和最富但是是固定型思维的孩子相差无几。也就是说，当人们为了帮孩子学业更优秀而拼爹拼妈，想尽办法给孩子更好的教育资源时，科研大数据告诉我们：如果孩子有了成长型思维，这一项优势就可能消弭最富家庭与最穷家庭的家庭背景差距。而且更多的研究表明，成长型思维的学生会越来越优秀，他们之间的差距会越来越大。

成长型思维对人生的影响远不止于学习成绩。事实上，它在情绪、态度、人际关系乃至健康方面，都有着深度的决定力。[①]

③最近我注意到一些学生开始越来越愿意努力了……。R 是个以前表现经常不达标的孩子，……他开始努力以来，成绩从 52、46、49 分增长到现在 67 和 71 分，……他很重视自己在数学学习方面的进步。

M 的表现远远低于她所在年级应有的水平。在过去的几个星期里，在午饭时间里，她主动要求我帮她补习，就是为了提高考试成绩。在最近的一次考试中，她从曾经的不及格进步到了 84 分。[②]

以上案例表明，成长型思维模式对人的一生发展有着不可估量的积极影响。这么重要的一种思维模式，在小学阶段，应该有学科教学和活动教育涉及对它的专项而系统的培养。

本书通过自主研发的观察工具鉴别学生的思维模式类型，并通过有针对性的培养方法把固定型思维模式转化为成长型思维模式，以促进学生构建正确的思维方式，形成积极的价值观，为他们的一生成长与发展奠基。

数学学科在研究思维模式方面具有先天的优势，所以，本书主要以数学学科建设和数学课堂作为研究平台和载体。我们通过三年的相关跟

① 安妮·布洛克、希瑟·亨得利：《成长型思维训练》，张婕，译，上海社会科学院出版社 2018 年版，序言第 3 页。

② 卡罗尔·德韦克：《终身成长》，楚祎楠，译，江西人民出版社 2017 年版，第 273 页。

踪调查发现，成长型思维模式的培养与学生数学核心素养的发展存在正相关的关系。

三、可观测的成长型思维模式

判断某种思维模式是固定型思维模式还是成长型思维模式，可以通过观察和测量进行确定，特别是成长型思维模式，它的特征非常显著。

第一，成长型思维模式的表现具有外显性。思维模式和思维一样，同时存在内隐与外显两种特征。思维模式是我们对将做事情的观念集合，这种观念存在于大脑之中，平时并不外显，但在做事的过程中会全面地体现出来，或在语言上，或在行为和表情上。在这一过程中，固定型思维模式和成长型思维模式会有截然相反的表现。研究表明，这种两极化表现在儿童期更甚。“幼儿园 100% 的孩子证明了成长型思维模式。……每升一个年级，会有更多的学生相信智力是个固定的特性。”① 因此，在小学阶段对学生的成长型思维模式进行观测和评价更容易获取它的典型特征。

第二，成长型思维模式的个体具有差异性。如同智力、思维和性格一样，个体在思维模式上也有较大差异，这表现在以下三方面。第一，不同个体之间的思维模式不尽相同，而且可能有天壤之别。比如，同一个班的两个学生，可能一个是成长型思维模式，而另一个是固定型思维模式。第二，同一个体在不同领域的思维模式也会有差异。个体“可以在不同的领域展现出不同的思维模式。我可能认为自己的美术才能是固定的，但智力是可以发展的。或者我的个性是固定的，但创造力是可以发展的”②。第三，同为成长型思维模式的两个个体，其在五要素上也会有差异。甲同学可能在面对挑战时表现出不惧挑战的气概，而乙同学则畏惧挑战；但在面对他人成功时，甲同学认为他人成功是一种对自己的威胁，而乙同学则认为其对自己有帮助。

---

① 玛丽·凯·里琪：《可见的学习与思维教学》，林文静，译，中国青年出版社 2017 年版，第 19 页。

② 卡罗尔·德韦克：《终身成长》，楚祎楠，译，江西人民出版社 2017 年版，第 55 页。

成长型思维模式与固定型思维模式在五要素上会有相反的表现，成长型思维模式的表现分别为敢于挑战、勇于克难、精于努力、乐于评价、善于吸纳。这五要素是观测成长型思维模式的五个视角。

第三，成长型思维模式的发展具有可持续性。成长型思维模式理论相信智力、能力等不是天生的，而是可以通过后天努力改变的。在专业的引导下，固定型思维模式可以转变为成长型思维模式。也就是说，每个人的思维方式都能改变，都可能转变为成长型思维模式。由于思维模式由固定型思维模式向成长型思维模式转变具有不可逆的特征，成长型思维模式一旦养成，就会一发而不可收，持续地发挥着正向的作用，并可能迁移到其他领域。

四、成长型思维模式参照值测量工具的开发与实施

要判断思维模式是固定型还是成长型，这个过程很简单。但要看出成长型思维模式是进步了还是退步了，就需要把成长型思维模式量化，然后进行数据对比。这可能是问题解决的方法之一。

（一）整体思路

课堂观察目前只能依靠人来操作，即靠观察者进行主观判断，而主观判断通常带有强烈的个性偏好，这样的价值判断就很难绝对公正、公平。如何知道主观判断的准确度或科学性？我们的研究团队的思路是先要有一个参考标准，也就是说要先研究课前观测方法，对学生成长型思维模式进行测量。研究团队希望先有一个客观的测量工具，而且这个工具测量的数值应具有较高的信度和效度，这样后期的课堂观察数值才有一个可对照的标尺。图 1–3 就是课堂观察成长型思维模式的整体思路。

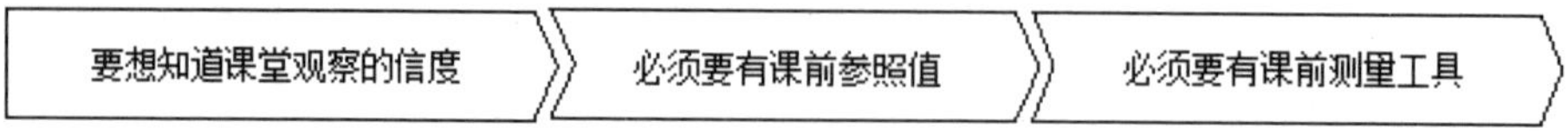

图1-3　课堂观察成长型思维模式的整体思路

这样就形成了两条路径：课前客观测量和课堂主观观察。课前客观测量采用问卷调查法，用在线问卷来实现，研究团队称之为机测。课堂主

观观察采用量表和访谈的方式来进行，研究团队称之为人测。机测和人测两条路径殊途同归，客观和主观两条线齐头并进，机测一条线是研制标准参照值测量方法的，人测一条线是研制课堂观察量表的。两条线有两个交叉点：一是成长型思维模式阈值设定，二是结果输出值比较。（如图 1-4 所示）

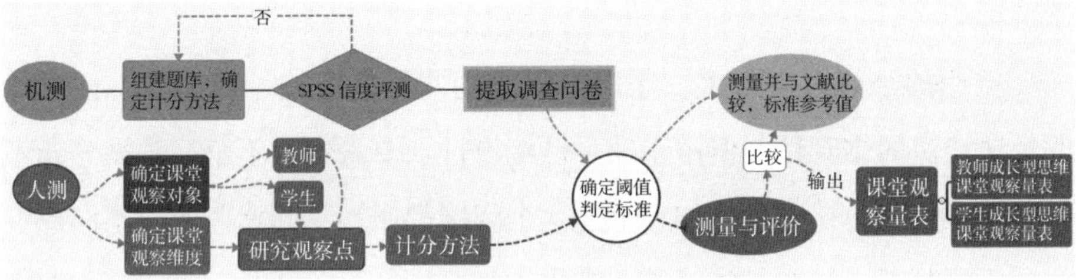

图1-4　思维模式的测量方法

（二）已有方法综述

1. 德韦克方法

梳理成长型思维模式观测的文献后，研究团队发现成长型思维模式现有的测量方法主要有两种：案例分析法和问卷法。卡罗尔 · 德韦克团队更倾向于案例分析法。她在《终身成长》（*Mindset: The New Psychology of Success*）一书中列举了大量的案例，其中有一些是通过面对面直接访谈获取的案例，有一些是他人描述的案例，还有一些是文献案例。通过对案例的分析来确定其中人物的思维模式比较形象而直接。比如，达尔文 · 史密斯（Darwin E. Smith）在回顾他在金佰利公司（Kimberly-Clark）的出色表现时说："我一直努力去胜任这份工作。"①

案例分析在成长型思维模式个体判断中的优势非常明显，通常人物在情境中的态度表现一目了然，因此判断起来更准确。但涉及大量观测的时候，就需要使用问卷调查法。德韦克在书中也提到这种方法，她提出了 4 个问题：

你属于哪种思维模式？回答以下关于智力的问题，阅读每一条并判断同意与否。

① 卡罗尔 · 德韦克：《终身成长》，楚祎楠，译，江西人民出版社 2017 年版，第 25 页。

1. 你的智力属于你比较基本的特质，很难做出很大的改变。

2. 你可以学习新事物，但你的智力水平是无法改变的。

3. 无论你的智力水平怎么样，你总是可以大幅度地改变它。

4. 你什么时候都可以对你的智力水平做出根本性的改变。

问题 1 和 2 回答同意，属于固定型思维模式，3 和 4 则反映为成长型思维模式。

类似的小问卷有很多。小问卷方式的测量速度快、效率高，还可以避免访谈法的主观性，但由于缺少情境设计、要素覆盖不全、领域分布不够，所以可能会误判。比如，上述 4 个问题都回答“同意”或“不同意”时就无法判断，需要与访谈结合起来才能鉴别。

2. 安妮 – 希瑟方法

安妮·布洛克和希瑟·亨得利在《成长型思维训练》中使用了问卷调查来测量学生的思维模式，并且给出了量化的计分方法雏形：

阅读下面的每一个陈述，看看对你而言，是对还是错。

1. 我必须为某事付出努力，说明我不够聪明。

2. 我喜欢尝试困难的事情。

3. 当我犯错误时，我会感到很尴尬。

4. 我喜欢听到别人说我聪明。

5. 当在某件事上遇到困难或挫折时，我通常会放弃。

6. 我不介意犯错。错误能够帮助我学习。

7. 有些事情我永远都做不好。

8. 只要用心努力，任何人都能学会某件事。

9. 人生来便决定了愚蠢、普通或聪明，这些无法改变。

10. 尽我所能会令我骄傲，即便事情并不完美。

你认为题号为单数的陈述中有几条是对的？

你认为题号为双数的陈述中有几条是对的？

计分方法和结果判定：单数题答“对”计 1 分，双数题答“错”计 1 分。

10 分表示固定型思维强，0 分表示成长型思维强。

与德韦克方法比起来，这种方法涉及的题量增加了 1 倍多。毫无疑问，这样的设计是为了增加覆盖面，从而减少误判。它的优点是操作简便、客观性较强，但仍然存在要素涉及少的问题。再一个缺陷是，没有设定阈值，在出现 5 分、6 分的时候就难以判断。

本书介绍的测量工具是我们的研究团队自主研发的，将上面两种方法充分融合、扬长避短，使得观测更为科学、更为准确。本工具可概括为“机测 + 人测”。机测工具的开发需要先建立题库。

（三）题库开发与建设

研究团队通过对大量文献资料的搜集、去粗取精和本土化改造后，成功建设了包含 100 题客观题和 10 题主观开放题的题库，其中成长型思维模式和固定型思维模式各 50 题。分类的标准是对题目描述的观点是否认同。比如，固定型思维模式题目 1“他（她）跟我一样，都学不好数学”，认同这一观点的则是固定型思维模式，不认同的则是成长型思维模式。从固定型思维模式的角度来看是肯定描述的，我们就把它归类到固定型思维模式题库中；反之，从成长型思维模式的角度来看是肯定描述的，我们就把它归类到成长型思维模式题库中。

固定型思维模式客观题库 50 题如表 1–1 所示，五个维度就是思维模式构成五要素（挑战、困难、努力、评价、他人成功），每个维度各 10 题。

表 1–1　固定型思维模式客观题库 50 题

序号	题目	维度
1	他（她）跟我一样，都学不好数学。	困难
2	在早上上学的路上，我看见一个易拉罐，准备把它踢进垃圾桶，结果踢到了一只流浪狗身上，它惊慌地逃跑而撞倒了一个正在骑自行车的大学生。他下来要揍我，我连忙地跑进校门，结果把红领巾跑丢了，被大队委员看见了，扣了一分。我准备找大队委员理论，恰好被班主任看见了，他又把我批评了一顿。这个世界总跟我过不去。	困难
3	晓明是一个四岁的小朋友，他玩拼图时遇到困难急哭了。要想感觉好一点，他最好去拼一些简单点的。	困难
4	在选修课和社团活动中，如果其中一门课程或一项活动无法证明我更聪明，我就没有兴趣。	困难

（续表）

序号	题目	维度
5	如果你需要为某事付出努力，那么你肯定不擅长做这件事。	困难
6	如果我尝试一件事但没有做好，我对它的兴趣就会大大下降。	困难
7	小东的智力属于比较普通的水平，没办法处理复杂的问题。	困难
8	小红画画从来都画不好，这是她的弱项。	困难
9	我能理解他为什么阅读不在行，他从来都不喜欢阅读。	困难
10	我有个同学天生不擅长运动，努力也无济于事，因此最好不要在这方面浪费时间。	困难
11	有些人聪明，有些人不聪明。	努力
12	班上有一个同学字写得不好看，即使苦练了，还是写不好。	努力
13	每个小孩的聪明程度是不一样的，有一些孩子生来就很聪明。	努力
14	老师说小华是一个不断成长的人，我对他的成长不感兴趣。	努力
15	你可以学习新事物，但你的聪明程度是无法改变的。	努力
16	你可以换一种方式做事，但决定你身份的最重要的特质并不会真正改变。	努力
17	我相信国家学业水平测试能够测出一个人长大后会有多聪明。	努力
18	有缺陷和不足的人，才需要努力。	努力
19	姚明篮球打得好，最重要的原因在于他是个篮球天才。	努力
20	如果没有获得最好的结果，那一切都是白费力气。	努力
21	在学习时，对于我的作业能不能及时得到老师的评判，不管对错，我都不想知道。	评价
22	我的同伴对数学的好感下降是因为数学老师的评价对她非常不尊重，每一次她在班上答对问题后，老师都说：“猜得不错。”	评价
23	我喜欢被贴上肯定的标签。	评价
24	我害怕被贴上否定的标签。	评价
25	李莉上初中时就会编程了，她也很喜欢这一学科。但有一天，她的计算机老师批评了她。她编写的程序没有问题，运行良好，但老师不喜欢她的一项快捷操作。她对编程的兴趣随即消失了。后来她转去学习其他选修课了。	评价
26	王老师给学生的评价非常挑剔。有一个学生这样评价他：“他没有理解我观点的简洁性。他认为我的观点不清楚，是因为他并没有用心去读。他不喜欢创新。”	评价
27	如果我在科学课的小组讨论时提出的解决方案被否定，很可能是因为他们不信任我这个人。	评价
28	我认可这样的表扬：“你学得真快！你真聪明！”	评价
29	我认可这样的表扬：“看这幅画，马丽，你说他是不是下一个齐白石？”	评价
30	老师一般都喜欢聪明的学生。	评价

（续表）

序号	题目	维度
31	失败者，就是一个风光不再的人。	他人成功
32	三个人参加钓鱼比赛，只有一个人钓上鱼来，这个人是成功的，另外两个人是失败的。	他人成功
33	在一次糟糕的考试后，晓晓获得一个去看其他人试卷的机会。他会选择去看那些考得非常差的，这就是他让自己感觉好起来的方法。	他人成功
34	在校运动会长跑比赛中，兰兰在前两圈跑在了前三名，但在最后一圈时她落后了，最终没有取得好成绩。赛后，她说："是后面的人撞了一下自己，让自己的节奏乱了，所以才没有取得好成绩。"	他人成功
35	有些人是倒霉蛋，他们永远都是失败者，不配得到别人的尊重。	他人成功
36	人们渴望成功都是因为成功让他们觉得自己比别人强，会有优越感。	他人成功
37	如果一个人接连失败，他就会失去信心，然后就会失去斗志，继续失败，基本上没有翻身的机会了。	他人成功
38	成功而又完美的学生是天生的神童。	他人成功
39	天才，他们能成功是因为他们天生具有这方面的才能。	他人成功
40	一个人能取得多大的成就，在他出生时就已经注定好了。	他人成功
41	"内卷"和"躺平"不是因为惧怕挑战，而是因为无奈。	挑战
42	我不相信通过努力能够让人变得更聪明。	挑战
43	女生一般都不擅长学数学，这就是到了初中后有些女生的成绩会下降的原因。	挑战
44	因为狐狸比乌鸦聪明，所以乌鸦注定总是会败在狐狸手下。	挑战
45	我常常感到自己很没用——大部分人都比我优秀。	挑战
46	我开始焦虑，在下次测验时，我还是不敢挑战我们班在上次测试中的第一名。	挑战
47	你是某一类型的人，永远就是那种类型的人。	挑战
48	对真正的天才来说，任何事情都易如反掌。	挑战
49	有些动物不需要太多努力也能成功，比如猎豹天生就比羚羊跑得快。	挑战
50	如果努力以后依然失败，我会非常受不了。不如随便应付一下，这样即使没有好的结果也不会太难堪	挑战

成长型思维模式客观题库50题如表1–2所示，五个维度就是思维模式构成五要素（挑战、困难、努力、评价、他人成功），每个维度各10题。

表 1–2　成长型思维模式客观题库 50 题

序号	题目	维度
1	我非常乐意收集错题，把它做成错题集。	困难
2	我们都会遭遇到许多失败，这是一种人生经历，能让我更加坚强。	困难
3	许多人生的失败是因为人们放弃的时候，没有意识到自己距离成功那么近。	困难
4	在课堂上，有些同学经常举手，即使回答错误也不会难为情。他们可能认为错误得到纠正也是件好事，犯错误很正常。	困难
5	我认可这样的评价："我很欣赏你为此付出的努力，但是让我们一起来更深入地探讨一下，弄清楚你到底哪里没有弄懂。"	困难
6	虽然目前还没有治愈各种癌症的特效药，但是医学研究工作有着深远的意义，也许有一天这个难题会被攻克。	困难
7	难题就是困难，困难是有意思的事，困难意味着得付出更多的努力。	困难
8	当我克服了一个困难，我希望别人夸奖我努力，是我努力后，困难才得到了解决。	困难
9	遇到挫折没什么大不了的，它会提醒我在哪些方面需要更努力。	困难
10	错误，从另一个角度来看是一件好事，可以帮助我们成长。	困难
11	我知道我的大脑如同海绵般生长，我得像锻炼身体那样训练大脑。	努力
12	保持自己的动力，努力去尝试，再加强训练，那么我们几乎能做好任何事情。	努力
13	无论你的智力水平怎么样，你总是可以大幅度地改变它。	努力
14	无论你是哪一类人，你总是可以从根本上改变既定类型。	努力
15	你总是可以改变决定你身份的基本特质。	努力
16	天才也要通过努力才能达到成功。	努力
17	努力是打开成功之门的钥匙，家长优秀不能让我们成功，努力才能。	努力
18	我不相信有人会永远低人一等，如果他们确实落后于他人，那么他们会更加努力地学习，试着迎头赶上。	努力
19	姚明篮球打得好，不是因为他是一个天才，而是因为他是最努力的运动员之一。	努力
20	我不太关注分数和结果，我更关注我的学习过程和思考过程。	努力
21	李老师对学生的学习评价非常严谨。虽然他对学生批评比夸奖多，但他的评语能够非常明确地指出问题。因此，他仍然是一位好老师。	评价
22	我认可这样的评价："这幅画用了很多绚丽的色彩。跟我说说，你都用了什么吧。"	评价
23	我认可这样的评价："你的进步表明你真的为你的考试付出了很多努力和做出了正确的选择。你反复阅读了材料，画出了重点，对自己进行测试。你的方法确实奏效了！"	评价

（续表）

序号	题目	维度
24	我认可这样的评价："我知道学校的功课对你来说很简单。你之前一直觉得自己非常聪明，但事实上，你没有充分利用你的大脑。我非常欣赏你现在努力尝试有难度的挑战的做法。"	评价
25	我认可这样的评价："这次家庭作业又难，耗时又长。我非常欣赏你能如此专注地完成它。"	评价
26	我认可这样的评价："你在这篇文章里表达了很多想法，让我能从一个新的角度去理解龟兔赛跑。"	评价
27	我认可这样的评价："你演奏这首钢琴曲时的激情让我感到非常愉悦。"	评价
28	我认可这样的评价："我们每个人都有不同的学习曲线，可能你需要更多的时间来掌握和自如运用这个学习材料，但是如果你继续坚持，最后肯定能掌握它。"	评价
29	我认可这样的评价："每个人的学习方式都不同，我们应该继续尝试，找到适合自己的方法。"	评价
30	在家时，我希望我的劳动和付出能够及时地得到父母的评价，不管是肯定还是否定，都是有益的。	评价
31	老师允许考砸了的晓明看其他人的试卷。晓明应该看看那些考得比自己好的同学是怎么做的，这样有利于他看到差距，今后努力提高。	他人成功
32	一个成功的学生的主要目标是拓展自己的知识、拓展自己思考和探索世界的方法。他们不会将分数当作自己的最终结果，而是将它看作帮助自己继续成长的一个参考。	他人成功
33	失败对任何人来说都是痛苦的经历，但同时也是需要面对并且可以从中学习的经历。	他人成功
34	在搭建模型的时候，同伴先成功了，受到了老师的表扬，我非常羡慕他。	他人成功
35	成功来源于尽自己最大的努力做事，来源于学习和自我提高。	他人成功
36	在体育界，胜者就是自己走向成功以及维持成功的人。	他人成功
37	不同人成功自然都是有原因的，这不仅值得研究，还值得学习。	他人成功
38	李想是一个非常聪明的学生，但令他羞愧的是，考试的时候总是表现不好。他的父母这样安慰他："多向他人学习，成功的人和失败的人都值得学习。"	他人成功
39	对于各行业的冠军，这种完美的典型都是通过努力达到的，从来没有什么天才。	他人成功
40	成功的学生的完美典型会重视知识本身，也会重视知识的有效用途。他们希望为社会做出贡献。	他人成功

（续表）

序号	题目	维度
41	每个人都能学习新事物。	挑战
42	我们可以通过克服恐惧心理，让自己变得更勇敢。	挑战
43	我喜欢接受我不熟悉的、新的挑战。	挑战
44	你什么时候都可以对你的智力水平做出根本性的改变。	挑战
45	对于学习数学，我不仅能完成老师布置的作业，还喜欢做一些难题，并在解开难题后感到快乐。	挑战
46	为解决这道数学题采取了各种各样的方法，直到成功攻克这道难题，我喜欢你这种体验。	挑战
47	我很欣赏科学课上那个敢于挑战科学家的同学表现出的勇气。	挑战
48	很多年来，我都认为成绩最重要，但现在我正尝试超越这种想法。	挑战
49	我相信自己总有一个方面超过别人。	挑战
50	挑战会带来困难，我会想办法克服困难。所以，我喜欢挑战。	挑战

主观开放题库 10 题如表 1–3 所示。

表 1–3　主观开放题库 10 题

序号	题目
1	假设你向一家心仪的学校投送了简历，你对录用结果充满了信心，因为很多人都认为你很优秀，但是最终你被拒绝了。请写出你的反应。
2	“班长让我扫地，这个工作真是有失身份。像我这么有教养的人，不应该干这种工作。我应该高高在上，和大人物一起享受美好生活才对。”如果你的班长也这么做，请写出你的反应。
3	在你毫无察觉的情况下，你的朋友背叛了你。但这并非毫无征兆，只是你选择无视。当你终于恍然大悟的时候，一切已经太晚了，你的朋友已经从情感上断绝了与你的关系。你的反应是什么？
4	假设有一天你放学回家时，奶奶对你说：“有的孩子很聪明，有的孩子就很笨。笨孩子脑子不好。”你的反应是什么？
5	小雯的妈妈为女儿感到骄傲。她是班上的尖子生，每次考试的成绩都是前几名，因此她妈妈确信自己的女儿会有一个光明的未来。但在每天早晨上学前，小雯总会感到胃痛。妈妈给她做的饭越来越清淡，希望不要刺激她的胃，但无济于事。他们一家从没想过，她胃疼是精神极度紧张的表现。她好多次被诊断为患有浅表性胃炎，这本该让他们一家对此醒悟，但他们依旧视而不见。医生执意让小雯的妈妈带小雯去咨询心理医生，你觉得呢？
6	假设你在平时是个善良而富有同情心的人——很可能你本人正是这样的人，你深爱着自己的家人，觉得有这样的父母很幸运。但一旦他 / 她违反了你的某项原则，比如垃圾箱满了也不去倒，你就会感到自己受了背叛，于是开始批评对方，从开始的“我都告诉过你多少遍了”到后来的“你什么都做不好”。

（续表）

序号	题目
6	如果他们此时看上去还不感到羞愧，你就会勃然大怒，开始羞辱对方的智商（比如“你是不是脑子不好使，连倒垃圾都记不住”！）和人格（比如“要不是这么不负责任，你也不会……”“如果你除了自己还知道关心别人，你早就……”）。此时怒火早已充斥了你的头脑，于是你开始用想到的一切来支持自己的观点，比如“我从来不相信你”或者“你老板说你能力有限的时候可真没说错”。你的家人不得不走出家门，逃出你怒火所及的范围。对此，你的反应是什么？
7	小许足球踢得好，渴望能够成为校队队长。他在社团 1 组觉得自己比其他人聪明，但该社团埋没了他。于是，他转到了社团 2 组。在这个组，他让教练围绕他来制定战术，但风头却被本组的中锋队员盖过了。他指责教练，批评队友。后来，他校队也没进成。你觉得小许不成功是因为什么？
8	小王是班长。某天，班级在学校卫生检查中被扣分了。这时，一些同学都在指责班长，你会怎么做？
9	你的好朋友最近经常被老师表扬，而你却没有，你感觉到了压力。你会怎样对待朋友？怎样调节自己的心情？
10	张飞早上来到军营，说：“好险，就迟到了一会儿，差一点儿就给军师看到。这个诸葛亮太严了。”不久，他收到了一张罚单——他的战马因为没系绳被当值的军曹逮住了。于是，他又把军曹骂了一通。午餐时，侍卫官送餐晚了，于是他又把侍卫官骂了一顿。晚上下班回家时，路上人很多，马根本跑不起来，他刚对马踹了两脚，咣的一声，马撞到人了。你如何看待这事？是张飞太倒霉，世界都跟他作对，还是这几件事毫无关联，纯粹是讲故事罢了，巧合而已？抑或其他？

主观开放题是作为在出现极端情况下，不能判定测量对象属于哪种思维模式时的参考项。比如，测出来的固定型思维模式参考值是 60，成长型思维模式参考值恰好也是 60，在这种极端情况下是很难判定测量对象的思维模式到底是固定型思维模式还是成长型思维模式。这就要借助主观开放题，通过测量对象的回答情况，找出其态度倾向，就可以做进一步的判定。这事实上就是德韦克的案例分析法。

测量教师和家长的题库与学生类似，只不过换成成人的案例。

（四）题库检测

研究团队抽取所在学校的 458 个四至六年级学生作为实验样本，利用上述客观题库中的 100 道题进行测量，再用专业评测工具 SPSS 22.0 对题库的信度与效度进行检测。结果如表 1–4 所示。

表 1-4　题库的信度与效度

	基于标准化项的克隆巴赫系数 α 值	KMO 取样适切性量数	巴特利球形检验的显著性
固定型思维模式问卷	0.938	0.940	0
成长型思维模式问卷	0.946	0.938	0
总题库	0.857	0.929	0

从以上数值可以看出，题库的整体和部分均信度较高，效度较优，都达到了“非常好”（0.8~0.9）的等级。

但实际测量的时候用 100 道题来测量是不现实的。研究团队咨询了专家，把机测的题量定在了“40+1”，即“40 道客观题 +1 道问答题”。40 道题中正面陈述固定型思维模式和正面陈述成长型思维模式的题各 20 道，将其分配到 5 个维度上，每个维度可以有 4 道测试题，从而扩大了不同领域或学科的覆盖面。这样就形成了课前机测调查问卷。

设计这样的混合组卷，一开始只是想把固定型思维模式题作为成长型思维模式题的干扰项，防止测量对象在答题时对每道题都选择“认同”或“不认同”，从而使得效度检测出现误差。事实上，所有调查问卷在题项设置时，都会考虑设置干扰项。调查结果出来后，研究团队发现不仅可以测出测量对象的成长型思维模式值，也可以测出其固定型思维模式值。在后期统计时，研究团队才发现测量固定型思维模式值也是有用的。

研究团队在后期又从题库中抽取另外“40+1”道题组成了一份后测问卷，因为后测是不可以与前测用同一份问卷的。对 4 个实验班 152 个实验样本进行前测和后测后发现，问卷的信度均超过 0.8，效度超过 0.9，证明其组合性较好。

同时，研究团队发现文献中另外一份数据的测量结果间接地证明了所研制的测量问卷具有科学性。研究团队用前测问卷对所在学校及他校的三至六年级全体学生共 1868 个样本进行了问卷测量，统计了成长型思维模式的学生比例。这个比例呈现出来的趋势，与玛丽·凯·里琪（Mary C. Ricci）在《可见的学习与思维教学》（*Mindsets in the Classroom*）一书中分享的一个数据片段变化趋势相一致，从而证明研究团队研制的测量工具与他人的观测工具在效度上有一致性。表 1–5 为研究团队所测的数据，表 1–6 为里琪的数据。

表 1–5 研究团队获得的关于不同年级学生成长型思维模式的人数占比情况

年级	成长型思维模式人数	总人数	比例
三年级	483	544	88.79%
四年级	257	293	87.71%
五年级	342	421	81.24%
六年级	420	570	73.68%

表 1–6 里琪获得的关于不同年级学生固定型和成长型思维模式的人数占比情况

年级	固定型思维模式	成长型思维模式
幼儿园	0%	100%
一年级	10%	90%
二年级	18%	82%
三年级	42%	58%

以上两份数据充分证明课前机测调查问卷测量工具具有较强的可信度，是一份思维模式测量标准量规。它可以全面、科学、有效、快速地测出一个人的思维模式倾向值，这个数值可以作为后期课堂观察的参考标准值。

（五）计分方法与思维模式判定

由于固定型思维模式和成长型思维模式表现出不同的态度取向，因此在对每道题的计分方法选择上，李克特态度量表计分法就成为不二的选择。客观测量题每道题设 5 个选项：完全认同、比较认同、不确定、不太认同、完全不认同，分别计 5 分、4 分、3 分、2 分、1 分。固定型思维模式题和成长型思维模式题各 20 道题。如果都选择“完全认同”，则总分各自均为 100 分；如果都选择“比较认同”，则总分各自均为 80 分；如果都选择“不确定”，则总分各自均为 60 分。研究团队把 60 分设置为固定型思维模式和成长型思维模式倾向判定临界阈值，并用强弱来描述这个倾向度：超过这个临界值的，则描述为固定型思维模式或成长型思维模式倾向度强，反之则倾向度弱。

如果出现极端情况，即测得的值正好是临界值 60 分，那么就要借助开放题来进行判定。这就是要在测量工具中设置 1 道主观问题的原因。

五、思维模式的数学建模

德韦克把思维模式分成固定型思维模式和成长型思维模式后，这一理论一直沿用至今。这种二元分类非此即彼，定义了两种思维模式一维特征中的两极性。同时，这种类似正负电极的截然对立、水火不容的分类，非常容易发生极端化。它不能细致地描述现实中人的思维模式类别，忽略了黑白之间的“灰色地带”，这是德韦克理论的局限性。因此，需要寻找其他方式来对思维模式进行重新定位和理解。把思维模式进行数学建模就是解决此问题很好的方法。

（一）思维模式的包容性数学表述——坐标能量值

把课前测量问卷做成调查表，通过问卷星平台进行线上调查，便很容易得到文本数据。在数据处理的时候，把固定型思维模式与成长型思维模式分开统计，就得到固定型思维模式和成长型思维模式的两个数值 f 和 g，这两个数值共同构成一个思维模式坐标值 M（f，g）。为方便理解起见，这个值称为能量值。固定型思维模式虽然有其局限性，但它仍然是一个人思维模式的一部分，不应被忽略。而用坐标值来表示一个人的思维模式则可以避免片面性，实现全面而充分的表达，这才是完整的思维模式表达方式。

引入数学方法来表述固定型思维模式和成长型思维模式，其先进性显而易见。以某教研组教师样本为例，其思维模式数据如表 1–7 所示。

表 1–7　某教研组教师的思维模式数据

	T1	T2	T3	T4	T5	T6	T7	T8	T9	T10	T11	T12	T13	T14	T15	T16	T17	T18	T19
固定值	37	70	65	53	42	30	90	55	61	50	51	55	35	80	40	65	70	30	58
成长值	83	88	78	77	73	72	71	70	69	28	62	58	55	41	90	50	33	30	64

T15 样本的思维模式坐标值为 T15M（40，90），表示该教师的成长型思维模式能量值为 90，大大超过了能量临界值 60。依照以前的方法，就凭这一个数值就会判定该教师的思维模式是成长型思维模式。但用坐标值来表述让我们还关注到了该教师的固定型思维模式能量值为 40，不是很低，说明其在某些方面存在固定型思维模式的倾向。再看 T14 样本的思维模式坐标值为 T14M（80，41），说明其固定型思维模式能量值高达 80（超过了能量临界值），可以判定该教师的思维模式为固定型思维模式。但我们也看到其思维并非完全没有成长型思维模式倾向，还有能量值 41。表中也有成长型思维模式能量值和固定型思维模式能量值都较强或较弱的情况，例如 T7M（90，71）、T18M（30，30）。如果用二分法，就很难判定这部分人群的思维模式了。

思维模式的数学表达法拓展了德韦克思维模式理论的宽度。用坐标值 M（f，g）这种数学方法来描述思维模式，能够把固定型思维模式和成长型思维模式都包括进去，这样包容性更强，很容易看到一个人思维模式的两个面。德韦克本人也曾说，随着年龄的增长，大部分人的思维模式是两种模式的混合体。因此，不能简单地把思维模式光谱绘成单一的颜色。上文提到的简单问卷法则很容易犯这样的错误。像我们评价一个人一样，既要看到其缺点，也要看到其优点。描述思维模式的时候，也应该既要说明成长型思维模式的情况，又要说明固定型思维模式的情况，这就是用坐标值来描述思维模式的优越性所在。

（二）思维模式的拓展性数学表述——笛卡尔坐标模型

既然把思维模式用坐标值来描述，就一定要把它放到笛卡尔坐标中，特别是在对群体思维模式进行分析的时候。

在笛卡尔坐标内，把思维模式能量临界值（60，60）设定为原点，把样本的坐标值放进去，就可以看出他们的思维模式象限类型。图 1–5 是上述某教研组教师的思维模式笛卡尔坐标图。

把思维模式用象限来标绘，就把原来的一维两极的片面表述拓展为

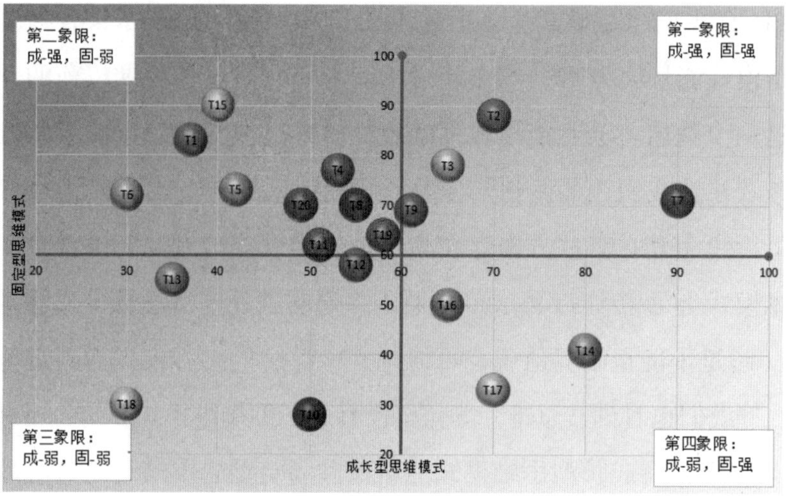

图1-5　某教研组教师的思维模式笛卡尔坐标图

了二维四区的较全面表述。这样细分思维模式能更接近现实中人们的思维模式分布情况。

这种思维模式标绘法可以定位个体的思维模式，也可以让我们很快地给群体的思维模式进行分类，从而找到需要转化的人群及转化的方向。关于这四个象限人群的思维模式的共同特征，将在下一小节详细讨论。

（三）成长型思维模式要素的结构性数学表述——雷达图模型

对于个体成长型思维模式五要素的分析，我们用雷达图模型可以快速地找出其长短板。（如图 1-6 所示）

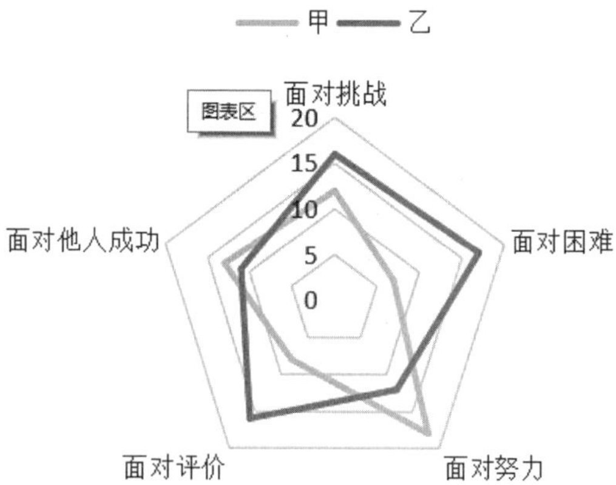

图1-6　甲、乙两个学生的成长型思维模式要素雷达图

从图中可知，乙同学的成长型思维模式五要素较均衡，而甲同学则相对不均衡，两者对比效果非常明显。

单看甲同学，除了在面对他人成功和面对努力两方面表现较强外，另外三要素则较弱，是需要加强的短板，其后期的努力方向非常明确。这给干预行动提供了有针对性的指导。

思维模式要素雷达图更利于发现个体思维模式中某要素的强弱，可以使后期培养做到“对症下药”、有的放矢。

综上，思维模式的坐标值表述法容固定型思维模式和成长型思维模式于一体，使我们开始用辩证的思想来看待思维模式，一下子增加了思维模式内涵的厚度，这是宏观视域下的改变。思维模式的笛卡尔象限表述法把一维二元分类改为二维四区分类，可以较准确地定位个体的思维模式类型，拓展了思维模式分类的深度，这是中观视野下的革新。思维模式的雷达图表述法像一个切片，把思维模式的构成要素看得清清楚楚，拓宽了思维模式结构的可视化宽度，这是对思维模式的微观观察和分析。

六、固定型思维模式与成长型思维模式的二维四区分类

用坐标图标绘法来分析群体的思维模式类型，可以找出同一类型人群的共性。

处在第二象限的人其成长型思维模式倾向度强，而固定型思维模式倾向度弱，是理想的思维模式。与之相反，处在第四象限的人其固定型思维模式倾向度强，而成长型思维模式倾向度弱，这是比较糟糕的思维模式。第一象限即成长型思维模式和固定型思维模式倾向度双强，两强碰撞、内心对抗，容易形成“自我内卷”。与之相反，第三象限即成长型思维模式和固定型思维模式倾向度双弱，这类人容易“躺平”，厌学的学生基本上在这个区域。

根据固定型思维模式和成长型思维模式倾向度的能量值坐标，把思维模式分成四种类型，就可以更细致地区分一群人的思维模式类型。具有这四区典型特征的代表人物，非《西游记》中唐僧师徒四人莫属。因此，

研究团队把第一象限至第四象限这四区分别命名为“能区”“空区”“净区”和“玄区”。

第一，“空区”思维模式——成长型思维模式倾向度强、固定型思维模式倾向度弱。孙悟空头脑灵活、善于学习、从不言败、奋斗不止，因此在团队中综合本领最强，是典型的成长型思维模式超强的代表，他应该处在第二象限思维模式理想区的顶端位置。研究团队取他名字的一个字，把这个区命名为“空区”。

面对挑战时，这位战神从不胆怯，不管是妖怪还是神仙，甚至面对法力无边的如来佛，也不自量力地敢于挑战。面对困难时，他会想方设法地寻求帮助，积极地解决前进路上的各种障碍、艰难和险阻。他是团队中最积极、最努力的一个队员，除妖时冲锋陷阵、奋战到底，化缘时率先垂范、翻山越岭。面对他人成功时，他能坦然待之，该祝贺就祝贺，该道喜就道喜。

在孙悟空的成长型思维模式的构成要素中，唯一的短板就是面对批评的态度。一开始他是极反感师父的批评，由不解到对抗，再到叛逃。对赞扬他的话，则是照单全收，因此他是一个“顺毛猴”。不过瑕不掩瑜，这一点的固定型思维模式能量值跟他的成长型思维模式能量值比起来可以忽略。

“空区”是思维模式的理想区和努力方向。处在“空区”的人，已经或接近形成理想的成长型思维模式，他们在工作中可以灵活运用成长型思维模式来妥善处理复杂的工作。他们甚至可以看透分布在其他区的人的思维模式，明确自己处在思维模式的高维区，但他们仍然很努力地学习，以使自己的格局变得更大。他们改进思维模式，只需要关注自己的成长型思维模式要素雷达图，观察成长型思维模式要素的短板，经简单的提醒，就可以得到自我修正。修正是为了完善，进而达到尽善尽美。

第二，“玄区”思维模式——成长型思维模式倾向度弱、固定型思维模式倾向度强。唐僧（法号“玄奘”）因循守旧、抱残守缺、执着顽固、少有反思，虽然勤奋，但在取经途中经常成为阻力的一部分。他自然是固定型思维模式的代表，处在第四象限。研究团队同样取他名字的一个字，把这个区命名为“玄区”。

固定型思维模式的人在认知上处于“他不知道自己不知道”，根据达克效应，他会有谜一样的自信。

唐僧对挑战是没有概念的，他认为世界一切皆美好，人人善良。取经中唯一的挑战可能就是在女儿国中面对的感情挑战，对此他处理得也是拖泥带水。面对妖怪纠缠时，他基本上是没有办法的，只是听天由命，任由妖怪摆布，寄希望于大徒弟孙悟空来解救他，其个体的清障能动性很弱。面对困难时，他基本上都解决不了，但又放不下师道尊严，摆出一副可以掌控大局的模样。他倒是很努力，取经的意志一直很顽强。他努力地做好人，但有时却帮倒忙。正是他的一次次误判，才会使团队一次次脱离苦海后又入魔窟。面对评价时，他态度谦虚，但言语含糊，这也是固定型思维模式的人特有的表现。面对他人成功时，他能宽厚以待。比如，看到一些妖怪被菩萨收留或渡劫时，他能释然。这一点是他成长型思维模式的加分项，但不足以改变他取经途中展现出的固定型思维。

“玄区”的思维模式特点是固定型思维模式倾向度强、成长型思维模式倾向度弱，是思维模式比较糟糕的一个区。在生活和工作中，这类人认死理、一根筋，非常难以沟通。他们改变起来难度较大，需要一方面提升其成长型思维模式倾向度，另一方面又要削弱其固定型思维模式倾向度。

第三，“能区”思维模式——成长型思维模式倾向度强、固定型思维模式倾向度强。猪八戒（法号“悟能”）有些本领，但不务正业、畏惧困难、牢骚满腹，在打架的时候时而退缩，时而又积极努力，典型的“分裂型人格”，处在第一象限。研究团队把这个区命名为“能区”。

猪八戒这种人的认知水平是“他知道自己知道”，但是就是不愿意改变。

面对挑战、困难和努力时，猪八戒表现出矛盾的情绪，欺软怕硬，有时天不怕地不怕，有时又忌惮妖力太强。在困难面前，他是典型的“逃跑主义”，经常提散伙。面对评价时，他会犯“猪脾气”；得到褒奖时会高兴，但受到批评时又会生气。面对他人成功时，他的表现则“酸甜相济”。他没有什么大的志向，人生的追求就是“食物”与“色”，合意时能附和，看不顺眼时则冷嘲热讽。

“能区”思维模式特点是固定型思维模式和成长型思维模式倾向度都比较强。处在“能区”的人，其在生活中能力较强、能耐较大，但思想顽固，不想变通，通常志比天高，但优柔寡断而错失良机。他们的内心会有两个“自我”：一个充满正能量，一个则充满负能量；一个是积极的，一个是消极的；一个是主动的，一个是被动的。可以说，一个是天使，一个是魔鬼，或者说一个是大我，一个是小我。两个“自我”经常在内心互搏，精神和意志经常会陷入内耗状态。如果他们不能降低固定型思维模式能量值，就不能消除“心魔”，也就不会有大的格局和成就。

第四，“净区”思维模式——成长型思维模式倾向度弱、固定型思维模式倾向度弱。在师徒四人中，沙僧（法号“悟净”）与世无争、安守本分，但能力一般、逆来顺受，师父叫干啥就干啥，属于固定型思维模式和成长型思维模式双弱型，处在第三象限的“净区”。

面对挑战时，沙僧欲望不强，总想着“反正有大师兄”。面对困难时，他动力不足，依然想着“反正有大师兄”。面对努力时，他只是勤勤恳恳地做好本职工作——喂马、挑担，坚忍有余而创新不足。面对评价和他人成功，他也没有过分的反应和过激的言语，所以很难判断他的态度。“和稀泥”是他对人、对事时的常用方法，内心因为没有太多的想法和追求，倒也没有烦恼。

处在“净区”的人，在生活和工作中缺乏内驱力，有点“躺平”的意思。这种“躺平”不是什么都不做，而是只做分内事，无追求、无动力，脚踩西瓜皮——滑到哪里算哪里。他们的工作或学习状态是感到无望后的无奈，在业务水平或学习能力上自然不会有大的长进。

处在这个区的人极易坠入第四象限的“玄区”，会怨天尤人。但如果能树立志向、建立目标，有一个向好的追求导向，其成长型思维模式能量值会提升得很快，从而跳出泥潭，直接踏入第二象限的理想区。所谓信与不信就在一念之间，说的就是这类人。

四个区的人虽然各有特点，但聚焦原点后我们会发现，处在原点周围小圈子里的人是临界人群，是边缘人群，是离散人群，特征不会太明显，界限也很模糊，很容易受离心力的影响而逐渐定型在四个区的某个低位。这部分人群非常少，但值得关注。原点离散，是这类人群的一个特征。

研究团队的前测调查样本显示，“空区”“玄区”“能区”和“净区”学生比例大约为6 ∶ 1 ∶ 2 ∶ 1。调查对象仅限于某校小学的中高年级学生。随着年龄的增长，成长型思维模式的人群比例会下降，因此这一比例不能推及其他人群，不具有普遍的统计学意义，只可作为同类型样本研究的参考。何况，固定型思维模式和成长型思维模式能量值在不同年龄、不同空间、不同领域中会随时改变。

思维模式的四区模型虽然也不能精确地描述现实中的每个个体，但比之前两极化的极端模型已经“温和”了许多。它可以很好地分析群体的思维模式类型，区分四类人，也可以清晰地看到每类人的进阶方向，为后期的改善指明了道路。

总体来看，把思维模式数学化能便于更好地理解固定型思维模式和成长型思维模式，也能便于全面地分析和清晰地表达。

七、成长型思维模式关联要素

（一）成长型思维模式归因调查

分析课前机测工具测得的样本值后，研究团队发现，不论是成长型思维模式还是固定型思维模式，极大值和极小值的分差很大。也就是说，学生的思维模式差异很大。测量对象中成长型思维模式最高分为 100 分，最低分为 60 分，分差为 40 分；固定型思维模式最高分为 78 分，最低分为 20 分，分差为 58 分。筛选出典型的成长型思维模式和固定型思维模式各 20 个样本，目的是想弄清楚在干预之前，他们的思维模式与哪些因素有关。于是，研究团队做了归因调查研究。

归因调查对象为两类人群：一是家长，二是教师。前者采用问卷调查，后者采用访谈调查。

1. 问卷调查

在调查之前，通过文献研究和专家访谈，研究团队列举了一些可能的关联因素，并把它改编成问卷。（如表 1–8 所示）

表 1–8　实验班学生的家庭学习背景调查问卷

班级：______　学生姓名：______　性别：______

1. 家庭生活中每天在一个空间里衣食住行的人口是______。

A.2~3 人

B.4 人

C.5~6 人

D.6 人以上

2. 学生每天生活的家庭居住面积是______。

A.50 平方米以下

B.50~70 平方米

C.71~90 平方米

D.91~110 平方米

E.111~140 平方米

F.140 平方米以上

3. 父亲的工作单位类型是______。

A. 事业单位

B. 非事业单位

C. 企业单位

D. 商业单位（含个体）

E. 自由职业

4. 母亲的工作单位类型是______。

A. 事业单位

（续表）

B. 非事业单位 C. 企业单位 D. 商业单位（含个体） E. 自由职业 5. 父亲的学历是______。 A. 博士 B. 硕士 C. 本科 D. 专科 E. 中专 F. 其他 6. 母亲的学历是______。 A. 博士 B. 硕士 C. 本科 D. 专科 E. 中专 F. 其他 7. 父亲的职务是______。 A. 单位负责人或副职 B. 管理中层 C. 基层员工 D. 无职务或其他 8. 母亲职务是______。 A. 单位负责人或副职 B. 管理中层 C. 基层员工 D. 无职务或其他 9. 家中是否有书房？______。 A. 有 B. 无

（续表）

10. 家庭藏书数目是______。 A.50 本以下 B.51~100 本 C.101~200 本 D.201~300 本 E.300 本以上 11. 父母合起来一年大约会读多少本书？______。 A.0~1 本 B.2~3 本 C.4~6 本 D.7~10 本 E.10 本以上 12. 孩子做好作业后，每周可以使用电脑或上网设备的时间大约______。 A.0 分钟 B.30 分钟内 C.31~60 分钟 D.61~90 分钟 E.91−120 分钟 F.120 分钟以上 13 孩子用电脑来干什么？______。（可多选） A. 上网课 B. 玩游戏 C. 查资料 D. 做题 E. 编程 F. 看视频 G. 购物 H. 聊天 I. 更新某些社交软件的信息 J. 其他 14. 孩子每周玩游戏的时间大约______。

（续表）

A.0 分钟
B.30 分钟内
C.31~60 分钟
D.61~90 分钟
E.91~120 分钟
F.120 分钟以上
15. 孩子每周课外阅读的时间大约______。
A.0 分钟
B.30 分钟内
C.31~60 分钟
D.61~90 分钟
E.91~120 分钟
F.120 分钟以上
16. 孩子喜欢阅读哪些类型的书籍？______。（可多选）
A. 哲学类
B. 文学类
C. 科普类
D. 艺术类
E. 教辅类
F. 动漫类
G. 军事或艺术类
H. 其他
17. 孩子有多少个玩具？______。
A.5 个以内
B.5~10 个
C.11~20 个
D.20 个以上
18. 孩子的玩具类别是______。（可多选）
A. 布绒玩具（各种动物布偶或布娃娃）
B. 车模或航模
C. 枪械模型

（续表）

D. 纸牌棋类
E. 积木类（含电子积木）
F. 机器人、电子宠物
G. 自制玩具
H. 其他
19. 孩子每周玩玩具的时间大约______。
A.0 分钟
B.30 分钟内
C.31~60 分钟
D.61~90 分钟
E.91~120 分钟
F.120 分钟以上
20. 孩子每周看电视的时间大约______。
A.0 分钟
B.30 分钟内
C.31~60 分钟
D.61~90 分钟
E.91~120 分钟
F.120 分钟以上
21. 孩子看电视的节目类型是______。（可多选）
A. 动画片
B. 纪录片
C. 电影
D. 电视剧
E. 娱乐类节目
F. 体育类节目
G. 戏曲音乐等艺术类节目
H. 科技类节目
I. 军事类节目
J. 新闻
K. 外语类节目

（续表）

L. 农业类节目
M. 财经法治类节目
N. 电视游戏
O. 其他
22. 父母每天与孩子谈话的时间（含餐桌上交流）大约______。
A.0 分钟
B.5 分钟内
C.5~10 分钟
D.11~20 分钟
E.21~30 分钟
F.31~60 分钟
G.60 分钟以上
23. 父母与孩子交流的内容是______。（可多选）
A. 孩子的学习
B. 孩子的思想与心理
C. 孩子的习惯、行为、礼仪与规范
D. 父母的工作
E. 家庭管理
F. 同学故事
G. 学校见闻（如上课的状况、教师的教学、学校活动等）
H. 社会见闻
I. 哲学
J. 艺术
K. 科技
L. 孩子感兴趣的话题
M. 无固定话题
N. 无话可说
24. 与孩子聊天的方式是______。
A. 面对面一对一谈话
B. 面对面二对一或多对一谈话
C. 客厅里随便谈

（续表）

D. 饭桌上随便谈

E. 聊天前先沟通谈话的内容与方式，再与孩子交流，注重仪式感

F. 亲子运动或活动时聊一聊

G. 其他

25. 家庭亲子运动（含散步）或活动（含聚餐）每月______次。

A.0

B.1

C.2

D.3

E.4

F. 大于等于 5

26. 父母携子旅游（含国内外旅游或郊游）每年______次。

A.0

B.1

C.2

D.3

E.4

F. 大于等于 5

27. 家庭共同活动后，比如，看一场电影后会一起讨论剧中的人物或情节吗？或者分享彼此的看法吗？______。

A. 经常

B. 很少

C. 不会

28. 家庭公约或家规情况是______。

A. 有明文

B. 没有明文，但有明确的规定

C. 暂时没有，但准备制订

D. 一直没有（我们家孩子听话，不需要）

E. 一直没有（我们家孩子不听，制订了也没用）

29. 家庭公约或家规执行情况是______。

A. 人人都在遵守

（续表）

B. 孩子要遵守，大人不一定
C. 有很大的弹性
D. 没有人来监督执行
30. 父母一方做错事后，另一方会______。
A. 马上批评对方，没完没了地揪住不放
B. 安慰，表示没关系，谁都会犯错
C. 鼓励，表示下次一定会做得更好
D. 不闻不问，不了了之
31. 孩子做错事后，父母会______。
A. 批评，没完没了地讲道理。
B. 安慰，表示没关系，谁都会犯错
C. 鼓励，表示下次一定会做得更好
D. 不闻不问，不了了之
32. 孩子遇到困难后，父母会说：“ ______。”
A. 你会克服的，你能渡过难关
B. 你真笨，这么简单的问题都搞不懂
C. 我来帮你做，看好了，是这样的
D. 能做就做，不会就算了
E. 到此为止吧
33. 父母一方在工作单位受挫折回家后会______。
A. 发脾气
B. 在检查孩子的作业时，把气撒到孩子身上
C. 在回家前整理好情绪，不把气带回家，然后把微笑带给家人
D. 自己生闷气
34. 孩子要挑战一只成年狗，父母会说：“ ______。”
A. 你真是自不量力，先保护好自己再说
B. 你尽管大胆去尝试
C. 你可以去挑战一只泰迪狗
D. 以后看到狗时你就躲远点
35. 邻居家的哥哥考上了大学，他们一家人这样讲，您认可谁的说法？______。
A. 哥哥讲：“再也不需要刻苦读书了。”

（续表）

B. 爸爸讲：“在大学也要认真读书，继续努力，不仅如此，整个人生都要如此。”
C. 妈妈讲：“我不关心你飞得有多高，我只关心你飞得累不累。”
36. 邻居家的哥哥考上了一所重点大学，您家的孩子可能会这样说：“______。”
A. 有什么好神气的，我会超过他的
B. 真让人羡慕，我要去祝贺他
C. 好气人，那所大学应该是我去的
37. 家庭会因什么问题意见不合？______。
A. 从没有
B. 孩子教育问题
C. 财务问题
D. 家务问题
E. 感情问题
F. 邻里或社区关系问题
G. 其他
38. 父母对孩子智商和情商的看法是______。
A. 智商、情商都高
B. 智商、情商都低
C. 智商高，情商低
D. 智商低，情商高
E. 不好判断
39. 孩子的财务情况是______。
A. 有独立的银行账户，并能进行理财
B. 有独立的银行账户，由父母代管理财
C. 有独立的储蓄钱财的空间，并不乱花钱
D. 没有银行账户，但能用压岁钱买一些理财或保值的产品
E. 钱均由父母代管
40. 家庭的婚姻状况是______。
A. 原配婚姻家庭
B. 离婚或处于将要离婚的状态
C. 重组家庭
41. 家庭的整体氛围是______。

（续表）

A. 紧张的 B. 和谐的 C. 宽容的 D. 轻松的 E. 活泼的 F. 沉闷的 42. 古希腊医生希波克拉底认为，人的气质有 4 种类型，即多血质、胆汁质、黏液质、抑郁质。多血质表现为活泼、敏感、好动、反应迅速，喜欢与人交往，注意力容易转移，兴趣容易变换；胆汁质表现为直率、热情、精力旺盛，情绪易于冲动，心境变换剧烈；黏液质表现为安静、稳重、反应缓慢，沉默寡言，情绪不易外露，注意稳定但又难于转移，善于忍耐；抑郁质表现为孤僻、行动迟缓、体验深刻、多愁善感，善于察觉到别人不易察觉到的细小事物。您家的孩子属于哪种气质类型？ A. 多血质 B. 胆汁质 C. 黏液质 D. 抑郁质

2. 访谈调查

在对不同结构的教师群体进行摸底调查后，研究团队列出了下面一些访谈题项。（如表 1–9 所示）

表 1–9　针对教师群体的访谈题项

1. 您觉得这个班的班风如何？ 2. 您觉得这个班的学风如何？ 3. 您上这个班的课最大的感受是什么？ 4. 您身边的同事觉得自己与这个班的学生关系是融洽的还是对立的？ 5. 您身边的同事在这个班上课时会与学生充分互动吗？ 6. 您觉得某某学生的学习习惯如何？ 7. 您觉得某某学生的学习态度如何？ 8. 您觉得某某学生的学习能力如何？ 9. 您喜欢 / 讨厌某某学生吗？您喜欢 / 讨厌该学生的哪些方面？

（续表）

10. 某某学生与班里的其他学生的关系如何？是喜欢结交朋友，还是喜欢独处，还是不太合群，或者关系紧张？ 11. 某某学生有挑战过您吗？您觉得他 / 她具有挑战的勇气吗？ 12. 某某学生喜欢冒险吗？您能举个例子吗？ 13. 您觉得某某学生的性格如何？ 14. 您认为某某学生的气质类型（多血质、胆汁质、黏液质、抑郁质）属于哪一类？ 15. 您觉得某某学生的创新意识、创新精神和创新能力如何？

3. 结果分析

学生调查样本按成长型思维模式倾向度强和固定型思维模式倾向度强两个区的得分排名，取排序靠前各 10%，作为两类思维模式区域的代表样本。为了便于比较，成长型思维模式排序靠前的样本取 21 个，固定型思维模式排序靠前的样本也取 21 个。

家长调查样本为 4 个实验班的家长，共收到有效问卷 139 份。从数据中抽取与前面学生代表样本一一对应的家长数据进行分析，发现调查项差异比例较大的则视该项为与成长型思维模式和固定型思维模式有关的因素。统计后发现，与成长型思维模式具有相关性的家庭因素有 12 个。

第一，父母的职业。父亲的职业情况数据差距较大的是商业单位和企业单位两项，成长型思维模式样本的父亲从事商业或个体的数量为 1，占样本总量的 4.8%，而固定型思维模式样本的父亲从事商业或个体的是成长型思维模式的 6 倍，占样本总量的 28.6%。父亲是否在事业单位工作并没有成为两类思维模式学生的相关性因素，但是否在企业单位工作则表现出相关性，即成长型思维模式样本的父亲在企业单位工作的比例明显高于固定型思维模式样本。两类学生的母亲职业调查结果表现出无关性。具体数据如图 1–7 和 1–8 所示（图中的“成”指“成长型思维模式”，“固”指“固定型思维模式”，下同）。

第二，父母的学历。两类学生的父亲学历情况差不多，母亲学历情况有差异，它对两类学生的思维模式有影响。这一调查结果证明了母亲对

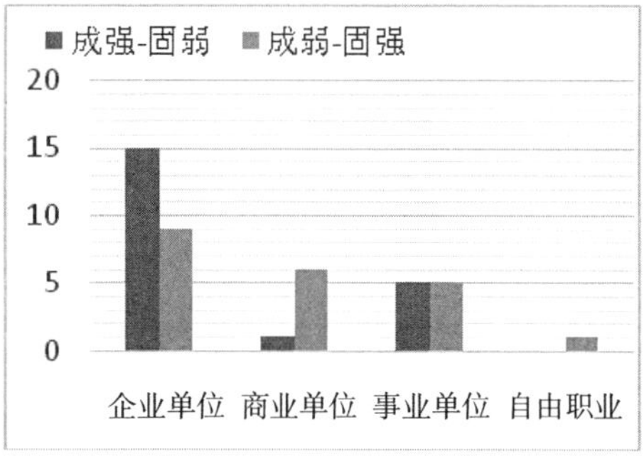

图1-7 调查中父亲的职业情况

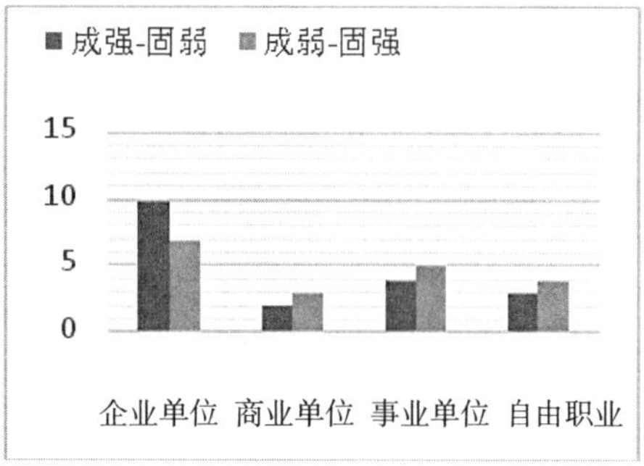

图1-8 调查中母亲的职业情况

孩子的影响作用一般大于父亲。成长型思维模式样本的母亲都是大专及以上学历，本科及以上学历比例占样本总量的76%以上，而固定型思维模式样本的母亲的这一比例为66.7%。这一差距在另外一个选项上，即中专及以下学历更为明显：固定型思维模式样本的母亲在这一选项上的比例为14%，而成长型思维模式样本的母亲的比例为0。具体数据如图1–9所示。

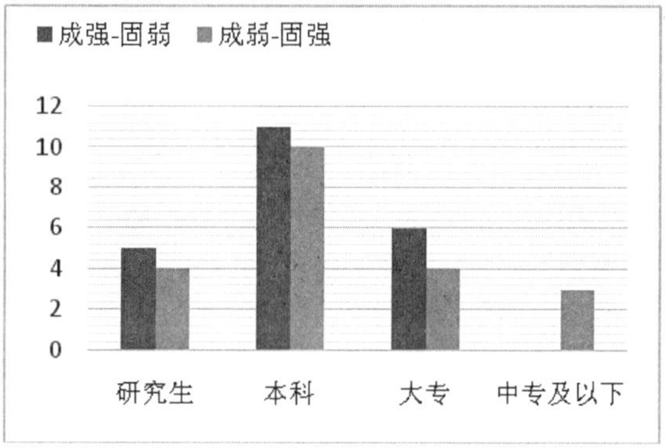

图1-9 调查中母亲的学历情况

第三，孩子做完作业后每周使用电脑或上网设备的时间。固定型思维模式样本的家长对孩子上网管控较严格。在30分钟以内的选项上，成长型思维模式与固定型思维模式样本的比例分别为23.8%和57%。在大于1小时的选项上，成长型思维模式与固定型思维模式样本的比例分别为76%和23%。这说明成长型思维模式样本每周有更多的上网学习机会和时间。由此看来，上网学习机会和时间不一定控制得越紧越好。具体数据如图1–10所示。

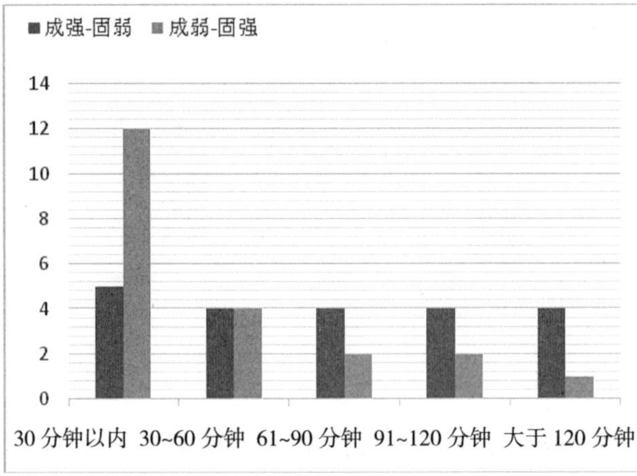

图1-10 调查中孩子每周使用电脑或上网设备时间的情况

第四，孩子每周玩游戏的时间。这里所说的游戏包括电子游戏和实体游戏。成长型思维模式样本的玩游戏时间要多一点，固定型思维模式样本的家长可能对孩子玩游戏存在误区，在时间上管控得紧一点。成长型思维模式与固定型思维模式样本每周玩游戏的时间在30分钟以上的比例分别为38%和19%。这和上一项调查联系起来可以理解为，两类学生的家庭管控自由度不同，固定型思维模式样本受到了更多管控。具体数据如图1-11所示。

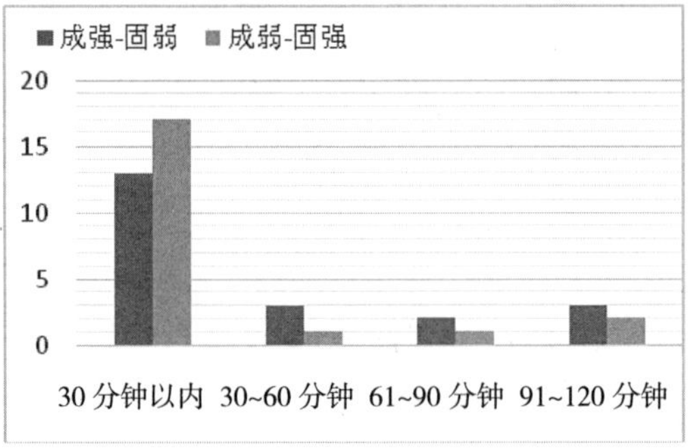

图1-11 调查中孩子每周玩游戏时间的情况

第五，孩子每周课外阅读时间。调查情况出乎意外。“两小时”是条分界线，即在大于120分钟的选项上，成长型思维模式与固定型思维模式样本的比例为4.8%和52.4%，两者差距非常大。这说明适当的阅读或者有效的阅读是关键，不一定时间越长效果越好。具体数据如图1-12所示。

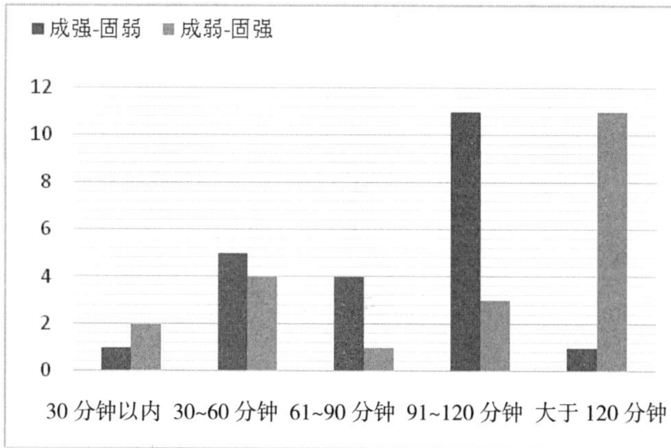

图1-12 调查中孩子每周课外阅读时间的情况

第六，孩子每周玩玩具的时间。这一调查结果与第四项（每周玩游戏时间）的情况大致一样，可能家长把孩子玩玩具也看作是一种游戏。具体数据如图 1–13 所示。

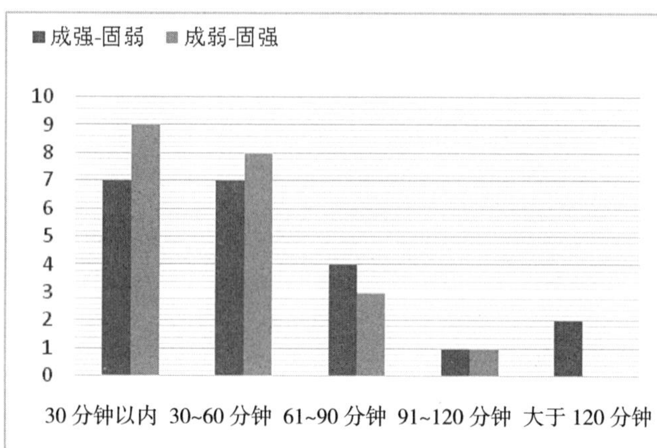

图1-13 调查中孩子每周玩玩具时间的情况

第七，父母每天与孩子交流的时间。以 1 小时为分界线，1 小时以内成长型思维模式和固定型思维模式样本的情况正好相反。这个变化趋势能很好地说明问题，交流 31~60 分钟可能是合理的。而在大于 60 分钟的选项上，成长型思维模式和固定型思维模式样本的比例相差 1 倍，固定型思维模式样本交流的时间更多，不管是主动的，还是被动的，时间越长或许效果越差。具体数据如图 1–14 所示。

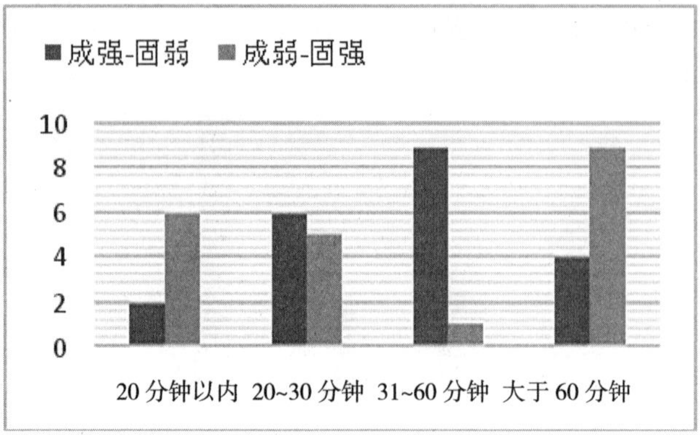

图1-14 调查中父母每天与孩子交流时间的情况

第八，家庭每年亲子游的次数。两类样本在每年亲子游的次数大于等于 5 次这一项上有非常大的差距：成长型思维模式与固定型思维模式样本的比例分别为 28.6% 和 66.7%。这说明亲子游的次数控制在 3 次以内更有利于孩子成长型思维模式的发展，不一定越多越好。具体数据如图 1–15 所示。

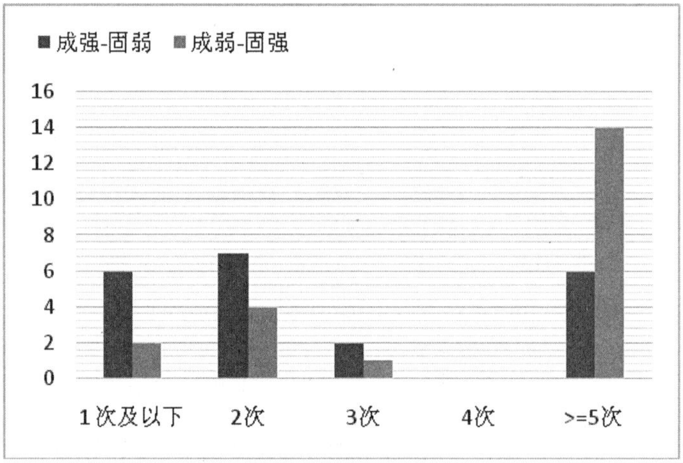

图1-15 调查中家庭每年亲子游次数的情况

第九，父母一方做错事后，另一方会怎样做？这个问题有 4 个选项：A. 批评对方，没完没了地揪住不放；B. 安慰，表示没关系，谁都会出错；C. 鼓励，表示下次一定会做得更好；D. 不闻不问，不了了之。具体数据如图 1–16 所示。

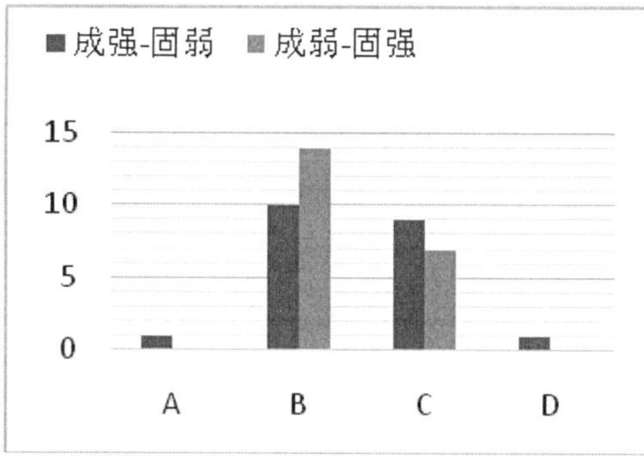

图1-16 调查中父母对一方犯错的处理情况

在B和C这两项上，成长型思维模式样本强调鼓励和安慰并重，而固定型思维模式样本更关注安慰。鼓励是为了加油鼓劲，有对下一次的良好期许，表现出内心坚强的一面；而安慰是情感的抚慰，关注的是当下的心灵创伤与修复，表现出内心脆弱的一面。安慰，可能有利于情商的发展，但对思维模式无益，而鼓励则表现出积极的关联。由此可见，生活无小事，事事皆教育。在生活中，不管是家长还是孩子，都不能只懂得安慰而不学会鼓励。

第十，家长对孩子犯错的态度。两类样本在这一项的结果上也有些许差异。参照上一项的结果，成长型思维模式样本受到的鼓励更多，而固定型思维模式样本受到的安慰更多，虽然有少许差距，但更可以看出仅仅有安慰是不够的，为人父母还是要多学习一些鼓励的技巧，对人对己都很有益。具体数据如图1–17所示。

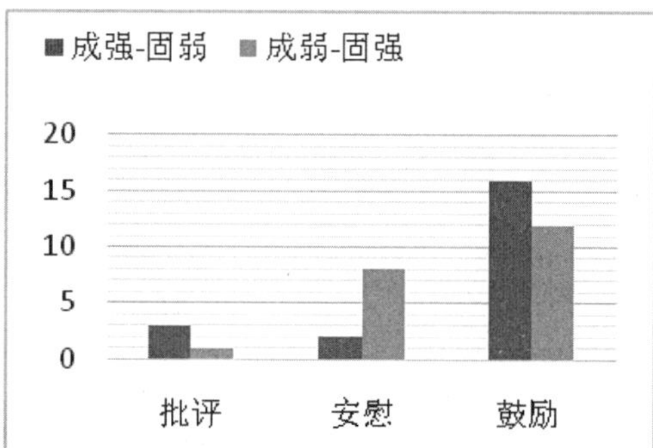

图1-17 调查中家长对孩子犯错的态度情况

第十一，家庭和睦程度及闹矛盾的原因。家庭和睦对孩子成长型思维模式的发展更有利。在这一点上，成长型思维模式与固定型思维模式样本的比例分别为 42.9% 和 14.3%，相差 2 倍。而在有矛盾的情况下，两类样本出于其他原因而闹矛盾的比例分别为 19% 和 38%，看来非孩子教育所引起的矛盾对孩子成长型思维模式的发展也有影响。具体数据如图 1–18 所示。

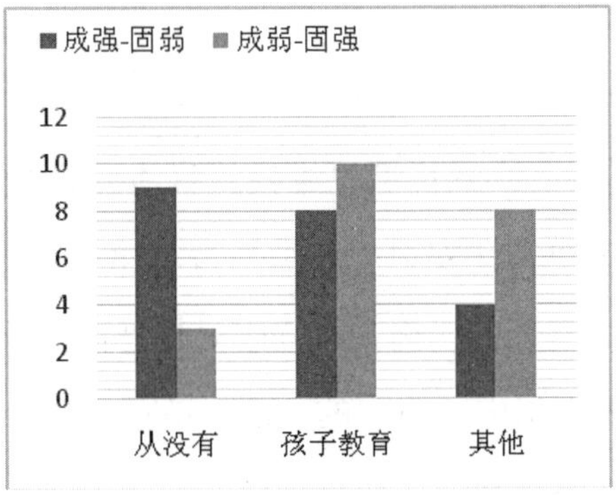

图1–18 调查中家庭和睦程度及闹矛盾原因的情况

第十二，家长对孩子智商和情商的认知。在智商和情商双低这一项上只有一个样本，不能说明什么问题。但有近一半的家长对孩子的智商和情商没有一个全面的认知，这让人很意外。在智商高、情商低这一项上，两者差距较明显，所占比例分别为 9.5% 和 23.8%，更多固定型思维模式样本的家长认为自己孩子的情商更低。具体数据如图 1–19 所示。

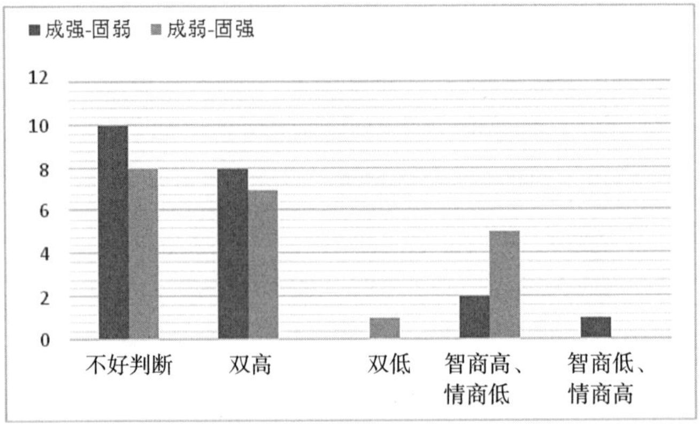

图1–19 调查中家长对孩子智商和情商认知的情况

从对教师的访谈可知，与成长型思维模式相关的因素有如下几点：

（1）大部分教师认为，积极向上的班风可以影响学生的思维模式。

（2）大部分教师认为，优良的学风可以促进成长型思维模式的发展。

（3）师生关系和班内同学关系融洽也是影响思维模式的因素。大部分教师认为，和谐的人际关系有利于成长型思维模式的发展。

（4）大部分教师认为，良好的学习习惯是成长型思维模式的表现。较强的学习力与优良的学习习惯养成有很大关系。

（5）大部分教师认为，学生的成长型思维模式可能和性格有关，外向型性格有利于形成成长型思维模式，而内向型性格则容易形成固定型思维模式，但对依据说不清。

（6）大部分教师认为，思维模式与4种气质类型有关，胆汁质和多血质的孩子会形成成长型思维模式，而黏液质和抑郁质的孩子会形成固定型思维模式。教师的这一认识与家长的认识有所不同。研究团队在统计家长问卷时发现，大多数的家长都认为自己的孩子属于胆汁质或多血质气质类型，不论是成长型思维模式样本，还是固定型思维模式样本。

（7）大部分教师认为，成长型思维模式的学生具有创新意识和较强的创新能力，而固定型思维模式的学生则缺乏这些。

（8）大部分教师认为，成长型思维模式与学习成绩存在正相关。研究团队的测量数值和国内外相关研究也证明了这一点。

（二）个案观察

研究团队查看了30多个学生案例，发现他们的思维模式4种类型都有，以下分享其中一个案例：

关于YR同学的个案研究

1.YR原有基本情况

YR是个女生，是小学四年级学生，瘦瘦高高的，平时说话声音特别细小，几乎听不见，课堂上也从来不举手。在很多小组活动中，她也只是旁观者。在一次关于“收获胡萝卜”的课堂时，全班学生都积极参与，唯独她两手空空，没有参与其中。在学校午餐期间，别的学生都吃完了，但她没怎么动自己的餐盘。有人问她其中的原因，她只是摇摇头。

2.YR 的思维方式分析

在成长型思维模式测试中，YR 得分为 35 分，是全班得分最低的一个学生，而她的固定型思维模式值高达 76 分。她的回答摘要如下："科学课上小组讨论时经常担心自己的方案被否决。""对真正的天才来说，任何事情都易如反掌。""如果一个人天生不擅长做某件事，最好不要在这方面浪费时间，因为努力也无济于事。"她"常常感到自己没用，比不上那些优秀的人"。她认为，"每个小孩的聪明程度是不一样的，而且智商是无法改变的"；"成功的人都很聪明，失败是愚蠢导致的"。不过，她又"渴望成功，因为成功让我觉得自己比别人强，建立优越感"。但她"如果努力以后依然失败，会非常受不了。不如随便应付一下，这样即使没有好的结果也不会太难堪"。无论从问卷测量还是访谈观察，都可以判定 YR 的思维模式处在第四象限的"糟糕区"。

3. 来自其他人的反馈

YR 的妈妈：我觉得 YR 在四年级改变还挺大的，在上学期开始在意学习成绩，但是对学习有畏难心理。在其他方面也是，她觉得自己没有什么天赋，经常迫切地问我："妈妈我有什么特长和优点？"我总说"很乖，大部分时间比较懂事、善良"等。她对我的回答都不太满意，似乎需要更多的肯定。不知道为什么，下学期她在学习方面更加积极主动，自觉性更高了，以前感觉她是没找到什么学习的热情和自信，现在能明确自己的一些小目标并且愿意为之努力了，虽然是一点小小的努力。有时候她会让我们家长介入，并且愿意主动配合。在生活方面，我觉得她比以前稍微开朗了点，朋友多了点。虽然还是不太敢在人群中说话，但是她跟好朋友间的话题多了起来。

YR 的班主任：YR 一直都不敢在班里发出自己的声音，成绩中等偏上。但是这学期她敢说话了，至少能听到她的声音了，而且在数学思维考试中她是全班女生中得分最高的。其实，整个班级的学生都有进步：英语第一次全班学生获优，语文均分也从第三方阵跃居到中上游；科学统测均分只在实验班之下，超过了其余的 15 个班级。

——节选自江苏第二师范大学刘英莹老师的案例（收入本书时有改动）

第二章　数学课堂成长型思维模式观测

课前用测量工具对学生的成长型思维模式进行测量和定性的过程虽然遇到了不少困难，但总算找出了一条相对可靠的路径。正是因为有了课前的标准参照值，才使得课堂观测进度加快、难度降低。由于成长型思维模式的重要性所在，课堂和课外提升以培养成长型思维模式为主，所以课堂观察也以观测成长型思维模式为主，以固定型思维模式为辅。

要对课堂中师生的成长型思维模式进行观察，首先要解决观察视角的问题，即要确定从哪些角度进行观察。德韦克思维模式五要素自然就是观察的五个视角。

对于每个视角要观察哪些行为表现，我们的研究团队花费了大量的精力，通过统计、甄选，不断地征求专家、师生的意见，最后才逐条敲定。

有了观察点，对于如何量化计分、如何进行统计、如何根据分值进行定性等问题，研究团队都一一给出了答案。

一、成长型思维模式的课堂观察视角

大多数的课堂观察在做量规时，都把观察内容分级，即一级指标、二级指标。比如，某学校的课堂观察一级指标为“目标明确、教法适当、师生互动、教学效果”，每个一级指标下面再设置若干个二级指标，并给二级指标赋予不同权重的分值。应该说，每个课堂观察量表都有其独特的教学导向和追求，内容不相同，计分方式也不相同，无可厚非。本书采用崔允漷研究团队的表述法，用观察视角和观察点来替代一级指标和二级指标。

（一）思维模式——课堂观察的另一个窗口

针对课堂进行单一项目的观察研究非常多，就数学课堂来说，比如计算能力的观察、数理思维的观察、数学学科思维的观察等。当然，我们也可以跳出某个具体的思维，从思维模式的角度来对课堂进行观察。这就打开了课堂观察的另一个窗口，看到的风景自然也不一样。

在课堂中对师生的思维模式进行观察是一项艰巨的任务。研究团队研读了大量的文献资料，发现类似的专项学术研究目前是个空白。因此，研究团队觉得有必要做这件事。如果能在课堂教学中成功地实现思维模式的观察，无疑对课堂、对成长型思维模式本身都是好事。

（二）思维模式构成要素简析

如前文所述，德韦克思维模式主要包含面对挑战、困难、努力、评价及他人成功五个方面的态度因素，固定型思维模式是对这五个方面的消极反应，而成长型思维模式是对五个方面的积极反应。因此，成长型思维模式构成要素就可以表述为：敢于挑战、勇于克难、精于努力、乐于评价、善于吸纳。这五要素是课堂观察量表行为指标中的一级指标，因此它们就是成长型思维模式的观测视角。调查问卷如此，课堂观察亦如此。

前面做的机测是基础性工作，研究团队与此同步开展了课堂观察量表的研制。课堂观察量表的研制采用了特尔斐调查法，它的优点在于集中了专家的经验与意见，在不断地反馈和修改中得出科学的结论，而且每个观察点都要经过专家论证和大范围收集师生意见。研究团队先后进行了多轮课堂观察，把观察的数值与标准参考值进行对照，反复修改相关观察点和分值判定标准，以确保它的全面性、系统性、可观察性和可操作性。

德韦克思维模式五要素，事实上可以通过人做一件事的全过程体现出来。人做一件事，一开始遇到的是挑战，即便这件事他做过，他也将面临超越和创新的挑战。然后遇到的是困难，只不过困难有大小不同而已，而克难的过程就是努力的过程。等到事情做得差不多的时候，他将经历他人成功和评价两个过程。而这一流程式的闭环可以是螺旋形的，呈现一种上升的姿态。另外，五要素在这个过程中不是单一地逐个出现，而是彼此交叉、相互交织，形成多节点、多回路的网状结构（如图 2-1 所示）。

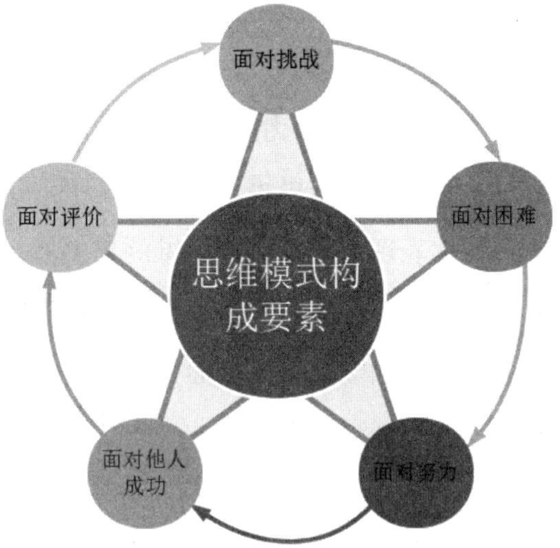

图2-1 思维模式构成要素

（三）课堂观察学生五视角

成长型思维模式课堂观察的对象包括教师、学生和课堂文化，因此观察维度就是这三方面，这样操作起来比较简单。我们先来看学生维度的五个观察视角。

视角一：敢于挑战

人做一件事，如果是没做过的，对他来说一定是一种挑战；而如果是做过的，如何突破，又是一种挑战。所以说，在成长的过程中，我们始终面临着各种各样的挑战。成长型思维模式的学生更有可能把挑战视为一件好事。对他们来说，挑战是学习的机会。成长型思维模式要求学生敢于挑战，在课堂教学活动中主要表现在四个观察点上。

1. 敢于挑战自己

人最难战胜的不是他人而是自己，突破自我、超越自己是难度最大的挑战。成长型思维模式强调的是个体在认清自我的基础上不断地成长，这个成长过程是自我的纵向比较，不是与他人的横向竞争。能不能挑战成功是一回事，敢不敢挑战是另一回事。这个观察点就是观察学生有没有斗志去做一件事，如学习跨越式跳高。具体关注点是学生的言行中是否斗志昂扬、是否敢于冒险，表情是否兴奋，是否失败了还敢再来等。

2. 敢于挑战权威

对小学生来说，挑战权威的动力来源有两种：一是初生牛犊不怕虎的无畏精神，二是科学理性的系统思维。前者多见于低年级学生，后者多见于高年级学生。这两种表现都是批判性思维的集中体现，是课堂中应该倡导的。课堂权威无非体现在两方面：一方面是知识权威，主要反映在教材和其他学习材料上，比如插图；另一方面是教师权威，主要反映在教师在课堂上的约束要求、个人观点及表述方式、教学资源的呈现手段及其运用等。特别是高年级学生，随着知识体系不断地得到建构，他们开始有自己的想法和判断，并且会在课堂上张扬个性，敢于表达自己的不同观点。在对知识权威发起挑战的时候，学生会有“昙花一现”的生成性机会，可遇不可求。而学生对教师权威的挑战无时不在，比如教师的笔误或口误。

3. 敢于创新

创新的重要性不言而喻。针对小学生，我们要重点关注他们在课堂上的创新意识。一题多解是创新，深度自主学习也是创新。教师讲过了，而学生做的和书本、教师讲的不一样，是最常见的创新，也是最容易观察的一个点。另外一种创新则难能可贵，就是教师没讲，而学生自己探究出来了，这就是创造性学习，属于深度学习范畴。

4. 敢于担当

挑战的成功率从来不会是百分百，不管是个体挑战还是集体挑战。个体挑战失败，责任由个体承担，这毫无疑问。做错了，马上纠正、及时止损，是成长型思维模式的体现，而拍桌子、摔板凳，把责任推到他人或学习用具上，则是固定型思维模式的表现。集体挑战失败，能够最先站出来承担责任就是一种难得的担当，这样的行为应该被肯定、表扬和倡导。

视角二：勇于克难

成长型思维模式的课堂在面对困难的时候，表现出大无畏的态度倾向。成长型思维模式的学生认为，困难是学习中可预测的部分。他们喜欢深度思考，“追求能够提升自身能力的学习目标，把失败当作学习和提升的机会，不畏惧困难，勇于接受挑战。当失败时，他们往往出现掌握取向反应，即保持积极情绪，在后续任务上的坚持性更高，能够维持甚至提升表现水平”[①]。能够想尽一切办法克服困难，遇强更强，从不气馁。

在课堂观察的时候，研究团队把困难按照知识难度和解决容易度分为四类并分别观察。易学的知识是小困难，变式练习是中等困难，需要创造性解决的是大困难，暂时无法解决的是特大困难。观察点集中在个体应对困难的表情、言语和行为上，包括表情上有无畏难情绪、言语上有无发泄不满、行为上是知难而退还是知难而进，这从尝试的方向和次数上可以观察到。比如：遇到中等困难时，观察他能否沉着面对，积极不断地试错；再一个就是，他不能独自解决时，观察他能不能积极地寻求帮助，能不能利用身边的资源来解决问题，如查找书本和资料、寻求小组成员或教师的帮助等等。

在实际观察中，不一定能在一节课中全面观察到所有点，只要能看到一点就可以推断出观察对象在面对困难时的态度变化。

视角三：精于努力

一次次的挑战不退缩，一次次的攻坚不畏缩，这个过程就是努力解决问题的过程。支持“努力”的课堂表现在：尊重付出，认为再小的努力也是努力；坚信熟能生巧，勤能补拙，“大量的练习和不断的努力会加强神经联结”[②]，认为不断地挑战和克服困难就是在训练神经，努力一定会有回报；能够看到自己的努力过程和结果，虽然努力了可能最终还会失败，

---

① 李凌艳、耿丽娜：《成长型思维模式干预项目及其对我国自主发展教育落地的启示》，载《教育科学研究》2018 年第 9 期。

② 梅海燕、金泠、张果等：《基于脑科学的成长型思维培养：发展每一个学生的潜能》，载《中小学管理》2018 年第 6 期。

但是坚信天才也要通过努力才能成功。

观察“努力”时，范围既包括前课堂环节（比如预习），也包括后课堂环节（比如独立做作业）。不放过任何一个疑惑点，做到知识点课课清、天天清。在课堂上，学生有两种状态：一是听讲过程是否努力，表现在积极地控制自己的注意力，专注听课；二是自主学习过程是否努力，表现在积极参与小组活动，认真读书写字，做题时主动检查，能自我发现错误。出现错误后，反复尝试新的方向和方法，喜欢深度学习，从不言弃，锲而不舍。

视角四：乐于评价

成长型思维模式的学生通常能够利用有效的反馈，帮助彼此成长。“拥有成长型思维的学生更注重他人给予的批判性反馈意见。”[①] 课堂评价的方式无外乎自评、互评、师评，后两种相对来说比较客观，所以它们是课堂观察的重点，而关注点要集中在被评价人的反馈上。这分四种情况：表扬、批评、中性评价和没有评价。

（1）面对表扬时有风度。如果是自己，表现出胜不骄，不喜形于色、不得意扬扬；如果是他人，能够表示认可、肯定、欣赏和祝贺，能用他例激励自己。

（2）面对批评时有气度。如果是自己，能表现出败不馁，虚心接受且不气急败坏地乱发脾气；如果是他人，也能共情，不幸灾乐祸。

（3）面对中性评价时有温度。在表扬和批评中间的“模糊地带”就是中性评价，包括过程性评价、形成性评价、诊断性评价等，通常都是就事论事，很少带有主观色彩。比如作文评语、画一个五角星。面对这样的评价，成长型思维模式的学生也能虚心接受，充满温情。他们相信客观评价标准，热衷于用标准来评价自己。

（4）没有评价时能大度。在回答问题或做完其他任务后没有获得评

① 李梦帆、张晓峰、叶青：《如何在课堂上培养学生的成长型思维》，载《上海教育》2020 年第 8 期。

价时，成长型思维模式的学生能够沉着冷静，表现大度，没有焦躁不安的表现，并且期待有下一次的表现机会。他们乐于自评，能够及时地小结得失。

视角五：善于吸纳

面对他人成功时，固定型思维模式的人认为他人对自己有威胁，是竞争对手；而成长型思维模式的人则认为这是一种激励，他人成功的经验对自己是有益的，“他们认识到要努力、坚持不懈，要从他人的成功中寻找经验，从而构建成长型思维模式的价值取向，形成思维模式是可塑造的核心观念”[①]。在课堂上，同伴成功的情况有同伴被老师表扬，同伴被同学认可，同伴成为某个展示舞台的明星，同伴的作品或练习取得好成绩等。在这些情况下，成长型思维模式的学生能经受忌妒的考验，用热情的祝贺向成熟迈进一步。比如，知道某个同学获得较好的成绩时，露出钦佩或高兴的表情，而没有皱眉、咬牙等动作。前半句描述出观察场景及出现的时机，后半句描述出可能出现的观察具象。这样的观察点运用起来非常便于操作。

（四）课堂观察教师五视角

教师维度的成长型思维模式课堂观察量表相对比较简单，每个观察点用一句话概述，没有详述。这是考虑到观察者都是同行或专家，对相关观察视角和观察点都有深刻的理解和体验。

在面对挑战这个视角上，主要观察教师从备课到上课过程中是否敢于执教新的课题和试用新的教法。成长型思维模式倾向度强的教师敢于不断地挑战新的课型，敢于第一个“吃螃蟹”，敢于试用新的方法，不管是成功还是失败，这样的教师在这一项上的表现是可以得高分的。反之，反复上同一课，今年重复去年的内容，毫无新意，不思进取，不敢挑战，则说明该教师的固定型思维模式在这一方面占据主导地位，得分就较低。

① 相丽：《小学生成长型思维模式333培养模型的构建与实施》，载《江苏教育》2019年第50期。

教师的挑战精神在数学课堂上还表现在他能不能鼓励学生向高难度内容发出挑战，能不能鼓动学生互相挑战，能不能鼓励学生向自己挑战。数学题目有太多的变化，充满了不确定性，这本身就容易调动师生的挑战劲头。一个职业的数学教师必须具有这种学科敏感度，不断地挑战自己才能不断地进步，变得更加专业。

在课堂上，教师遇到的困难与学生遇到的困难有所不同，学生不懂、不会就是教师的困难。面对困难的时候，一个成长型思维模式的教师应该勇于创新，不因循守旧，会根据学生对知识的理解程度深入浅出，不断地改进教学方式，即使遇到学生面露困惑的局面也不会慌乱，积极地换一种思路进行教学，失败了再来，不惧挫折。相反，一个固定型思维模式的教师在面对困难时常常会甩锅，比如会对学生说“这道题我都讲了十几遍了，你们还是做错”，殊不知，讲和做、知和行是完全不同的两个认知层次。他错误地认为学生学不会是学生的事，与教师没有关系。成长型思维模式对困难的态度是迎难而上、知难而进的，能正确地面对困难。所以，教师应该要和学生一起正视困难，认真地对待困难，想方设法地克服困难。一个拥有成长型思维的教师在课堂上会时刻保持思路清晰，并能引导学生用正确的思维理清思路，这样学生的思维才能不断地生长，学生的成长型思维模式才能不断地发展。

同样，在面对努力这个视角上，成长型思维模式的教师精于钻研，不放过教学中任何一个疑点，有问题一定要自己先去研究，直到柳暗花明。从他的教学环节可以看出，他对课程有过多次的思考和打磨，因此整个课堂显得精致而且无杂痕。一个不努力的教师，他的教学是没有灵魂、没有目标、没有主线的，一节课下来，你看不出他要解决什么问题。他的整个讲课节奏不是跟着学生走而是跟着课件走，课件也不一定是他自己做的，可能就是从他处下载或用组内共享的课件，或者就是教学光盘上原有的课件。这样的教师别说备课了，其课堂不出现知识性、科学性错误就算万幸了。这样的教师属于“内卷”和“躺平”型的教师，集中表现在不学习、不思考、不进取。光守着“师范老本”，误人子弟是必然的归宿。一个优秀的教师一定是追求坚持不懈、锲而不舍的，这不仅是思维模式，也是人生观和职业观。只有教师具备了这种思维模式，学生才会逐渐地悟道解惑，积极拼搏，从而形成正确的思维模式。

教学评价是依据一定的标准对一节课进行是与非、对与错、好与差、优与劣的价值判断，可以是定性的，也可以是定量的。反馈是把主客观评价以结果性、描述性语言或肢体语言的方式告知对方，有正面的反馈，也有负面的反馈，有褒扬的反馈，也有批评的反馈，还包括建设性的反馈。对数学教师来说，学生的课后表现就是最重要的反馈之一。如果学生听完一节课后神采飞扬、意犹未尽，围着教师问这问那，久久不愿离去，还在不停地想和教师探讨不同的解法，这无疑是对教师和这节课的褒奖。反之，学生对所学的数学知识一头雾水、无所适从，找不到正确的思维方法去解决问题，这样的反馈就值得反思。不同的教师面对各种反馈持不同的态度。成长型思维模式的教师会胜不骄、败不馁，褒不喜、贬不忧，乐于倾听、善于吸纳，特别重视建设性意见和建议，并据此加以改进，让自己的业务素养更高。而固定型思维模式的教师会好扬恶批，报喜不报忧，难以听得一句批评，因此其专业发展会进入停滞或负增长期。

在面对他人成功这个视角上，成长型思维模式的教师在课堂中一定会不断地学习他人的成功经验，不断地把他人的教学优点及时借鉴到自己的课堂中来。这一点和创新还不同。创新是自我创造、自我进化和成长；借鉴是对他人的简单模仿，如果能在模仿的基础上进行创新，则可以看作是一种向原创者的致敬。另外，从学生成功的点上来观察，学生懂了、会了、成功了，教师能表现得比学生还兴奋，这是难得的成长型思维模式观察点。相反，教师总是一脸高冷，脸上只有冷漠而没有温情，眼中只有对错而没有学生，不仅对他人的成功经验不“感冒”，甚至对学生的成功视若无睹，这是非常令人寒心的固定型思维模式。这需要进行情绪管理方面的调和，也需要通过专项思维模式训练，才能掌握对待他人成功时的态度技巧。

总的来说，教师的成长型思维模式比学生更难观察，这需要观察者有丰富的经验。反之则需要进行成长型思维模式课堂观察方面的专项培训。

成长型思维模式课堂文化的观察视角也包括思维模式五要素，对这五要素的描述和阐释，参见下一节中的“基于成长型思维要素的课堂文化观察量表”。

二、成长型思维模式课堂观察点

对观察点的选择，一要考虑观察点可能出现的时机，二要考虑在不同的时机观察什么。所以，好的观察点一定是先描述观察时机或场景，再描述观察指向，比如表情、动作、语言等方面的典型特征。

师生成长型思维模式课堂观察量表主要包括观察内容和观测方法。观察内容主要是上述的观察视角和观察点，观测方法主要是量化计分和总分定性。

在对每个观察点量化计分时，学生观察量表和教师观察量表都采用了李克特态度量表计分法。对照量表中的评价标准表述，在课堂中有充分、完美体现的计 5 分，能够有所体现的计 4 分，不能确定的计 3 分，无从体现的计 2 分，负面体现的计 1 分。

需要说明的是，不是每个学生观察量表中的观察点都能在一节课中观察到，没有观察到的观察点可以不计分，最后把观察到的点的得分均分计入总分。为了方便与机测比较，总分换算成 100 分。判断成长型思维模式倾向度强弱的临界值仍然是 60 分，超过则强，低于则弱。

（一）学生观察量表

通过多次的修改，一份“基于成长型思维要素的学生课堂观察量表”就逐渐成形了。（如表 2–1 所示）

表 2-1　基于成长型思维要素的学生课堂观察量表

___年__月__日　周次__　星期__第__节　听课人___

授课教师		班级		观察学生					
课题名称				学科					
观察视角	观察点				评分				
面对挑战（规避／迎接）	1. 敢于挑战自己：遇到挑战时，能激发斗志，敢于尝试新事物，有斗志昂扬、情绪亢奋、勇敢且乐于冒险的表现。				5	4	3	2	1
	2. 敢于挑战权威：有批判精神，有理性思考，敢于质疑老师和书本，能提出自己的见解。				5	4	3	2	1
	3. 敢于创新：不怕失败，努力创新，不满足现状，努力寻找更多的学法。				5	4	3	2	1
	4. 敢于担当：自信心十足，责任心强大，明确自己的责任与义务，不推诿。				5	4	3	2	1
面对困难（放弃／坚持）	1. 小困难：再次仔细阅读教材、课堂笔记等资料，独立思考，努力尝试自己解决。				5	4	3	2	1
	2. 中困难：沉着面对，积极尝试，感觉独自不能解决时，找同伴合作解决。				5	4	3	2	1
	3. 大困难：感觉无法解决时，没有气愤失望、抓耳挠腮、皱眉、敲桌子等举止，有问询、查询、求助等行动。				5	4	3	2	1
	4. 无法解决困难时，不放弃，即使失败了也不气馁，表现出屡败屡战、越挫越勇的态度。				5	4	3	2	1
面对努力（退出／付出）	1. 学前：有明确的学习计划，课前准备充分。				5	4	3	2	1
	2. 学中：深度学习，学习不停留在表面，常寻根究底，能够举一反三，不留学习困惑。				5	4	3	2	1
	3. 课中：善于思考，积极参与课堂活动和举手发言，表达自己。				5	4	3	2	1
	4. 课后：作业上交及时，不拖拉，无须教师或家长督促。				5	4	3	2	1
面对评价（抵触／接纳）	1. 自己或他人受到批评时，能认真聆听并反思，有认同老师的表情，不激动、不起哄。				5	4	3	2	1
	2. 自己或他人受到表扬时，有被肯定或欣赏的表情。				5	4	3	2	1
	3. 回答后没有得到反馈时，能够沉着冷静，不轻易否定自己。				5	4	3	2	1
	4. 做对了不骄傲，做错了不气馁，能从事情或题目中获得反馈，勇于试错且乐于总结。				5	4	3	2	1

（续表）

观察视角	观察点	评分				
面对他人成功（威胁 / 激励）	1. 老师表扬某个同学时，会赞许地看向他，没有紧张或不快的情况。	5	4	3	2	1
	2. 大家对某个同学报以掌声时，自己也会欣然地鼓掌。	5	4	3	2	1
	3. 看到他人精彩的演示或展示时，会专注地观察，没有露出忌妒或不屑的表情。	5	4	3	2	1
	4. 知道某个同学获得较好的成绩时，会露出钦佩或高兴的表情，没有皱眉、咬牙等显示忌妒的表情。	5	4	3	2	1
总分		挑战		困难		努力		评价		他人成功	
文字评价						

计分方法：根据学生当堂课的表现，对每个观察点所描述的现象或观点，观察者如果完全认同的计 5 分，比较认同的计 4 分，不能确定的计 3 分，不太认同的计 2 分，完全不认同的计 1 分。文字评价以最突出的观察视角、观察点最极端的表现为描述对象，可以对学生的成长型思维模式倾向进行主观判断。

（二）教师观察量表

同样地，经过多次调整，一张简要的“基于成长型思维要素的教师课堂观察量表”也跃然纸上。（如表 2–2 所示）

表 2–2　基于成长型思维要素的教师课堂观察量表

____年__月__日　　周次__　　星期__第__节

授课教师		学科		班级	
课题名称					

观察视角	观察点	评分				
面对挑战	敢于执教新的课题，试用新的教法。	5	4	3	2	1
面对困难	勇于创新，改进教学，不惧挫折。	5	4	3	2	1
面对努力	精于钻研，对教学环节有过多次思考和打磨。	5	4	3	2	1
面对评价	乐于接受不同的意见，积极接纳和吸收。	5	4	3	2	1
面对他人成功	善于学习他人的成功经验，及时借鉴。	5	4	3	2	1
总评	成长型思维模式倾向：	5	4	3	2	1
文字评价						
听课人						

计分方法：根据教师当堂课的表现，对每个观察点所描述的现象或观点，观察者如果完全认同的计 5 分，比较认同的计 4 分，不能确定的计 3 分，不太认同的计 2 分，完全不认同的计 1 分。不仅要分别对成长型思维模式五视角进行观察计分，还要对教师本节课的成长型思维模式进行总评计分。文字评价以最突出的观察视角、观察点最极端的表现为描述对象，可以对教师的成长型思维模式倾向进行主观判断。

（三）课堂文化观察量表

为什么要对课堂文化进行观察？这主要出于两点考虑：一是基于成长型思维模式的课堂文化也应该是独特的课堂文化，它不同于民主开放的课堂文化，也不同于情智共育的课堂文化，但它与相关的课堂文化又有千丝万缕的联系；二是基于对课堂观察的深度研究。在课堂中，学生、教师以及师生互动行为是显性的，容易被观察和被重视，而课堂文化是隐性的，是容易被忽视和轻视的。对课堂文化的关注，是对师生生命存在的仰视和观照，是值得研究和追求的。表 2–3 是“基于成长型思维要素的课堂文化观察量表”。

表 2–3　基于成长型思维要素的课堂文化观察量表

____年__月__日　　周次__　　星期__第__节

授课教师		学科		班级					
课题名称									
观察视角	观察点				评分				
面对挑战	课堂充满强烈的挑战气氛，让人感觉到扑面而来的“火药味”。学生在挑战学习项目时，兴致高昂甚至亢奋；挑战其他小组时，好战争胜；挑战自我时，不断超越；甚至敢于挑战老师和课本，大有初生牛犊不怕虎的气概。				5	4	3	2	1
面对困难	学生在课堂中不惧险阻，喜欢深度思考，不怕失败，乐于攻坚；能够想尽一切办法克服困难，遇强更强，从不气馁，认为克服困难也是一种学习，相信难题终会有解决的办法。				5	4	3	2	1
面对努力	学生在课堂中尊重付出，认为再小的努力也是努力；坚信熟能生巧，勤能补拙，认为不断地挑战和克服困难就是在努力；认为努力一定会有回报，能够看到自己的努力过程和结果。				5	4	3	2	1

（续表）

观察视角	观察点	评分				
面对评价	学生在课堂中乐于自评，能及时小结得失；敢于互评，能够指出同伴或他组的优点，并提出建设性意见；相信客观评价标准，喜欢用标准来评价自己；对老师或其他同学的评价都能正面回应，积极面对，虚心接受。	5	4	3	2	1
面对他人成功	学生在课堂中既能看到自己成功的方面，也能看到别人成功的地方，并且欣赏共同体内所有人的成功；能从他人的成功中获得新的方法和灵感，且能进行再创造，且成功的欲望很强烈。	5	4	3	2	1
总评	师生在课堂中情绪亢奋而不失理性，课堂气氛活跃而不失节律，成长效果有深度而不失厚度。	5	4	3	2	1
	挑战	困难	努力	评价	他人成功	总分
文字评价						
听课人						

计分方法：根据当堂课的情况，对每个观察点所描述的现象或观点，观察者按照完全认同、比较认同、不确定、不太认同、完全不认同五个选项分别计 5、4、3、2、1 分。每个观察视角中的观察点之间为并列关系，只要观察到一个点，就可以计分。文字评价以最突出的观察视角、观察点最极端的表现为描述对象，可以对课堂文化成长型思维模式倾向进行主观判断。

三、成长型思维模式课堂观察实践与评价

课堂成长型思维模式课堂观察量表被开发出来后，必须要经过实践检验，证明其具有较高的可靠性后才能被广泛运用。

（一）观察数据与标准参考值的对比

研究团队通过两轮观察、修改和磨合，在第三轮课堂观察后，把观察数据与机测参考数据进行比照。结果发现，两者出现高度吻合的趋势，这主要反映在两方面。一方面是从整体看，人测数值低于机测数值，但是样本班级的得分排名次序没有发生变化。图 2-2 显示的是样本班级在机测和人测中的得分均值。

班级	变量	工具1：机测成长型思维均值	工具2：人测课堂观察均值
四[redacted]	TS	85.9	70.8
四[redacted]	SP	87.3	73.5
四[redacted]	TP	85.4	65.4
四[redacted]	TPS	90.1	76.5
均值		87.2	71.6

图2-2 样本班级的机测数据和人测数据对比

另一方面是从个体看，人测数值排序与机测绝对数值排序虽然不是一一对应，但呈现出区间分布的一致性。（如图 2–3 所示）

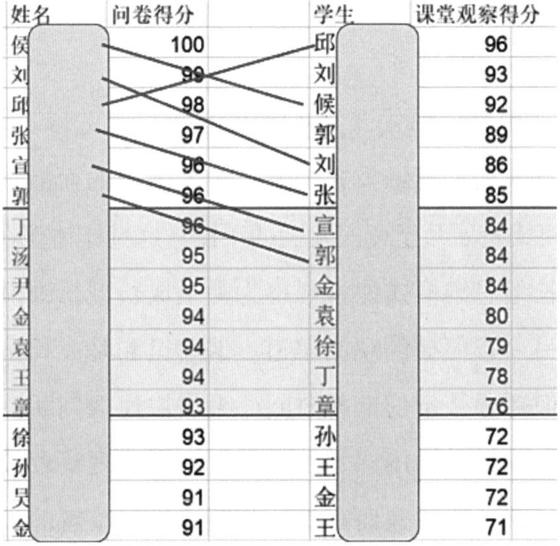

姓名	问卷得分	学生	课堂观察得分
侯[redacted]	100	邱[redacted]	96
刘[redacted]	99	刘[redacted]	93
邱[redacted]	98	侯[redacted]	92
张[redacted]	97	郭[redacted]	89
宣[redacted]	96	刘[redacted]	86
郭[redacted]	96	张[redacted]	85
丁[redacted]	96	宣[redacted]	84
汤[redacted]	95	郭[redacted]	84
尹[redacted]	95	金[redacted]	84
金[redacted]	94	袁[redacted]	80
袁[redacted]	94	徐[redacted]	79
王[redacted]	94	丁[redacted]	78
章[redacted]	93	章[redacted]	76
徐[redacted]	93	孙[redacted]	72
孙[redacted]	92	王[redacted]	72
吴[redacted]	91	金[redacted]	72
金[redacted]	91	王[redacted]	71

图2-3 样本学生的得分情况

教师成长型思维模式课堂观察也呈现出类似结果。需要说明的是，成长型思维模式课堂观察是在课前的机测数据对观察者规避的前提下进行的，这是实验的需要。结果证明，成长型思维模式课堂观察量表具有较高的可靠性和可操作性。

研究团队对部分样本教师的成长型思维模式值进行课前机测和课堂人测。结果发现，课堂观察均分为 76.67 分，与问卷测量的 73.46 分相差不大。但一些教师的成长型思维模式值远远低于学生，这令人担忧。

课堂成长型思维模式观察量表的实用价值在于两点。一是每个观察视角内的观察点数据汇总由求和改为求均值。因为所有观察点难以在一节课内都体现出来，所以不适合用简单的求和方式来计算每个视角的观察值，而是改为求平均值，即只要观察到一个点就可以，这样既公平又公正。二是可操作性与可靠性完美融合。新手观察者经过两个课时的实践后也能运用这一套观察工具准确地观察师生和课堂文化。

受主观因素的影响，不同的观察者用量表观察同一个学生时，打出来的分会有差异；同一个观察者观察不同学科课堂中的同一个学生时，打出来的分也会不同。研究团队认为这是正常现象，它体现了观察者的差异性与成长型思维模式在不同领域的差异性。通过大量的观察可以找到一个平衡而稳定的支点。

（二）成长型思维模式课堂观察和评价的意义

对师生进行成长型思维模式课堂观察不是目的而是手段，是实现学生成长型思维模式发展乃至全面发展的手段。这具体体现在如下三方面。

第一，成长型思维模式课堂观察为师生成长型思维模式倾向度强弱的鉴别开辟了另一条便捷的观测渠道。课前机测是成长型思维模式的一种测量方法，但需要一定的准备时间，无法快速地判断学生的成长型思维模式倾向度的强弱。而用课堂观察量表，通过观察教师和一定数量的学生课堂言行，就可以快速而有效地判断出被观察者的成长型思维模式倾向度的强弱。这种人测方法既是对机测的补充与印证，就像成长型思维模式倾向度的一片试纸，同时又是独立的观察方法，可以单独使用。

第二，成长型思维模式课堂观察为师生的成长型思维模式发展提供了重要的参数依据。要想在课堂中培养学生的成长型思维模式，必须要先了解他们的思维模式类型，以及成长型思维模式构成要素雷达图。成长型思维模式课堂观察量表既提供了师生的成长型思维模式总分，以便于判断他们的思维模式类型，还提供了师生成长型思维模式五要素的数值，以便于绘制成长型思维模式构成要素雷达图，为后期的专项培养和课堂适时培养提供了第一手资料。如果没有这些资料，师生的成长型思维模式也可以得以培养，但是对于培养哪些方面、如何做到有针对性的培养，以及培养的效果如何等问题就无从回答，培养成长型思维模式就只能泛泛而谈，做不到精准化和精细化。这个数据相当于西医当中的技术检验，有了这张化验单和检查单，就可以开药方对症下药了。

第三，成长型思维模式课堂观察为促进课堂成长共同体建设积累了宝贵的经验。这个课堂观察量表的实践意义还在于，它可以促进教师教学观的完善，使得“教学相长”理念得到真正落实，使得每个管理者和教师都会重视自身在课堂上的成长，并且这种成长是与学生的成长同步进行的，加上课堂文化的成长，如果要具象描述，它应该是三螺旋模型。学生、教师和课堂文化因为成长型思维模式而彼此关联，同构共生，相互激励，同时在各自的发展维度上螺旋上升，不断成长。这样就形成了课堂成长型思维模式发展的独特场景，我们把它叫作课堂成长共同体。

第三章　数学课堂成长型思维模式培养路径与机制

在数学课堂中如何进行成长型思维模式培养，是一个全新的课题。我们的研究团队在培养路径和机制两方面积累了一些经验，这些经验中不乏实用的策略与方法。

一、师生关系与课堂生态的演变

课堂中存在许多关系要处理，比如师生关系、学生与教材的关系、教师与教法的关系、目标与措施的关系、讲解与练习的关系等。在这些关系中，能够形成心灵互动的毫无疑问是师生关系。良好的师生关系是课堂高效、和谐的有力保证。先来看看师生关系在课堂中的嬗变。

（一）从“讲师”到“导师”，从“讲”课到“导”课

在“新课改”之前，课堂是以教师为主体的，彼时的教师主宰课堂，因为占据着知识上游的有利地势，教起书来就不讲究章法，“满堂灌”“一言堂”“填鸭式”是最常见、最普遍的招法。教师完全是一个“讲师”，他们眼里只有教材没有学生。这样的课堂就是教师一个人在讲课，有没有人听、听的人会不会都不是教师要关心的问题，他们把一节课的教材内容讲完就让学生“且听下回分解”。在这样的课堂生态中，学生是“容器”，没有主动性；教师是“讲师”，目中无人，他们的任务是讲课、照本宣科。

“新课改”是在“以人为本”理念背景下推出的，要求把学生放在课堂的主体地位。此时，教师开始关注学生，眼里开始有人，由“教”书开始向“教”人过渡，其角色开始由“讲师”向“教师”转变。此时的课堂生态是以生为本、以学定教的；教师是“教”师，目中有人，其任务是“教”课，同时也“教”人。这种转变相对于传统的课堂是天翻地覆的，

因此，许多教师到现在还没有完全适应，“进化”不彻底的现象屡见不鲜。好在这场“革命”多多少少改变了教师的传统教学观。

在当下优质的课堂中，教师的角色已经进化到了“导师”，“讲”课全然变成了“导”课。课堂的主角是学生，并且被推到课堂的“前台”；教师虽然退到“后台”，但心中有学生、眼里有目标，能让学生手上有活、脚下有路，自主探究、其乐融融。这样的课堂不再关注教师如何教，而彻底关注学生如何学，师生在课堂中的角色发生了脱胎换骨式的改变。目前，所有公开展示的课几乎都是这个模式，历久不衰。对于数学课来说，典型的课例就是探究法的广泛应用。

课堂师生角色的进化路线相当明确，就是从“教为中心”向“学为中心”转变。这也是“新课改”倡导的主流价值观。

（二）从“双主体”到“主体间性”

人本课堂发展到后期时，学术界意识到，基于建构主义的“以学生为中心”教育理念似乎并未带来自然的效果。最近，欧美教育界已经开始反思建构主义，并且有了理性的批评声音，这值得关注。

事实上，课堂师生角色客主体绝对化带来的最直接问题，就是教师的主导作用被连带弱化，这在小学低年级的课堂中表现得尤为突出。于是，有人提出了课堂“双主体”理论，即课堂上学生和教师都是主体，都是核心，双方的互动关系像极了天体中的双子星，互相绕着对方转。这样的师生关系是对学生单一主体的质疑和突围，也是对人本课堂的妥协和发展。但师生关系一下子变得复杂起来：师生地位没有主次，平起平坐；师生互动互相牵引，互为核心。讲解和点拨时，需要以教师为核心；探究和发现时，需要以学生为核心。事实上，当下最常见的课堂就是这种践行“双主体”理念的实用课堂，因为它兼容并蓄、学教兼顾而倍受一线教师推崇。

以上是师生课堂角色发展的实然课堂，那么应然课堂是什么样子的呢？

最近，“双主体”课堂进化出了“2.0 版本”，那就是“主体间性”课堂。

主体间性，就是指主体与主体之间的交互关系，而课堂主体间性就是指师生双主体间的互构共生关系。课堂双主体互动有回到以知识为本的老路上去的嫌疑，而主体间性又把它拉回到了以人为本的正轨上来，强调师生共同生长、共同发展。

“主体间性”课堂以师生教学行为交互融合为机制，以人的发展有效性为追求目标。从主体性到泛主体性，是课堂主体性理论裂变的必然趋势。实用主义基于课堂效率的考虑，认为只要课堂参与者多方受益，课堂要素多向生长，多维目标与核心素养相得益彰，那么这样的课堂就是有存在价值的，而不再纠缠于课堂要素之间的主体性或主客体是否清晰。而在成长型思维模式视域下和课堂诸多要素中，学生、教师和课堂文化三要素可以找到共同的交点——成长。这一交点也是三者的生长支点，再聚焦一点，就是成长型思维模式的成长。在成长型思维模式框架下，学生、教师和课堂文化三者在课堂中形成生长共同体。于是，课堂成长共同体概念呼之欲出。

（三）从“教学相长”到“课堂成长共同体”

教和学不是相互孤立的行为，不是此消彼长的行为，不是蜡炬和光明的关系，不是零和博弈，而是双方互构共生的关系，这一点《礼记·学记》早有明示，即教学相长。因此，教和学是相互促进、相得益彰、互惠互利的行为，是彼此共赢的关系。只不过长久以来，我们忘了先哲之训，开始一味地追求“学”的成长，而忽视了“教”的成长。

对“学”的重视，诞生了学习共同体。博耶尔关于学习共同体的定义具有代表性：“学习共同体是所有人因共同的使命并朝共同的愿景一起学习的组织，共同体中的人共同分享学习的兴趣，共同寻找通向知识的旅程和理解世界运作的方式，朝着教育这一相同的目标相互作用和共同参与。”

在此基础上，基于成长型思维模式的应用，研究团队提出了“课堂成长共同体”概念：指向成长型思维模式协作发展的师生和课堂文化组成的共同体。在共同体中，师生通过践行成长型思维模式，彼此沟通、分享智慧、交流情感，共同建设成长型思维模式的课堂文化，形成相互影响、相互促进的互惠共赢型成长共同体。

课堂成长共同体概念的提出有效解决了课堂成长型思维模式生长与课堂主体间性的融合问题，有利于课堂要素资源的整合与优化并形成合力，发展师生的成长型思维，进而提高课堂整体效益，影响师生的价值观。

课堂要素在课堂这个时空里，一定是立体而系统地存在。课堂成长共同体构成要素有三个：学生、教师和课堂文化。三者在课堂上各自发展，又在成长型思维模式的干预下彼此关联，从而形成一个三螺旋生长结构模型（如图 3–1 所示）。

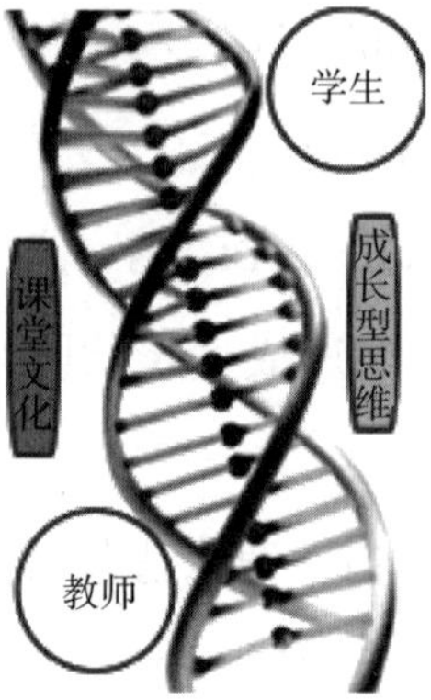

图3–1　三螺旋生长结构模型

基于以上分析，课堂成长共同体具有如下特征：

（1）个体成长性与整体成长性完美统一。从课堂成长共同体构成三要素来看，师生是个体，课堂文化是整体。教师和学生个体的成长型思维模式发展会带动课堂文化的发展，师生的成长型思维模式提升了，课堂文化氛围也会变得积极的、高效的；反之，课堂文化成熟了，会促进师生成长型思维模式的发展。

（2）固定型思维模式与成长型思维模式对立统一。固定型思维模式与成长型思维模式是相互对立的。在德韦克的成长型思维模式理论中，固定型思维模式与成长型思维模式是一个人思维模式的两极，非此即彼，互相排斥。但是，这两种思维模式又同时存在于一个人的价值观里，除非“冥顽不化”或“修道极高”，否则，人人都是这两种思维模式的矛盾体。

这相当于正能量和负能量在人的个体内矛盾存在一样，只不过要看哪一极占据主动权和上风。对大多数人来说，固定型思维模式和成长型思维模式会伴随一生，是东风压倒西风，还是西风压倒东风，完全取决于个人的修炼。在课堂成长共同体这个自组织内，这两种思维模式也会不断地交锋、不断地摩擦，最终形成一个相对稳定的能量场。

（3）构成要素彼此的独立性与关联性相统一。课堂成长共同体构成三要素（学生、教师和课堂文化）在课堂中彼此独立发展，各自沿着自己的生长规律螺旋上升。同时，它们不是孤立发展而是彼此联系的，三螺旋的连接点就是时刻存在的成长型思维模式。所以说，课堂成长共同体构成三要素彼此独立而又相互关联，在成长型思维模式的调和下，它们和谐地统一在课堂成长共同体内。

二、数学课堂成长共同体构成要素

学生、教师和课堂文化是基于成长型思维模式的课堂成长共同体构成三要素，也是基于成长型思维模式生长的课堂观察三维度。三者在主体间性理论视域下，彼此信任与尊重，平等对话与交流，在课堂中沿着三个方向各自生长，各自螺旋上升而又彼此关联，而连接它们的纽带就是成长型思维模式。

要素一：学生

在数学课堂上，学生的成长型思维模式是在课堂观察的基础上，选取有针对性的策略进行培养的。

首先要根据思维模式笛卡尔坐标图，分析学生群体的思维模式群落，再依此确定教学进度、教学目标和教法。

在一个“空区”思维模式的学生占多数的班级，需要适当地加快教学进度，多准备一些有挑战难度的数学题，以满足学生的挑战欲。

如果发现一个班级的学生大多处在“玄区”，就需要适当放慢教学进度，给学生一些有多种解法的题目，让他们意识到解决问题具有多种可能性，以抑其固定型思维模式而扬其成长型思维模式，并且要循循善诱，逐步引导。

如果发现处在“能区”的学生占多数，要考虑经常给他们一些选择和对比的机会，让他们自己去做决定，并看到结果，通过结果的对比，明白和校正自己的思维模式。要多给这些学生挖“坑”，让他们自己“跳进去”，再自己“跳出来”。

对小学生来说，他们的思维模式很少会处在“净区”。如果遇到这样的高年级班级，要把鼓舞斗志放在首位。在数学课中，给他们低难度的题目，并进行分层教学是合适的。

以上是针对群体的教学策略。而对个体来说，培养和发展的根据是他成长型思维模式五要素的雷达图，通过雷达图来发现他的短板，在课堂上施以“给肥式的点穴”，以期实现扬长补短。

（1）准备一些有坡度的题目给畏惧挑战的学生，让他看到自己也可以挑战一些难度。教学统计表时，一开始不要给他复杂的统计表，要拆开给。例如，要统计某校兴趣小组的人数，可以把单独的表一个一个地给：

中年级合唱团人数统计表

年级	三年级	四年级	汇总
人数	56	67	

三年级合唱团人数统计表

年级	男生	女生	汇总
人数		24	

四年级合唱团人数统计表

年级	男生	女生	汇总
人数	24		

然后再给复式统计表：

中年级合唱团人数统计表

年级	三年级	四年级	汇总
男生		24	
女生	24		
小计	56	67	

（2）准备一些微难度的题目给畏难的学生，让他看到难度不是一座山，只是一堵墙。教学用“一一列举”的策略来解决问题时，不能一开始就让学生练习难度大的题目，如：从1到10这十个自然数中每次取出两个，其积要大于20，共有多少种不同的取法？而是应该先给一些基础题来试探学生对知识点的掌握程度。如：

①地铁早班始发时刻是5：30，每隔10分钟发1趟，问第5班发车时刻是几点几分？

②一块水泥砖的长度大约是20厘米，建筑工人用16块这样的砖围成长方形小花坛，他有多少种不同的围法？面积最大的花坛是多少？形状是怎样的？

（3）准备一些情境系列题，让不愿努力的学生也能饶有兴趣地持续探究。例如，教学长方形面积后会有一些练习题，可以把这些练习题创建成一组情境题：

①王大爷家的长方形蟹塘边立了一块某饮料公司的广告牌，是长方形铁皮做的，长是12米，宽是5米，这块广告牌用了多少平方米的铁皮？如果每平方米价格1000元，那么制作这块广告牌至少要花多少钱？

②某天夜里刮台风，把广告牌吹倒了，正好砸进了王大爷家的蟹塘，占据蟹塘面积的一半，结果蟹塘溢水，螃蟹都跑了。如果蟹塘一边长10米，平均每平方米有蟹20只，每只市场价50元，饮料公司至少要赔王大爷多少钱？

③赔款后，饮料公司决定把广告牌捐给王大爷。王大爷用它来作蟹塘的围挡，他应该怎样切割这块广告牌才能把蟹塘全部围住，而切成的小长方形块数最少？请你画出切割示意图送给王大爷。

这样的情境题像讲故事一样，学生做起来就饶有兴致。情境题不仅让学生复习了长方形面积及周长计算的知识，此外还紧密联系生活，能帮助学生培养初步的经济意识和法律意识，以及解决实际问题的能力。

（4）准备一些激励语句，在学生回答后给以回馈，鼓励那些不太愿意面对评价和反馈的学生也能平静地接受表扬和批评。如：

①表扬类：你的回答很全面，既讲到了我们刚学的概念，也讲到了我们以前学到的知识，看来你很善于学以致用，希望大家向他学习。

②批评类：刚刚我们在讲分数和小数的转换时，可不是直接用小数除以分数的哦！你需要认真听讲，听不懂就问，好吧？谁能告诉他分数和小数如何正确转换？

批评也可以变为鼓励：分数通分的目的是便于加减，所以分数乘除的时候就不需要通分。你看你在学习分数乘除法时还能记得通分，说明你有很好的记忆力。数学运算讲究规则，讲究顺序，相信后面老师在强调规则的时候，你一定也能记住，是吗？

中性反馈适合给学习水平中上层次的学生：这道题确实是计算长方形周长的，但要具体问题具体分析。它要我们计算买多少围挡，其中有一面是隔壁的院墙，还需要买吗？下次做题要充分考虑具体情况。

（5）准备一些表情包，让学生意识到每个人都有长处，都可能在不同的领域获得成功。同时，当学生露出欣赏的表情时，说出赞赏的语言，给予无私的掌声；当学生表达虚心学习的态度时，给以相应的表情符号，一是为了肯定他面对别人成功时的态度，二是为了调节课堂的学习气氛。如果将这些表情包配以背景音乐，通过多媒体即时播放出来，效果会更好。

在课堂成长共同体中，学生要素的成长是首位的，学生的成长型思维模式发展是课堂成长共同体赖以存在的基石。学生是否成长是评价课堂成长共同体发展的重要价值标准，学生成长的速度是控制课堂成长共同体发展的方向盘。

要素二：教师

从思维模式的角度来讲，数学教师必须具有成长型思维模式，否则，他不一定是一个教学水平薄弱的教师，但一定不适合数学教育，这是由数学学科特征决定的。

数学教师要想其成长型思维模式值更高，要在课外和课内两方面下功夫。

在课外，数学教师要多读励志书，向其他优秀的数学教师看齐；多参加数学名师工作室活动，积极参加数学教科研活动和集体备课活动，通过集体带动个体的方式使自己的教学水平不断地提高。

在课堂上，数学教师要积极地引导学生发展其成长型思维模式，同时锤炼自身的成长型思维模式，做到“三多三少”，这是良好教风的具体体现。

（1）多鼓励学生，少掩盖问题。以“图形的割补”教学片段为例，针对学生的操作表现和发现，给予充分的鼓励。众所周知，三角形内角和是 180 度，但是有的学生在实际测量的时候会发现测量值不是 180 度。这是问题，也是教育资源。教师不要掩盖这样的问题，要敢于暴露，而对于学生这样的发现，同样应该给予鼓励和表扬。以下是具体的教学片段：

师：这个图形你认识吗？（出示平行四边形图形，如右图）要求出平行四边形的面积，你想知道哪些条件？

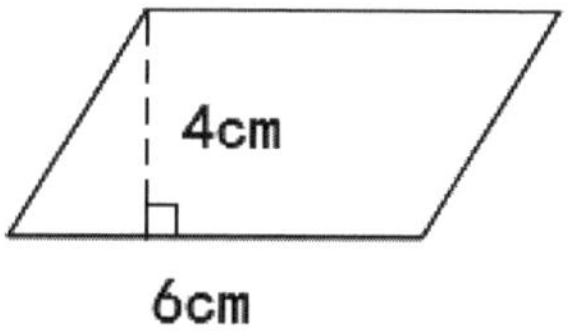

生：要求出平行四边形的面积，需要知道它的底和高。

教师出示图形的底和高。

师：这个平行四边形的面积是多少？

生：这个平行四边形的面积是 6×4=24（平方厘米）。

师：不错。你们还记得当初是怎么推导出平行四边形的面积计算公式的吗？拿着老师的这个平行四边形纸片，演示给大家看一下。

生（上台演示）：把平行四边形沿着这条高剪下一个三角形，平移到另一边，就变成长方形。长方形的长就是平行四边形的底，长方形的宽就是平行四边形的高，所以平行四边形的面积 = 底 × 高。

师：好！当初我们是把平行四边形转化成学过的长方形来研究的，已经过去了这么长时间同学们还能记得，说明大家对这部分知识掌握牢固。

——节选自朱国军、陈静《深化学习内容　渗透数学思想》

在这个教学片段中，教师的成长型思维模式表现在两方面。一是敢于挑战，并引导学生接受挑战。当学生用量的方法来学习三角形内角和时，发现有的三角形内角和不是180度。敢于面对这一违反数学真理的发现就是一种挑战。二是对成功的学生给予鼓励。这是对待他人成功时的态度，是成长型思维模式在教学过程中的应激反应。

（2）多挑战传统，少将就现状。教师在课堂成长共同体中也是成长的一极，也要提高自己的教学水平。同时，教师的成长型思维模式也要与学生同步成长，这要求教师和学生都要多发起挑战，向传统的教法和学法挑战，不满足于现状。例如：

> 小学数学中关于认识位置的内容，倘若教师只是从所教的知识点出发，孤立地看待各部分内容，那学生在学习之后可能只是获得了不同位置的表示方式。于学生而言，他们可能会有此种感受，即位置表示方式极其多样，但这些表示方式之间好像没有任何关联，他们所需要做的仅是在考试中能够就不同的题目正确地写出合适的表示方式即可。
>
> 然而，如若从数学知识间的关联性出发，认识位置背后的两种方式之间有极强的关联性。用数对确定位置和用方位角与距离确定位置，二者之间除了表示方式不同之外，其内隐的思想是一脉相承的，二者都是运用“起点、方向和距离”这一原理来确定位置的，只是数对中的距离是有序的数字，方位角与距离仅是距离而已。因此，如果教师能从这一关联性出发来思考该内容的教学，则学生认知结构中所构筑的认识位置就不仅仅是表示方式了，其内隐的思想和关联性将会深刻在其认知结构之中，而这无疑是开展深度学习的前提。
>
> ——节选自朱国军《基于深度学习的教学要义及其实践》

（3）多反思自己，少责备学生。在课堂成长共同体中，教师是最应该首先进行批评和自我批评的，也就是要优先反思。这样不仅利于教师自身的成长型思维模式发展，也利于学生的成长。例如：

【教学片段】

播放：《A4 纸的魔法》视频，以渲染气氛。（最后画面定格在一摞彩色的 A4 纸上）

谈话：大千世界，创意无限，一张 A4 纸竟然有如此的魔法。不过，这样的创意想法要靠我们大胆的想象。我们今天也借助具有魔法的 A4 纸来探寻数学上的有关知识。不过在研究之前，先来看看老师带来的两幅图：

交流：你看到了什么？同样一幅图为什么我们看到的不一样？

小结：看来，不妨换个角度看问题，收获也许会不一样。学习数学时，我们是否也能从多方位、多角度去思考问题呢？

【反思】

最高明的课前谈话应该是渗透教学重难点以及数学思想方法的谈话。“大千世界，创意无限”“看问题不妨换个角度”这两句谈话内容看似与上课无关，实则与课堂息息相关，为后面鼓励孩子创造独特新颖的作品做好铺垫，也为他们变换角度去观察三角形做好准备。这样的思想意在体现这节课的“魂”。

——节选自朱国军《变中寻不变　玩中悟本质》

教师在课堂成长共同体中是成长主体，但要发挥主导作用，在整个课堂的节奏把控及各环节的组织和评价上，都要充分运用成长型思维模式来进行渗透和调节，这样自己和其他两极要素才能和谐发展、齐头并进。

要素三：课堂文化

在对教师进行有关成长型思维模式的访谈时，我们发现大部分的教师认为良好的班风和学风有利于成长型思维模式的发展，除此之外还有教风。数学课堂里经常还会有一种“课风”，表现的是师生的思维和兴奋度。撇开学风和教风，有的数学课师生亢奋、互动积极、节奏明快、妙语连珠，而有的数学课启而不发、思考呆滞、无法推动、经常冷场。这就是课堂文化的不同表现，本书把它称为“课风”。

成长型思维模式的课风建设需要从以下几个方面入手。

（1）鼓励挑战，不惧失败。每次产生问题后，都是挑战的契机。比如，以下的平行四边形面积推导教学片段就可以看到成长型思维模式的课风：

师：这样转化，对于平行四边形来说，什么变了？什么没有变？

生：平行四边形的形状变了，面积没有变。

师：转化前后面积保持不变，这非常重要。刚才这个学生是沿着这条高（在平行四边形中比画）剪下来的。还有其他方法同样能把平行四边形转化成长方形吗？

生1：我沿着平行四边形中间的这条高剪下来，就剪成两个梯形，也可以拼成长方形。（学生上台演示）

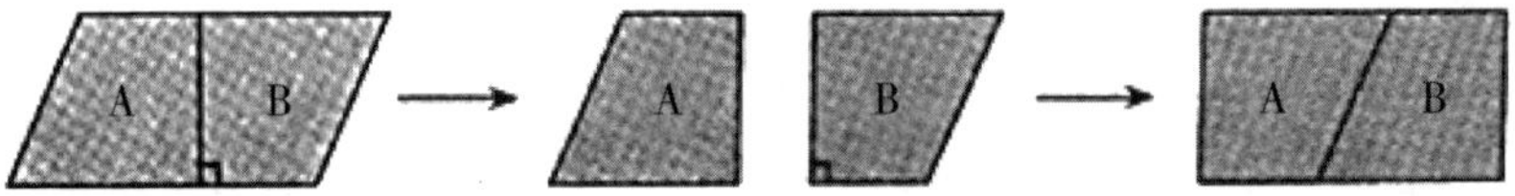

生2：我在学习平行四边形面积计算的时候就想，能不能把两个角（比画）剪下来，拼成长方形？

师：这个想法真好！到底能不能？老师给点提示，如果先把平行四边形的两条底边对折到一起（演示），展开后就找到了两条对边的中点。现在能不能想办法将平行四边形转化成长方形？

学生进行操作，然后交流。

——节选自朱国军、陈静《深化学习内容　渗透数学思想》

（2）不怕困难，不惧错题。在有一些数学课堂中，当学生出现错误时，教师都非常敏感，一惊一乍的，会严肃批评学生，致使出错的学生灰头土脸。整个课堂追求全对完胜，不能有一丁点的错误和瑕疵，始终充斥着紧张、严肃的气氛。而另外一种极端情况是过度宽容，即当学生出现错误时，教师只是简单地订正了事，不问原因，不做分析，不进行反思，让错误像风一样来，又像风一样去。但错误是普遍的，是不可避免的。这两种对待错题的课风都不是课堂成长共同体的课堂追求。面对错题，基于成长型思维模式的课堂成长共同体应该表现出的良好课风是这样的：

会积极重视，但不反应过度；
会追问原因，但不追究责任；
会判断对错，但对事不对人；
会批评过错，但不讥讽犯错；
会规范订正，但不矫枉过正；
会加油鼓励，但不报喜弃忧；
会共同探讨，但不群体批斗；
会帮助有加，但不取而代劳；
会正视不足，但不节外生枝；
会反思错程，但不放大延伸。

（3）持之以恒，不畏生长。良好的课风应该是可持续发展的，师生在课堂上表现出锲而不舍、永不言弃地追求真理的精神。这也可以通过课堂实例反映出来：

【课堂实录】

师：刘徽是我国魏晋时期的人，他是中国数学史上伟大的数学家。他在《九章算术注》中提到的“割补术”清晰地说明了各种图形面积计算的问题。结合平行四边形面积公式的推导过程，你对图形的割补有新的认识吗？

生1：“割补术”听起来复杂，但实际上就是利用剪拼的方法把平行四边形转化成长方形。

生2：当我们遇到新的图形时，可以借助割补的方法转化成已经学过的图形，有时一个图形可能有多种割补的方法。

师：说得太好了！（板书：未知图形→已知图形）你还记得三角形的

面积是如何计算的？当时我们是怎样推导出三角形的面积计算公式的？

生1：我们用两个完全一样的三角形拼成平行四边形，这个平行四边形的底和三角形的底相等，高和三角形的高相等，用平行四边形的面积再除以2就得到三角形的面积。

生2：三角形面积＝底×高÷2。

师：学了长方形的面积，我们能推出平行四边形的面积；学了平行四边形的面积，我们又能推出三角形的面积。从旧知识中不断地推出新的知识，新的知识就这样不断地生长起来。

师：当初在推导三角形的面积计算公式时就有学生提出，能不能将一个三角形转化成已经学过的图形？现在你觉得能吗？可以用什么方法？

生：能，可以通过割补的方法。

师：能不能先说说看？你打算怎样来割补？

生：我是想能不能通过割补，把三角形转化成平行四边形或长方形？

师：有想法！

生：我觉得要在图上画画剪剪。

师：好，现在大家就用老师给你们准备好的三角形纸片试试看。可以先想想做做，如果觉得有困难可以联系刚才平行四边形割补成长方形的方法来想想。做完后可以和同伴进行交流。

学生尝试操作，并进行交流。教师组织全班交流。

生1：我是沿着三角形两边的中点画出高，剪下来拼在三角形的上方，把它转化成长方形。长方形的长就是原来三角形底的一半，宽就是三角形的高，所以三角形面积＝底÷2×高。（教师板书：三角形面积＝底÷2×高）

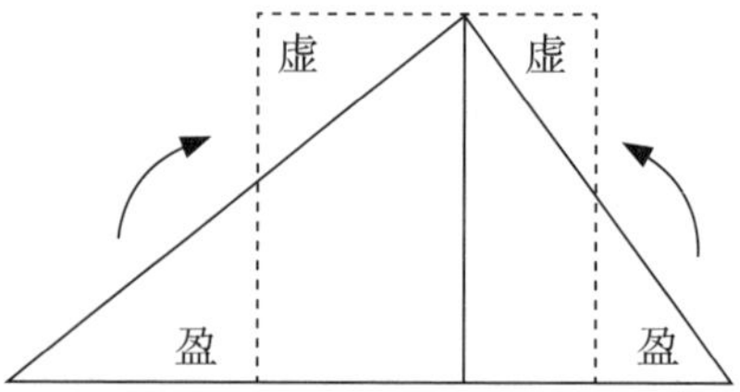

生2：我的方法和他有点像。我先画出三角形的高，然后沿着高的中点横着折，把上面的两个小三角形旋转到下面，拼成长方形。长方形的长是三角形的底，宽就是三角形高的一半，所以三角形的面积＝底×（高÷2）。［教师板书：三角形的面积＝底×（高÷2）］

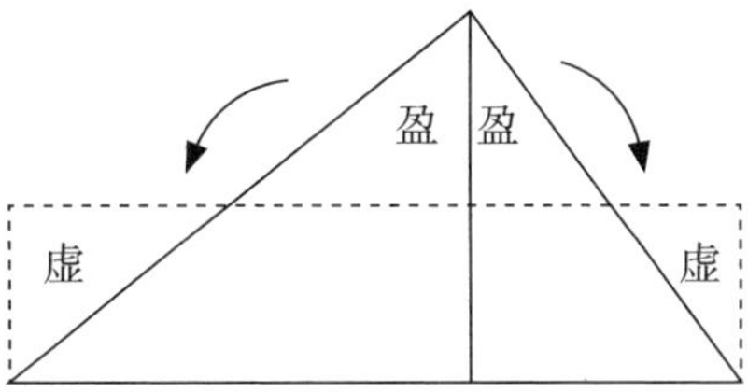

师：看来，“割补术”真的很神奇。我们通过割补得到的三角形面积计算公式是什么呢？和我们上节课推导出的三角形面积计算公式是一样的吗？

生 1：三角形的面积 = 底 ÷2× 高，这里先除以 2 和后除以 2 的结果是一样的，所以这个公式也可以写成书上那样的式子，即三角形面积 = 底 ×（高 ÷2）。

生 2：我赞成他的观点，但这个式子告诉我们研究的方法不一样。

师：对呀，以前我们是把两个完全一样的三角形拼成学过的平行四边形来研究，今天我们是把它割补成学过的长方形或平行四边形来研究。尽管方法不一样，但是其实都是用什么思想来解决问题的？

生：都是转化成已经学过的图形来研究的。

师：咱们瞧瞧，古代人是怎么想三角形的割补方法的。

播放课件：“半广者，以盈补虚，为直田。”“半广”就是从垂直的方向分割，得到两个小的三角形。这两边分别剪下的小三角形补到上面去，正好可以拼成一个长方形，就是“直田”。

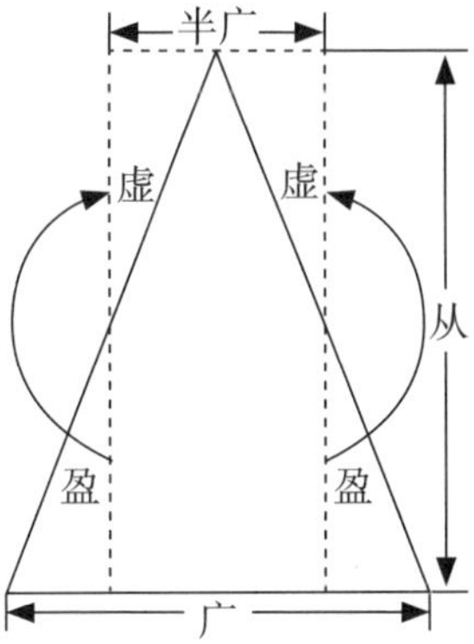

师：“盈”是什么意思？“虚”呢？怎样“以盈补虚”？

学生结合图说明。

【反思】

教材将“割补术”放在三角形的面积计算之后介绍是有深意的，这一方面有助于学生学会更多样的探索三角形面积计算公式的方法，另一方面能够加深学生对转化思想的感悟。教师在教学时注意充分利用数学史实，通过简要介绍刘徽的事迹，激发学生探究“割补术”的积极性，同时通过简要梳理已经学习过的平行四边形面积和三角形面积计算公式的思维方法，说明它们都是将未知图形转化成已知图形、将新知识转化成旧知识。

由于有将平行四边形通过割补转化成长方形的多种方法作基础，教师放手让学生自主探索如何将一个三角形通过割补转化成学过的图形，进而推导出三角形面积计算公式。学生通过操作和交流，不仅能够体会不同的割补方法，感悟到解决问题方法的多样化，还能直观地理解教材中“你知道吗”所介绍的“以盈补虚”的说明面积相等的方法。从中我们既可以看到知识的生长点，也可以看到能力和方法的生长点。

——节选自朱国军、陈静《深化学习内容　渗透数学思想》(收入本书时有改动)

（4）喜欢评价，无畏批评。面对评价，课堂成长共同体的课风展现出来的是一幅其乐融融的画风。教师评价学生，既说出优点，也指出不足；学生评价教师，喜爱之情溢于言表；学生评价学生，彼此坦诚，相互帮助。评价中，有表扬，也会有批评。面对表扬，谦虚不傲；面对批评，虚心接受。评价通常带有感情色彩。课堂成长共同体应尽量避免形成负面评价氛围，因为敌意会使人好斗，恐惧会带来忧虑，嘲笑会使人懦弱，猜忌会让人妒忌，指责会带来“躺平”，埋怨会带来“内卷”，羞辱会让人愤懑，过奖会使人自负，训斥会使人颓废，打击会使人消沉。关于评价和反馈，课堂成长共同体应当建立这样的课风：

鼓励，使人自信；

宽容，使人坚忍；

称赞，使人感恩；

分享，使人慷慨；

友善，使人博爱；

接纳，使人宽慰；

公平，使人公正；

认同，使人信任；

文明，使人谦让；

和谐，使人幸福。

（5）他人成长，我的成长。在对待他人成长方面，课堂成长共同体倡导的课风集中表现在欣赏和激励两个方面。首先，对他人的成功应报以掌声，用欣赏的眼光来看待他人成长，那么他人成长就相当于自我成长，这是因为大家是共同体，有着共同的志向和行动。学会欣赏他人，就是要学习多看他人的优点、长处和勤奋的样子。其次，他人的成功对自己是一种激励，他们成长的过程对自己有借鉴作用，他人成功的案例是自己宝贵的学习资源。学会自我激励，就是要学习他人思考问题的方式、解决问题的能力，更重要的是学习他人勤于奋斗和坚持不懈的精神。课堂发言中能看到彼此相互作用的思维碰撞，课后反思中能看到学习榜样的精神力量。

三、成长型思维模式视域下数学课堂建设

成长型思维模式视域下的数学课堂应该是一个课堂成长共同体。呵护这样的课堂生态需要从两个方面考虑：一是学生的学习观建设，二是教师的教学观建设，二者缺一不可。

（一）积极的学习观

数学学习是基础学习。语文和数学都是基础学科，是学好其他学科的工具。对于自然科学来说，数学是所有学科的基础，是其他学科深度研究的基石。因此，当代学生有必要、有责任把数学学好。这种观念在数学课堂中可以通过问题情境来不断地渗透。

数学学习是系统学习。数学学科是一座结构完整而紧密的大厦，它讲究基础，讲究逻辑，讲究系统结构。小学数学到大学数学是一个由浅入深、由低到高的循序渐进的过程，需要一步一步、一级一级地经过严格的训练才能真正形成完善的知识结构。数学学习难以像有些学科一样，可以跳着学，如果没有小学数学的基础，中学数学的学习就很难打开局面。

如果小学低年级的简单数量关系都理不清，那么到了高年级，需要用较多数学基础知识来解决的问题就会像一团糨糊，味同嚼蜡，数学学习就会变得索然无味，这就是一些学生厌学数学的原因。打好基础，逐步建构，才能完善数学知识结构，在解决问题的时候才能得心应手、左右逢源。

数学学习是思维游戏。数学学习讲究推理，越往下学习越是这样。推理就是逻辑思维的过程，所以数学是一种思维活动。要让学生认识到这一点，可以从两点入手。一是要让学生在课堂上讲算理，讲算理就是讲思考的过程，思考的过程就是思维。比如讲解“凑十法”，“一看（看大数），二拆（拆小数），三凑十，四连加”，这是操作方法，不是算理。在操作之前要让学生明白：10加几，就是十几，是最容易计算的两位数加一位数，所以，在遇到一位数进位加的时候，要凑十。是凑大数呢，还是凑小数呢，这就要进一步地思考了。具体到“7+8”这个算式，要让学生把凑十的过程详细地描述出来：7和3凑成10，把8分成3和5，7+3=10，10+5=15；或者，8和2凑成10，把7分成2和5，8+2=10，10+5=15。这就是思维过程的外显。二是要经常反思。思维的外壳是语言，所以思维训练的时候是离不开语言的，而数学语言是极其精炼的。因此，要求学生多使用数学语言来描述和表达。经过长期训练后，学生运用数学语言描述数学概念、运用数学语言进行逻辑推理时，就会清晰而有条理。在解决完问题之后，教师要引导学生反思一下这道题的解决过程，那么学生就会发现思维的全过程，就会逐渐理解条件和问题之间的内在关系。对于小学生，教师应尽量把数学知识融入日常生活情境中，把数学生活化，这样学生游戏起来才会更有体验感。例如：

> 在数学教学中，证据不一定是客观的，证据也有可能是主观的；证据有可能是真实的，也有可能是虚假的；证据有可能是有力的，也有可能是模糊的、零碎的、肤浅的。作为教师，要引导学生在证据推理的过程中反思证据，反思证据是否合理、是否科学、是否有效等等。正是通过对证据

的不断反思，学生能主动地修正证据、补充证据、完善证据。通过对证据的不断完善，学生的证据推理得以完善。

比如，教学“平行四边形的面积”（苏教版《数学五年级上册》），有学生在进行证据推理时，提出了这样的猜想，即认为“平行四边形的面积是底乘斜边”；有学生认为，“平行四边形的面积等于底乘高”。为此，教师追问学生的猜想的证据。有学生说，因为平行四边形可以推拉成长方形，长方形的长相当于平行四边形的底，长方形的宽相当于平行四边形的斜边，因为长方形的面积等于长乘宽，所以平行四边形的面积等于底乘斜边。显然，学生的数学猜想证据中有些就不能称之为证据，而是学生的一种迷思概念、相异构想，是学生进行正确推理的障碍。对于这样的一些迷思性的证据、相异构想性的证据，教师要进行启发、引导，让学生自识其陋、自识其错。如在上述教学中，当教师发现了学生的猜想所依据的证据是一个错误证据时，给学生提供了方格纸，让学生对证据进行自我审视、自我否定。学生直观地看到，在长方形推拉成平行四边形的过程中，面积发生了变化，因而从推拉视角提出的证据是错误的。而提出的另一个猜想的依据是平行四边形可以剪拼成长方形，在这个过程中，面积没有发生变化，因而这一猜想依据是成立的，是一个真正的证据。由此，学生把平行四边形转化成长方形时，就能主动地舍弃推拉法，转而采用剪拼法来推导平行四边形的面积计算公式。对证据的反思、批判，能让学生的学习历程、思维进阶等留下更深的“认知痕迹”。

证据是学生进行推理的基石。基于证据的数学推理教学，能促进学生的数学深度学习。在数学教学中，教师要引导学生努力搜集证据、应用证据、分享证据、反思证据。“证据”能提升学生数学学习的“卷入度”，“证据”能提升学生数学学习的“能见度”，“证据”能提升学生数学学习的“可信度”，“证据”能提升学生的数学学习的“沉淀度”。通过证据，能不断地提升学生的数学学习力，发展学生的数学核心素养。

——节选自朱国军《证据推理让学生的数学学习走向深刻》（收入本书时有改动）

（二）共生的教学观

倡导建立课堂主体间性，尝试理解新型师生关系。把自己当成课堂学习主体这一理念是很难被一些教师所接受的，使“传道、解惑、授业”

这个职业命题难有新解。因此，教知识、教教材，甚至教方法、教思维，在日常数学课堂中比比皆是。但少有数学教师会意识到，数学课堂也是自我的学习阵地，自我在课堂中也会有学习、有思考、有收获。

而接受“双主体”或“主体间性”理念则意味着，教师不仅要成为学习的主体，还要积极与另外一个主体互动、共生。这种理念需要有较高的认知能力才能消化。对于习惯了主体与客体、主导与主体互动的教师来说，他们是非常难以改变观念的。但是课堂成长共同体要求广大教师在课堂上要与学生一起学习、一起成长，因此教学观念改变势在必行。教师不能把自己当成蜡烛，只照亮了学生却消耗了自己，而应把自己当作云梯，既成就了学生又成长了自己。只有这样，数学教师的课堂教学水平才能日新月异、不断上升。

引导建设成长型教风，助推教风、学风、课风三位一体、共同提升。主体间性强调的是主体与主体的互动，而不是单单强调教师的主体作用。在课堂教学中建立了良好的主体间性，就相当于有了良好的课堂文化，也就有了良性循环的课风。

成长型课风必须要以成长型学风和成长型教风为基础。数学教师首先要把自己的教风向学校倡导的教风看齐，取得一致后，再把教风向成长型教风看齐，二者可能也并不矛盾。成长型教风用一句话来概括，就是追求成长型思维模式发展的教学风格，在成长型思维模式五要素方面都有积极的表现。因此可以简单地说，成长型教风就是积极向上的教风。教师要塑造并践行这样的教风，需要自身先成长为成长型思维模式的教师。而成长型思维模式的教师的一个典型标志是在课堂中经常使用具有成长型思维模式特点的话语，比如“我们暂时还不能解决这个问题，让我们先来学习一个新知吧”。

（三）课例分析

下面通过一节课例来看看成长型思维模式的课堂应该如何设计：

变中思悟 探中明理

——“分数的基本性质”教学设计与说明

朱国军（江苏省南京师范大学附属中学江宁分校小学部）

戴厚祥（江苏省南京市江宁区教学研究室）

【教学内容】

苏教版《数学五年级下册》第 66 ~ 67 页的例 11、例 12 以及“练一练”

【教学目标】

1. 经历分数基本性质的建构过程，归纳概括并掌握分数的基本性质，能运用分数的基本性质解决有关的数学问题。

2. 培养学生观察、分析、比较、归纳、概括及动手实践的能力，进一步发展学生的思维。学习用成长型思维激励探究。

3. 让学生体会数学来自生活实际的需要，感受数学与生活的联系，激发学生对数学的兴趣，初步感受“变”与“不变”的辩证思想。

【教学重点】

探索、发现和掌握分数的基本性质，并能运用分数的基本性质解决问题。

【教学难点】

抽象和概括分数的基本性质，运用整数除法中商不变的性质解释分数的基本性质。

【总设计意图】

本节课以学生的探索活动为核心，寓数学思想方法于教与学的过程中，以“变”与“不变”为主线，以“猜想—验证—观察—结论”这样的研究过程为暗线，“主线”与“暗线”润物细无声地融合。让学生透过现象去抓住数学中“不变”的本质，应用这“不变”的本质去解决“变与不变”的哲学思想，并在对比中感悟“商不变规律”“分数的基本性质”“比的基本性质”的形不同而质同，让学生体会学习分数基本性质的意义和价值，使学生经历由“薄”到“厚”的知识获取过程，感受数学知识环环相扣的美。

一、创设情境，引入分数

谈话导入：一起回忆“幸福嘉年华”寒假生活成果博览展销活动。展销会上，“点赞卡”是每个班每个孩子奋力角逐的目标。活动中，教师收集了一些数学素材。

组别	第（1）组	第（2）组	第（3）组
参与人数	2	4	8
获点赞人数	1	2	4

分析：对照点赞卡统计表中的信息，（从数学的角度分析）哪个小组表现得好？

交流：各个小组的表现都不错，你是怎么想的？$\frac{1}{2}$、$\frac{2}{4}$、$\frac{4}{8}$这三个分数真的相等吗？光猜测是不行的，你能用数学的一些研究方法证明你的猜想吗？（板书：猜想）

【设计意图】对信息的准确解读与理解，是生成新问题的必要基础。上课伊始，教师通过情境创设，以学生参与“幸福嘉年华”活动中点赞卡的活动为引入点，激发了学生探究新知的欲望，让学生建立了挑战的信心。学生在思考哪个组表现好时，意识到比哪个组表现好还必须关注获点赞人数与参与人数两个数量，分数自然而然产生了。这样有利于学生主动地发现和提出问题，同时他们也体验到了数学在生活中的应用价值。

二、自主探究，构建新知

1. 猜测验证，形象感知

验证：$\frac{1}{2}$、$\frac{2}{4}$和$\frac{4}{8}$相等吗？（对照学习单，请你用画一画、折一折、算一算或文字方法，尝试说明）

汇报：

（1）折

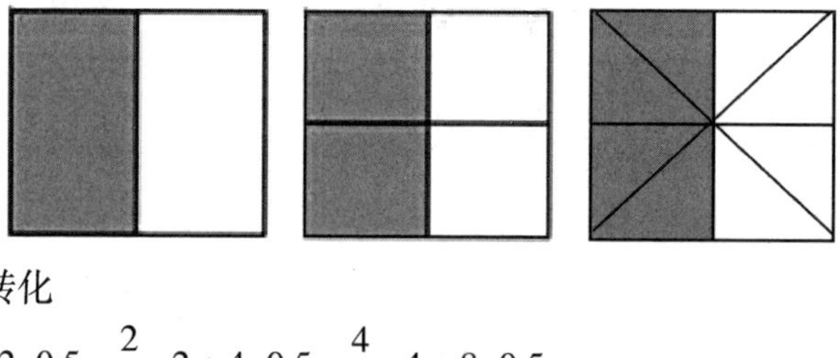

（2）转化

$\frac{1}{2}=1\div2=0.5$，$\frac{2}{4}=2\div4=0.5$，$\frac{4}{8}=4\div8=0.5$。

（3）摆

把 8 根小棒平均分成 2 份，取其中的 1 份是 4 根；把 8 根小棒平均分成 4 份，取其中的 2 份是 4 根；把 8 根小棒平均分成 8 份，取其中的 4 份也是 4 根。

（4）画

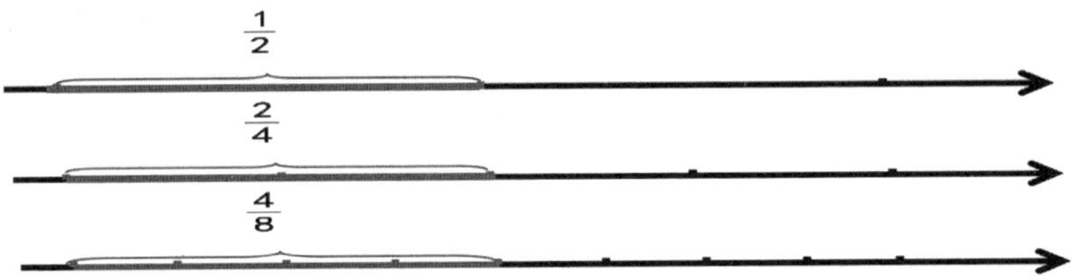

小结：不同的验证方法都让我们发现$\frac{1}{2}=\frac{2}{4}=\frac{4}{8}$。从刚才的研究中我们还发现什么变了？什么没有变？（分子变了，分母变了，但分数的大小没有变。）（板书：验证$\frac{1}{2}=\frac{2}{4}=\frac{4}{8}$）

【设计意图】引导学生用画一画、折一折、摆一摆等一系列方法来初步感受其中的“变与不变”，从而使他们对其中的变化规律有了一些感性的、浅显的认识，并渗透“数形结合”和“变中有不变”的数学思想方法。这些方法就是克服难题的方法，从中可以考查学生的克难态度和努力坚持的意志。

2. 想象列举，深入体验

举例：是的，研究让我们发现分子和分母不同，分数的大小却相等。看来在分数这个大家庭中还有许多分数是相等的！你能从生活中再找到像这样相等的分数吗？

交流：你是怎么想的？你能说明你找的分数是相等的吗？在学习研究单上尝试证明。

汇报：学生自己在研究单上写写画画，再到台上和大家一起交流从生活中找到的分子和分母不同但却相等的分数。

分享：教师通过课件演示所收集的素材。

分西瓜：同样的西瓜，平均分成4份而取1份和平均分成12份而取3份是同样多的，也就是$\frac{1}{4}$和$\frac{3}{12}$是相等的。

班级的座位：36人平均分成3组，其中的1组是12人；平均分成9组，其中的3组是12人；平均分成36组，其中的12组也是12人，就是说$\frac{1}{3}=\frac{3}{9}=\frac{12}{36}$。

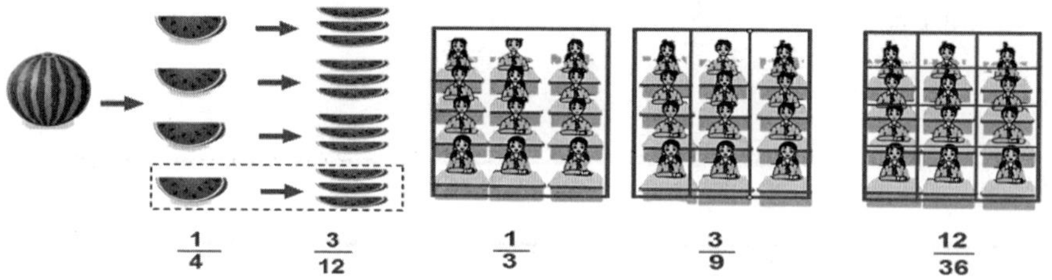

小结：看，身边就有这样相等的分数。看到这幅图上表示的分数，你又发现什么变了？什么没有变呢？（有很多这样的分数，分子和分母变了，但分数的大小没有变。）（板书：$\frac{1}{3}=\frac{3}{9}=\frac{36}{12}$）

【设计意图】任意举例并进行证明，一方面是对证明方法的再次选择和运用，在证明过程中进一步地从单一具体的现象走向普遍现象；另一方面是让学生深入感受到分数的“变”与“不变”，为下面怎样“变”才会“不变”以及规律的概括提供了坚实的支撑。这是在搭建“脚手架”，师生共同克服学习困难。

3. 观察等式，探究规律

寻找：既然学生会找相同的分数，教师便提高要求——比一比 30 秒内你能任意找出多少个相等的分数。

观察：为什么写得这么快呢？是不是“变”与“不变”起了作用呢？又是怎样“变”才会最终的“不变”呢？

探究：请学生观察黑板上的几组分数，根据学习单上的建议，研究这些相等的分数之间有什么规律，探讨它们怎样“变”才会引起最终的“不变”。

提问：你发现了什么？你是怎么发现的？

交流：让学生自己上台边演示边汇报，其他学生补充完善。

（1）从左向右，$\frac{1}{2}$的分子和分母同时乘以 2 得到了$\frac{2}{4}$，$\frac{2}{4}$的分子和分母同时乘以 2 得到了$\frac{4}{8}$，分数的分子和分母都同时乘以 2，分数的大小不变。

（2）从右向左，$\frac{4}{8}$的分子和分母同时除以 2 得到了$\frac{2}{4}$，$\frac{2}{4}$的分子和分母同时除以 2 得到了$\frac{1}{2}$，分数的分子和分母都同时除以 2，分数的大小不变。

（3）其他组分数的“变”与“不变”的道理同上。

【设计意图】探究重在体验，贵在实践。把课堂教学聚焦在学生的认知难点，即“分数的分子、分母怎么变，分数的大小才会不变”这个问题上。同时，设计3个不同层次的探究：先创设情境引出一组相等分数让学生验证其大小，再让他们在生活中找相等的分数并验证，最后让他们凭感觉快速地写相等的分数。当学生能快速地写出相等的分数时，之前积累的经验感悟便得以充分释放，他们已经能意会其中的规律，接下来要概括变化规律自然就水到渠成。探究的过程就是解决问题和困难的过程。

4. 争辩完善，建构意义

提问：通过刚才的研究，我们更深入地研究了“分子、分母怎么变，分数的大小不变”的问题。那么，分子、分母同时乘或除以什么样的数？你能用数学上的一个词概括吗？你认为分数的基本性质中哪些词很关键？（板书：同时　相同数）

追问：你是如何理解“相同数”呢？为什么相同数不能是0呢？（板书：分数的分子、分母都乘或除　相同的数　分数的大小不变）

交流：分子、分母不能除以0，因为除数不能是0；乘以0的话，分母就是0了，而分母不能为0，所以0除外。（课件出示：$\frac{3}{4}=\frac{3\times0}{4\times0}=?$）

小结：分数的分子和分母同时乘或除以相同的数（0除外），分数的大小不变，这就是分数的基本性质。（板书：0除外　分数的基本性质）

课件演示：中国古代数学家刘徽在《九章算术注》中对分数基本性质的研究。

【设计意图】本环节着力对关键词（同时、相同数）的教学，目的是加深学生对概念的理解，并引导学生主动地质疑相同数是否“0除外”，最后让学生自己释疑，使学生在质疑、释疑的过程中对规律有了进一步的理解，培养了问题意识和严谨的数学学习态度。这一过程会有对待评价和他人成功的态度表现出来，因此正确的引导可以帮助学生强化成长型思维模式。

三、回顾旧知，沟通联系

回忆：了解了分数的基本性质，你是否想起以前哪个知识和它相似呢？（商不变的规律）

提问：你能根据分数与除法的关系以及除法中商不变的性质再来说明分数的基本性质吗？

交流：

（1）分数的分子相当于除法中的被除数，分母相当于除数；

（2）被除数和除数同时乘或除以相同的数，就相当于分子和分母同时乘或除以相同的数；

（3）商不变相当于分数的大小不变。

追问：被除数变成了分子，除数变成了分母，同时乘或除以相同的数（0除外），什么变了？什么没有变？（名称变了，本质没有变）

【设计意图】通过类比，将分数的基本性质与商不变的规律进行联系，促进学习的正迁移。实现新知化归旧知，也使学生感受到数学知识之间的紧密联系。反思学习过程就是成长型思维模式中元认知的要求。

四、拓展延伸，内化应用

1. 写数

师：在数轴上，你能写出跟$\frac{1}{3}$大小相等的分数吗？（说起来数学挺神奇的，数轴上就这么一个点却可以表示无数个数。）

2. 改数

能将$\frac{2}{3}$和$\frac{4}{12}$改写成分母相同的分数吗？

3. 选数

给定 10 个数，选出与某数相等的分数。

4. 填数

$\frac{1}{a}=\frac{7}{b}$，当 a 等于 1，2，3，4，…n 时，b 分别等于几？

a=1 时，b=（　）；a=2 时，b=（　）；a=3 时，b=（　）……

师：a 与 b 之间的关系是怎么样的？为什么存在这样的关系？你怎么知道的？

【设计意图】练习的目的不应该只停留在技能的掌握上，而更应该注重学生通过练习获得一定的感悟、联想和提升。“写数”让学生通过在数轴上写相等的分数，感受“值同形不同的分数在数轴上的位置一样”的简约性以及极限思想；“改数”为将来学习约分埋下伏笔，思考将异分母分数转化成同分母分数，就更便于分数的大小比较、分数的加减运算；“填数”让学生揭示$\frac{1}{a}=\frac{7}{b}$（a、b 为自然数）中 a 与 b 的倍数关系，既巩固了新知，又渗透了函数思想，从而为学生的数学思考与发展植入“分数基本性质”的“翅膀”。从具象到抽象的学习，是数学课上成长型思维模式发展最典型的特征。

五、总结评价，提炼方法

谈话：毕达哥拉斯曾经说过：“在数学的天地里，重要的不是我们知道什么，而是我们怎么知道什么。”说说看今天你知道了什么？又是怎么知道的呢？

交流：

（1）我们知道了分数的基本性质；

（2）我们通过折一折、画一画、想一想发现了分数的基本性质；

（3）我们还知道了分数的基本性质和商不变的规律具有同样的性质；

…………

【设计意图】引导学生回顾所学知识和基本技能，反思学习过程，不仅要交流知识技能方面的收获，还要着重谈谈学习方法、情感态度方面的收获，这有助于学生内化、优化认知结构，感悟探究方法和数学思想，体验主动探究获取知识的愉悦，增强学习的动力和信心。

六、沟通联系，完善认知

谈话：在四年级我们认识了商不变的规律，今天我们又研究了分数的基本性质，到了六年级我们还会认识比的基本性质．

师：在这样的学习中“变”的是？（生：学习内容）“不变”的是？（生：数学本质规律）老师告诉你们，很多数学知识都蕴含着“变”与“不变”，而我们都是在“变”与“不变”中寻求数学规律。

在你的学习生涯中或许你们的老师也会不断地“变”，但“不变”的是老师对你们的期许。希望你们都能成为善“思悟”、会“明理”的人。

【设计意图】本环节不仅帮助学生打通了分数的基本性质与商不变的性质、比的性质之间的知识联系，重建了认知结构，使学生认识到知识的前后联系，引发了新的猜测和思考，激发起了继续探索的欲望，而且对“变与不变”的数学思想方法进行了升华。彼时，师生的成长型思维模式也共同得到了提升。

四、成长共同体文化建设

成长共同体是在成长型思维模式视域下提出的，其文化特征有着浓郁的成长型思维模式韵味。在成长共同体中，其成员需要围绕成长型思维模式提升这个核心组建共同体文化，形成利益一致的战略伙伴关系。这也是目前好多企业所倡导的团队文化，团建是建设这种文化的常用手段，但日常工作更为重要。对教育来说，不同的空间有不同的成长共同体。从学生都参与的角度来看，大致有 3 个空间组合。

（一）成长型课堂文化

成长型课堂文化就是课堂成长共同体表现出来的课风，它是一种引导人积极向上的课堂文化。具体来说，在面对挑战的时候，师生都能从容不迫、毫不畏惧，形成“有战用我，用我必胜”的踊跃场面。在面对困难的时候，能够呈现众志成城、克坚攻难的局面。在面对努力的时候，能够彰显齐头并进、万马奔腾的气势。在面对评价的时候，能够露出翘首以盼、淡然处之的眼神。在面对他人成功的时候，能够流露“人人为我，我为人人”的喜悦。这样的课堂文化是令人心动和羡慕的，也是最有魅力的课堂文化之一。

（二）成长型班级文化

班级中需要建立成长型班级文化，并让它成为班集体特色。和课堂简单的结构不同，班级文化包含的要素除了学生、各学科任课教师之外，还有班主任和家长，甚至有特聘专家或辅导员，当然还有班风建设。因此，必须以成长型班风建设为突破口，把所有共同体中的成员捆绑在成长型思维模式这艘“战舰”上，大家目标统一，心往一处想、劲往一处使，进而形成“扬帆起航、乘风破浪”的班级文化。这样的班级文化才是有魅力的班级文化，才是可持续发展的班级文化。

（三）成长型家庭文化

要想学生的成长型思维模式发展顺利而少有阻力，成长型家庭文化是必不可少的推力。家庭成员和家风构成家庭文化，这个家庭文化要想成为成长型家庭文化，首先需要家庭各成员达成共识，然后开始建设成长型思维模式的家风。成长型家庭中的每个人都要有成长的意愿，家长都能意识到孩子的成长过程也是自身的成长过程，并且互帮互学、互相启发、共同成长。这样的家庭氛围是需要共同努力才有可能实现的。学校要在这方面有所倡导、有所指导，并定期举行交流活动，给家庭文化提供一个导向性的信号，这样才会达到“遍地开花，满园芬芳”的效果。

五、成长共同体机制建设

从课堂成长共同体引申而来的成长共同体，是一个更宽泛的概念。它的运行和保障机制很复杂，其中有两个比较重要，就是课堂共建机制和家校协同机制。

（一）课堂共建机制

课堂共建机制是把数学课堂共同体的经验迁移到其他课堂。通常需要先建立课堂公约，再定期进行评价。因此，课堂共建机制主要包含两个方面：一是课堂成长共同体公约，二是课堂成长共同体评价条例。

课堂成长共同体公约参照范例如下：

某某班级课堂成长共同体公约

1. 热爱班集体，不做有损班集体建设的事。
2. 热爱学习，始终保持积极的心态和高昂的斗志。
3. 友爱同学，互相帮助；携手共进，共同成长。
4. 喜欢所有学科，做一个全面发展的人。
5. 课堂上能够全神贯注、专心听讲、潜心思考、积极互动，认真做作业，不做与学习无关的事。
6. 有挑战的态度，敢于向书本、同学、老师和权威挑战，养成批判意识。
7. 不怕困难，勇于攻坚。
8. 勤奋学习，不偷懒、不懈怠、不拖延。
9. 敢于面对错误和批评，虚心听取他人意见和建议。不回避问题，不寻找客观借口，不敷衍了事。
10. 人人为我，我为人人。我成功，我自豪；他成功，我骄傲。永远向优秀看齐，向榜样看齐，超越自我，向更高的目标迈进。

课堂成长共同体建设需要有一个评价条例，这个条例可以是自评，也可以是他评。条例的内容框架无外乎包括以下几个方面：

（1）对每一科课堂的评价，看是否都能体现成长共同体精神，是否有活力、有合作。这需要全体师生共同参与。

（2）对某一节课的评价（可以随机评价某一节课），看是否符合课堂公约要求。举例如下：

教学过程片段	教学评价
1. 动手操作 PPT：A4 纸尺寸介绍。 A4 纸是由国际标准化组织定义的，规格是宽 21 厘米、长 29.7 厘米，面积为 623.7 平方厘米。（为什么就不能定为整厘米呢？）至于国际上为什么定 A4 纸为这样的尺寸，也是有点小学问的哦，感兴趣的同学可以在课后上网查一查。不过今天为了便于研究，我们就暂定长为 30 厘米、宽为 20 厘米，面积为 600 平方厘米吧！ 师：我们的研究就从 A4 纸开始。研究 A4 纸的什么呢？请看大屏幕。 PPT：折一折、画一画设计图案，使阴影部分的面积是 A4 纸的$\frac{1}{2}$。要求：①尽量设计多几种不同的图案；②看谁设计的图案独特、新颖、有创意。 师：看完要求后就开始你的研究。（创意的本质就是与众不同，看谁设计得更有创意。） 2. 展示作品 学生活动，教师搜集学生的典型作品并将其贴到黑板上。 3. 分类梳理 师：如果要把这些作品分类，你打算怎么分？	教师在教学中如果没有设计挑战性的任务或要求，学生一般都会把 A4 纸对折平均分成两份。因此，鼓励学生尽可能多地设计不同的新颖、独特的图案，就是促使学生突破原有的认知和思维定式。正如课前谈话中提到的“大千世界，创意无限”，在这样的引导下，巧妙地运用“等积变形”知识进行设计的作品就能被精彩地展现出来。

4. 交流

（1）A4 纸对折类

课堂上师生互动频繁，师生关系和谐。

师：我们先看这几幅图，比较简单。哪些同学是这样画的？

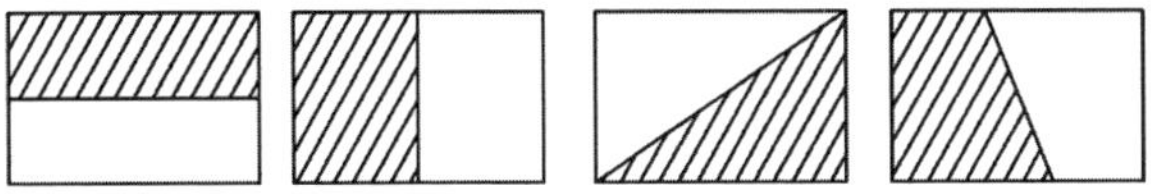

生 1：把 A4 纸横着或者竖着对折，得到的一个小长方形就是 A4 纸的一半。

生 2：还可以沿着对角线斜着对折，变成了两个三角形，其中一个三角形面积就是这张纸面积的$\frac{1}{2}$。

生 3：还可以折成两个梯形，其中一个梯形是整体的$\frac{1}{2}$。

小结：这个对折的方法操作简单，一眼就能看出对折之后的三角形面积是 A4 纸面积的一半。不过折是否有讲究？（教师引导学生说出折痕通过 A4 纸的中心点。）

（2）顶点在长边或宽边上

师：谁来说说这几幅图的阴影部分面积为什么是 A4 纸面积的$\frac{1}{2}$？你是怎么想的？

通过对话，教师不断地给学生的思维制造挑战。

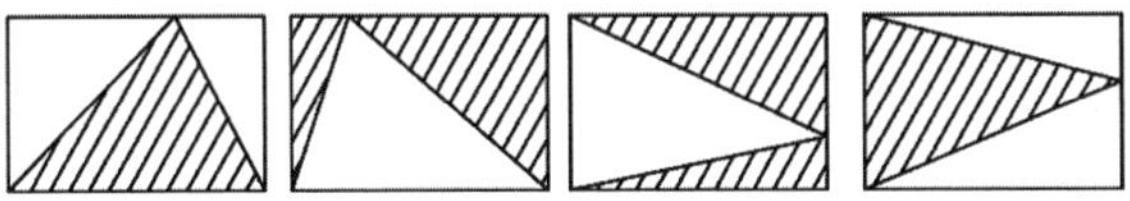

生：因为这个三角形的底和 A4 纸所在的长方形的长相等，高和这张纸的宽相等，所以三角形面积就等于这张纸的长 × 宽 ÷2，也就是这张纸面积的一半。

师：老师明白你的道理了。它们都是什么变了？什么没有变呢？

生：它们都是同底同高，变的是形状，不变的是底与高。（板书：变　不变）

师（追问）：三角形的顶点是否可以在纸的长或宽的任意一点呢？

教师鼓励学生。

生 1：可以，因为只要在 A4 纸的四条边上任意一点画出的三角形都是和 A4 纸等底等高的，它的面积都是 A4 纸面积的$\frac{1}{2}$。

生 2：沿着长边和宽边延长找个点连起来的三角形面积也相当于这张纸面积的一半。

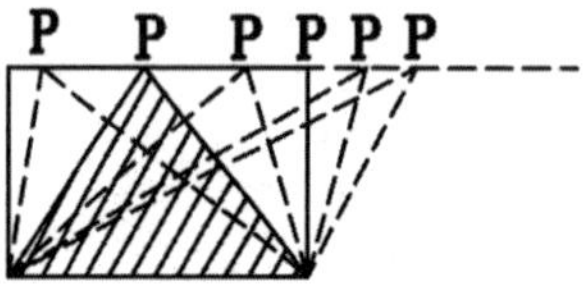

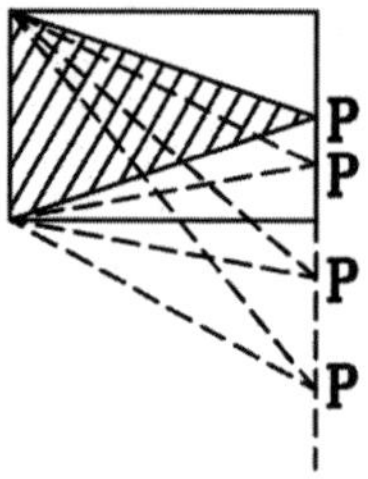

教师通过几何画板进行演示，把动点在长方形的长边和宽边上不断地滑动，边演示边小结。

师（小结）：这个 P 点的位置沿着长边或宽边不断地变化，你们发现了吗？随着这个点慢慢地移动，图形改“斜”归正了，变成了直角三角形。什么在变？什么没有变？再移动，沿着这条边移动到长方形的外面，把你的发现说出来！（生：底和高依然不变，面积也依然不变）真好！你们能从“变”中找“不变”。（板书：等底等高）

（3）顶点在长方形内

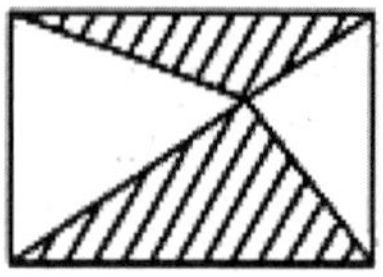

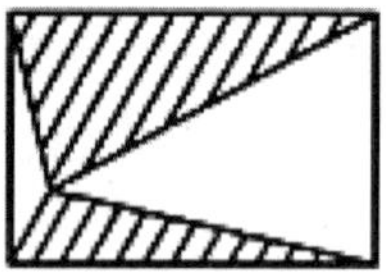

师：这些图案的形状有点怪，情况有点复杂了，谁来解释一下？

教师引导学生向高阶思维进发。

生 1：我们可以在每个长方形内都画一条辅助线，就会清清楚楚了。

生 2：和刚才道理相似，我们把这张纸分成两个长方形。这个三角形面积是这个长方形 A4 纸面积的一半，这个三角形面积是另一个长方形 A4 纸面积的一半，所以这两个三角形面积是 A4 纸面积的$\frac{1}{2}$。

师（追问）：那么这两个三角形的交点除了在图中的位置外，还可以在其他位置吗？

生 1：可以在 A4 纸内任意位置。

生 2：如果可以想象，A4 纸外面上下、左右两边的位置也可以连出三角形表示一半面积。

生 3：不论怎样连，都是利用等底等高的知识。

师：真好！借助辅助线我们可以透过现象看本质。实际上，不论这个交点移到哪里，三角形都和它所在的长方形等底等高。想象的确很重要，不过老师还是想让你们看到你们想象的图案，让你们看得清楚、想得明白。

教师通过几何画板滑动 P 点，将其移动到长方形内的任意位置：

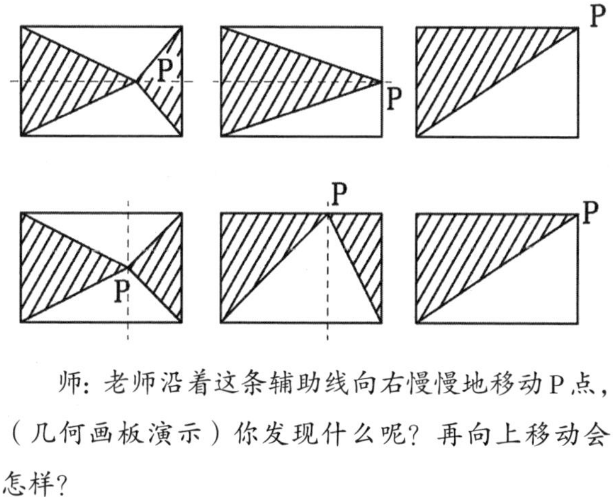

师：老师沿着这条辅助线向右慢慢地移动 P 点，（几何画板演示）你发现什么呢？再向上移动会怎样？

教师不断地激励学生进行更大的挑战。

这个环节在学完图形面积计算之后。教师要求学生用多种方法表示 A4 纸的$\frac{1}{2}$，力求独特、新颖。再要求学生根据不同特征对作品进行分类，在分类交流时发现同样是 A4 纸的$\frac{1}{2}$，却可以用很多种不同的形状来表示。在此过程中，教师借助“面积相等”的信息，让学生在“变”中找“不变”，突出等底等高的三角形面积相等，并通

生：图形面积实际上是一样的，移动P点可以把不一样的图形变成一样的图形。

师（小结）：学会在“变”中找“不变”，才能真正地发现“变”与“不变”之间的关系。我们学习就要像这样，要努力发现别人发现不了的。只要巧妙地移动P点，这些阴影部分的形状都是相通的。

（4）多个三角形组合图形

师：这两幅图更复杂了，请同学介绍一下。

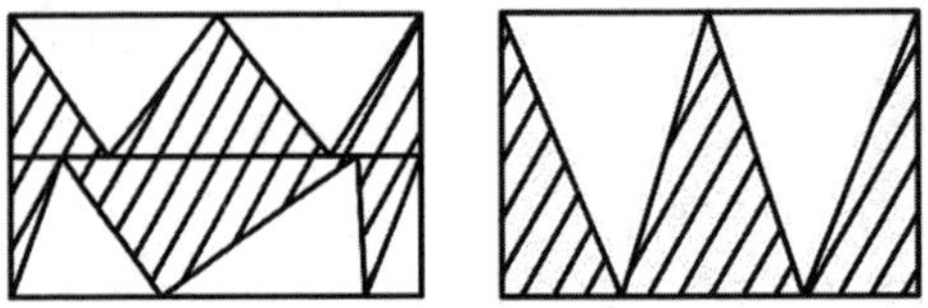

生：我们可以通过想象把这三个阴影部分合并起来，就是一个和A4纸等底等高的大三角形。

师：好！老师就照你说的，把这三个阴影三角形合起来，（几何画板演示）点在动，形在变，高……（生：依然不变。）

师（追问）：在刚才的研究中，有的人看到的就只是几个三角形，有的人看到的是A4纸的一半，而有的人既看到三角形，又看到它是A4纸的一半，还能看到这些不同形状的图形实质是一样的！你知道他是怎么做到的吗？

生：借助“等底等高”来研究三角形和长方形之间的关系，在“变”中找“不变”，发现每个三角形面积都是等底等高的长方形面积的一半。

师（小结）：看来“等底等高”是我们这节课的核心问题。只要抓住“等底等高”，就可以在创意无限的“变”中寻找“不变”。

——节选自朱国军《变中寻不变　玩中悟本质》（收入本书时有改动）

过几何画板动态演示三角形的“等积变形”，让学生感受到点在动，形在变，高与面积依然不变。学生还能在动态演示中通过观看滑动三角形的顶点，感悟到不论这个点滑动到长方形的边上、边内还是边外，三角形面积都是等底等高长方形面积的一半。此时，学生通过动手操作发现很多不可思议的想法却成为现实，不仅发现方法的多样化，而且透过表面现象发现其实每一个图案之间都有共通性，它们的本质是一样的，都可以通过拖动三角形的顶点使其变成一样的图形！学生在分类比较中异中求同，努力从“思维的多样化”向“本质的统一性”过渡。

（3）对合作小组的评价。小组合作学习在当下的数学课堂中应用得非常广泛，这是因为数学课引入了探究式学习。合作小组是课堂成长共同体的一个缩影，小组合作学习是课堂成长共同体成长的一个环节，对小组合作学习的评价重点关注协作成长这一块。关于小组合作学习，有一些规范要求，举一例说明：

教学过程	教学评价
结绳记一位小数 1. 提问 有一天，部落来了9个客人，部落成员正好捕获了一只新鲜的猎物。部落首领准备把这只大大的猎物拿出来平均分成10份，用其中的9份招待客人，但还剩下1份。此时，首领可愁了。怎么在上面的结绳上把这一份记下来呢？ 2. 小组合作探究 3. 交流 （1）学生在交流中发现结绳后面再打一个小小的绳结表示$\frac{1}{10}$，表示把1只猎物平均分成10份，其中的1份可以用小数表示，就是用0.1或分数$\frac{1}{10}$表示。 （2）交流0.1表示把“1”只猎物平均分成10份而取其中的1份。那这个“1”只能表示一只猎物吗？（“1”还可以表示1元、1个长方形、1条线段、1个圆……）	小学合作学习要有相对固定的小组，要有分工。 评价围绕参与度来进行。 汇报的表达格式应该是：“我们组研究发现……” 当勾起整数的认知经验时，教师让学生思考：1只猎物平均分成10份，9个客人吃了9份，剩下来的1份如何表示呢？“数”本来是个抽象的概念，而借助猎物“数一数”，能让这种抽象的概念以直观有序的方式呈现出

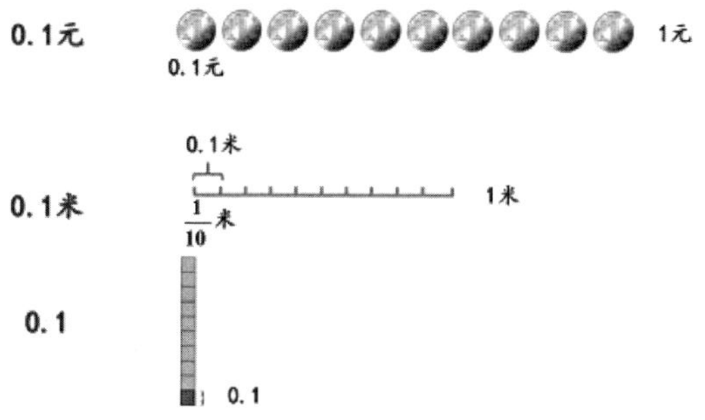

（3）小结。0.1就是十分之一，表示把“1”平均分成10份，取其中的1份。（板书：$0.1=\frac{1}{10}$） 教师要求学生在结绳上表示0.6。 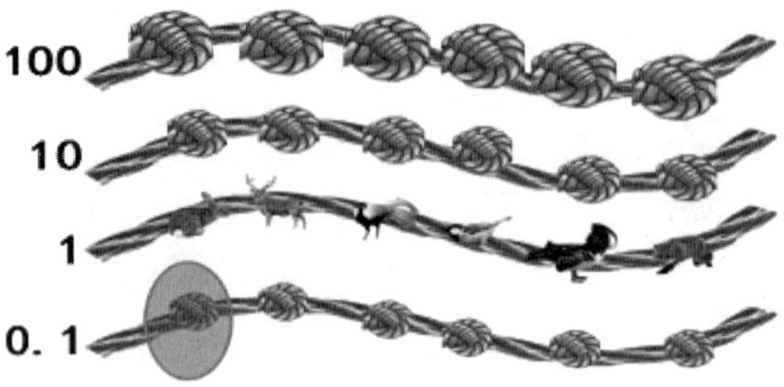 ——节选自朱国军《本源性教学，让小数更有意义》（收入本书时有改动）	来。从一个一个数、十个十个数、一百一百数，到零点一零点一数，学生的学习经验自然生长。他们从整数“数”到小数，在“数”的过程中，发现小数与整数一样都用来计量，生活中不能用整数计量时就产生了小数，它也遵循十进位值制的一切规则。

（4）对课堂师生的评价，看能不能做到同构、共生。对课堂师生不能分开来评价，要把他们当成成长共同体来看待，重点看他们合作的效果。以下举一例说明：

教学过程	教学评价
1. 初步认识折线统计图 师：如果让你设计折线统计图，该怎么设计呢？ 生1：横轴、纵轴和条形统计图一样，横轴反映日期，纵轴反映新增人数。 生2：在横轴上找到对应日期，在纵轴上找到对应数据，点上点，标上数据，连点成线。	师生共同走进统计图的知识世界。

2. 找相同点 师：我们来比较一下，折线统计图和条形统计图之间有什么相同点。 ………… 师（小结）：从条形统计图的直条到折线统计图的点都能表示数量多少。	教师引导学生找相同点，寻找规律。
3. 找不同点 师：它们又有什么不同点呢？ 生 1：折线统计图更便于看出新增确诊人数的变化情况。 生 2：在折线统计图上，有的线段是上升的，有的线段是下降的，上升的线段表示新增确诊人数多于前一天，下降的线段表示新增确诊人数少于前一天。还有平平的线段，说明新增人数和前一天一样多。 ………… 师（小结）：上升的线段越长、倾斜度越大，新增越多；线段越短、倾斜度越小，新增越少。由不同的线段能感受到新冠肺炎疫情的变化。（板书：线——变化） ——节选自朱国军《培养数据意识，凸显学科育人核心价值》（收入本书时有改动）	教师引导学生找不同点，寻找差异和变化。 在新旧知识对接时，教师引导学生进行两次对比：第一次对比统计表与条形统计图，让学生感受到统计图的直观形象；第二次对比条形统计图与折线统计图，让学生意识到折线统计图与条形统计图在结构、制作、读图等方面有许多相同之处。但也有折线统计图所独有的特点，它是通过“点”和“线”来反映数量以及呈现出变化情况的。这有助于学生在新旧知识间架起“桥梁”，对折线统计图的整体感知更加清晰、到位。

（5）对课堂效果的评价，主要考查学习效果，要分清哪些是个体独立学习的效果，哪些是在成长共同体这个机制下取得的成果。以下举一例说明：

教学过程	教学评价
1. 研究一张 A4 纸 师（谈话）：咱们就通过刚才研究的知识来解决新的问题。我们把这张纸的四个角标上 A、B、C、D。刚才老师提到为了便于研究，我们把这张纸的面积约定为多少？（生：600 平方厘米）也就是说，长方形 ABCD 面积为 600 平方厘米，E、F、G、H 分别是这四条边的中点。请你尝试连接任意 3 个点，画出大小不一的三角形，并且求出它的面积。 学生动手操作，展示交流。 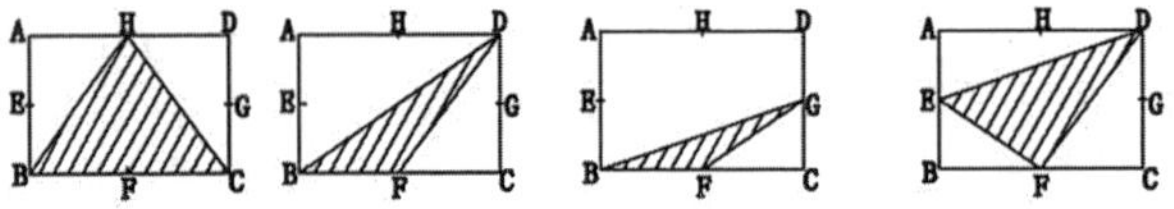 师：谁来说一说自己画的三角形？ 生：我画的这一个三角形和长方形纸等底等高。 师：有比 300 平方厘米再大的三角形吗？（生：没有）看来最大的三角形就是长方形面积的一半。那么有面积是 300 平方厘米、形状不一样的三角形吗？（学生展示） 生 1：对于第二个三角形，我们可以借助辅助线发现它和半张长方形纸等底等高，所以它的面积就是这张纸的一半的一半——150 平方厘米。 生 2：借助辅助线发现，第三个三角形是和 A4 纸的$\frac{1}{4}$长方形等底等高，所以它是$\frac{1}{4}$张 A4 纸的一半，A4 纸面积的$\frac{1}{8}$——75 平方厘米。 师（追问）：还有比 75 平方厘米小的三角形吗？（生：没有）还有和这三个面积不一样的三角形吗？（先看看学生的探究结果，如无适合的，用 PPT 进行展示）	通过多种方法找到 A4 纸面积一半的这个活动已经打开了学生的思维。接着，教师通过开放性的教学设计，让学生在 A4 纸中找面积最大的三角形与面积最小的三角形，从而弄清三角形面积与等底等高长方形面积之间的关系，将学生的思维提升到灵活运用水平。此时意在将所学的知识充分盘活，既是对前面“A4 纸的$\frac{1}{2}$”进行巩固，也是一种变式和超越，同时也推动学生的空间观念得到更好的发展。 观察学生听课效果和操作效果，考查学生表达效果及思维效果。 通过对话，考查发言者的数学思维层次，同时考查其他人听课的效果。

生：我先沿着这四条边的中点画出两条辅助线，发现三角形 ADE 是长方形 AEGD 的$\frac{1}{2}$，也就是 A4 纸的$\frac{1}{4}$，三角形 EBF 是$\frac{1}{4}$张 A4 纸的$\frac{1}{2}$，也就是 A4 纸的$\frac{1}{8}$，三角形 DFC 是半张纸的$\frac{1}{2}$，也就是 A4 纸的$\frac{1}{4}$，那么阴影部分面积也就是 A4 纸的$\frac{3}{8}$——225 平方厘米。 师（小结）：与众不同，真厉害！发现别人发现不了的问题。有些时候，添加辅助线可以更直观地使图形简单化，也是你想象力和创造力的集中体现。	学生进行深度探究。
2. 研究 $1\frac{1}{4}$ 张 A4 纸 师（谈话）：老师看出有的同学洋洋得意了，我开始升级问题难度了。把这张 A4 纸对折再对折后平均分成 4 个小长方形，那么这个小长方形与大长方形（很相似，只是大小不一样）和这张完整的 A4 纸拼成这样的图形，你还能连接图中的 3 个点，连出大小不一的三角形吗？（行间巡视师提醒：能否挑战一下自己，不要总画简单的、大家一看就明白的直角三角形？）	教师给出具有挑战性的任务。
学生展示交流。 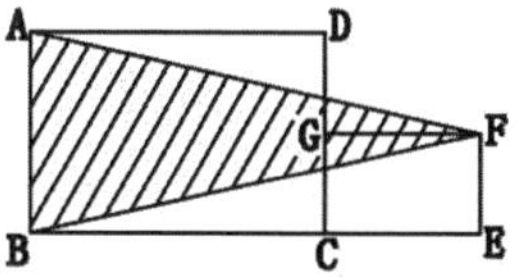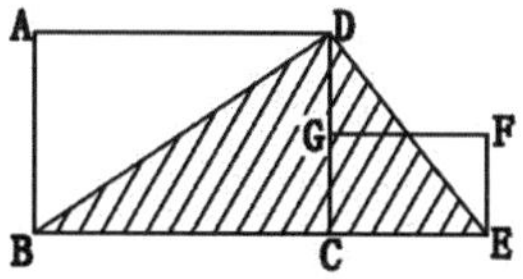 生 1：在我讲之前，我先补上两条辅助线，这个三角形 ABF 的面积是这个 $1\frac{1}{2}$张纸的一半，即 450 平方厘米。 生 2：这一个三角形 BDE 虽然和前一个图形形状不一样，但是面积也是一样的，只是它的底变成它的高，它的高变成它的底。换来换去，实质不变。	学生汇报探究成果。教师用问题串考查学生的探究深度。

师（追问）：还有同学有不一样的三角形吗？

生：这一个三角形BDF的面积是大长方形ABCD面积的$\frac{1}{2}$，即300平方厘米。我是这样想的，连接CF，我们发现CF和BD互相平行，平行线之间的距离处处相等，也就是三角形BDF和三角形BCD同底等高，所以它的面积是300平方厘米。

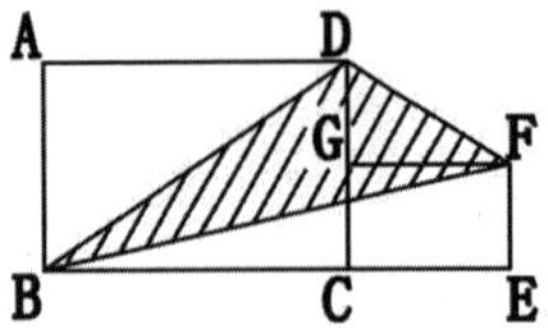

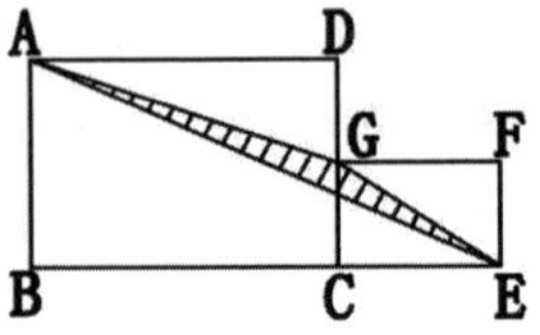

师：辅助线起到立竿见影的作用了。我们来看看这个同学的三角形。

生：三角形AEG和三角形EGC等底等高，所以看似窄窄的三角形，实际上也是小长方形面积的一半。

师（小结）：同学们真不错，学以致用啊！活学活用啊！平行线的知识在这儿起作用了！眼睛不要眨，我会让你们刚才的推理在我这儿尽情地显现出来。（几何画板演示）瞧！点在线上平移，面就发生了变化！什么没有变？（生：高）好了！不会看的人只看到这一个窄窄的三角形，会看的人既看到了三角形，又看到了这个三角形“隐形”的样子，还看到了三角形与它所在的图形之间的关系。

师：老师还想了解一下，你们在没有上这节课之前是怎么求它的面积呢？

生：用大面积减去空白的几个三角形面积。

师（总结）：一个一个减？看来有些时候过程复杂，思考起来却很简单；有些时候过程简单，思考起来却很复杂。抓住“变”与“不变”，能让复

重视思维训练才是学生学习之“本”。深度学习最大的特点便是思维的深刻性，而思维的深刻性不仅体现在对某一知识点的理解，更体现在对所学知识的延续与拓展。教师让学生在组合图形中完成连接三角形求其面积这样具有挑战性、开放性的问题，既能加深巩固学生前面所学知识，又让学生感悟“等积变形”方法的进一步变化、应用、优势并内化之，使学生对所学知识、方法又有了提升和创新。现代多媒体技术动态演示也让学生的想象变得形象、可感的，同时将他们的思维引向纵深。

数学思想的渗透才是一节课的“魂”。总结之处

杂的思路简单地呈现出来！（板书：复杂　简单） 　　3. 组合图形 　　师：老师今天还在A4纸上画出了这幅图。告诉我，你看到了什么？你能求出阴影部分的面积吗？ 　　生：我看到了4个三角形，但是不知道底和高。 　　师：我看到的是这样的！（动画四步演示） 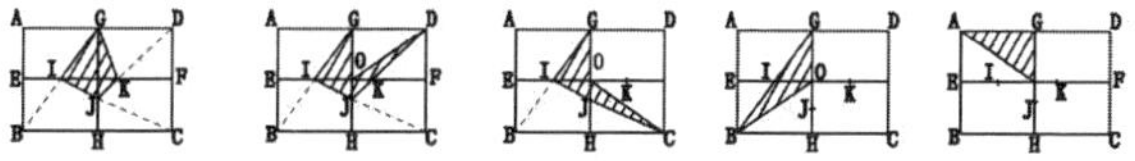 　　师：上完今天的课，我想长大以后留给你们印象最深的不是“等底等高”，不是求三角形面积，也不是A4纸的一半，而是可能会思考：为什么我看不到的，他却能看得到？为什么我想不到的，他却能想到？为什么我做不到的，他却能做到？这些问题的答案在这里。（播放《换个角度看世界》视频1分钟，定格在PPT“换个角度看待问题，生命会展现出另一种美——罗丹；不同角度思考问题，数学会展现出独特魅力——朱某某”） 　　——节选自朱国军《变中寻不变　玩中悟本质》（收入本书时有改动）	力求做到让思想得到很好的升华，借助现代多媒体技术让学生发现，看起来4个不知底与高的三角形，无从下手求面积，会像变魔术一样竟然变成了一个三角形，其面积是A4纸的$\frac{1}{8}$。这个过程让学生感受到图形的神奇，同时也让他们意识到“换个角度思考”的重要性。教学宽度和广度此时也得到了很好的提升。

（6）对课堂文化的评价，看是否符合课堂成长共同体文化建设要求。教有教风，学有学风，校有校风，课有课风。课风是课堂成长共同体的精神风貌，可以看出一个班级课堂成长共同体的文化建设情况。以下举一例说明：

教学过程	教学评价
师（出示下图）：联防联控机制新闻发布会中有这样几个数据备受关注——新增确诊病例、累计确诊病例、新增治愈病例、累计治愈病例。如果统计图的标题没有了，你还能根据折线起伏变化找到对应的统计内容吗？ 新增确诊病例统计图 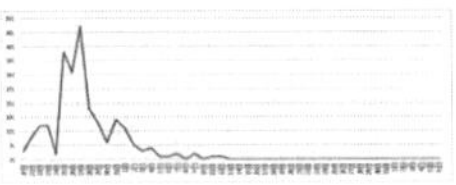 累计确诊病例统计图 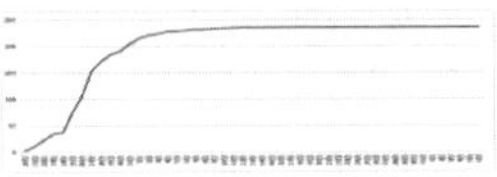 新增治愈病例统计图  累计治愈病例统计图 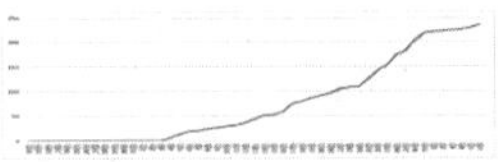 师：新增的数据每天有多有少，所以呈现的折线是起伏的、有波动的；而累计是只增不减，所以折线应该是缓慢向上的、比较平滑的。 师：你认为左边这两幅统计图分别统计的是新增什么呢？ 生：上面这幅统计图反映的是新增确诊病例，下面是新增治愈病例。因为只有先出现新增确诊后，才能出现新增治愈病例。 师：右边两幅图中哪一幅反映累计确诊病例？哪一幅反映累计治愈病例？ 生：我认为上面的那幅图反映的是累计确诊病例。因为一开始确诊人数特别多，不可能一开始就治愈病例那么多，所以下面那幅统计图应该反映的是累计治愈病例。 师：是的，这两幅图都是从无到有，只是变化速度不一样，累计治愈要慢一些。	课堂文化集中体现在育人上。育什么样的人、怎样育人，就是课堂文化的评价标准。 整节课重在认识折线统计图，分析图中的数据。在之前的环节中，学生通过解读折线统计图，自主地积累了数学经验，并能进行综合分析和判断推理。此时，教师完全可以组织开放性教学，引导学生展开逆向思维，从“单一读图”到“据图选事”，由观察分析走向综合思考。这样的学习过程让学生经历思维与情感的“洗礼”，学会用数学的眼光看问题、看世界。 数学课作为学校教育课程的一个组成部分，其首要目的是“育人”。教师通过“据图选事”，让学生在4幅图中选择它们各是统计什么数据的，

PPT 演示：将图中左边两幅图合并，右边两幅图合并。 师：我们发现累计治愈病例和累计确诊病例越来越接近，这体现了一个国家的真正医疗水平。 生：新增确诊病例和新增治愈病例的折线越来越往下，直到最后清零，抗疫迎来了胜利。 师（小结）：一幅又一幅统计图让我们感受到大数据时代的海量信息扑面而来。我们要学会筛选有效的数据，探寻数据的奥秘。（板书：探寻数据　变化趋势） 师（播放视频）：同学们，这里有一幅全球的新冠肺炎疫情统计图，我们一起来简单了解一下。仅仅 40 秒却能通过折线图反馈全球的疫情动态，你想说些什么呢？ 生 1：我看到有些国家的确诊病例越来越多。 生 2：我国的新增病例越来越少。 师（总结）：透过图中的数据我们可以感受到，每一次的抗疫成功都离不开党中央的关怀，更离不开全国上下的大力帮助。我们中华民族的凝聚力让世界震惊，这就是大国担当，中国力量。 ——节选自朱国军《培养数据意识，凸显学科育人核心价值》（收入本书时有改动）	再把“新增确诊”“新增治愈”合并，“累计确诊”与“累计治愈”合并对比，让他们意识到新增确诊病例与新增治愈病例趋于 0，累计治愈病例接近累计确诊病例，这体现了医疗水平的发达以及抗疫的胜利。最后，教师将视角从国内转向全球，通过 40 秒全球新冠肺炎疫情动态图，对各国新冠肺炎疫情进行了对比。很多国家的新增确诊病例不断上升，学生由此情由心生，深深地感受到抗疫工作人员和医护人员的担当和奉献，认识到国家每一次的抗疫成功都离不开党中央的关怀，更离不开全国上下的大力帮助。让数据传递育人的价值，把感恩与担当深植学生的心田。这既升华了学生的情感态度与价值观，又渗透了立德树人的学科育人目标。

（二）家校协同机制

学生在课堂成长共同体里面会受到成长型思维模式的影响，并向这个方向努力。而此时，家庭可能会成为他发展成长型思维模式的一个阻力，因为家庭成员会存在一些固定型思维模式。要想形成成长共同体，家校协同自然是少不了的一个环节。

建立一个平台、疏通两个渠道是家校协同机制的便捷路径。

一个平台就是开设家长学校。在孩子成长这条跑道上，家长不是经验丰富的裁判员，因为孩子成长的途中有好多未知。家长不是一个看客，他们需要参与到孩子的成长过程中。家长也不是“万事通”，什么都懂，因此需要学习。家长学校就是家长进行教育类学习的最好平台之一，家长可以在这个平台中学到一些育儿经验、教育理念，也可以学到成长型思维模式等相关专业知识。这些经验和知识对家长教育孩子具有非常重要的参考价值。家长学校同时也是家校沟通的一个便捷渠道，学校可以把相关教育要求通过这个平台及时地向家长解释，家长也可以通过这个平台反映一些育儿的困惑和意见。

第一个要打通的渠道是家长的思想渠道。固定型思维模式的家长会固执地认为家长不需要学习，教育孩子是家事，思想比较顽固。这个打通工作可以采取“思想”的方法，也可以采取硬性规定的方法，比如规定家长通过家长学校的平台进行学习。

第二个要打通的渠道是家长讲师团进课堂的渠道。引进家长资源，发挥家长优势，让家长进自己孩子的班级，既可以讲职业、专业内的事，也可以交流孩子或自身成长的经历，更可以交流家教经验和技巧。对孩子来说，这些都是新鲜的，都会帮助他们形成新的学习动力。

第四章　数学课堂成长型思维模式培养策略

数学课堂培养学生成长型思维模式除了有一些公共策略之外，还有一些呈现出数学学科特征，即成长型思维模式培养与数学学习相融合的一些策略。这些策略包括以下 8 个方面：（1）改变语言表达方式；（2）改变对数学新领域的认识；（3）改变对错题的认识；（4）专注思考才能深度学习；（5）乐于接纳评价；（6）他人成功对我是激励；（7）合作学习，携手共进；（8）创新学习，追求完美。

一、改变语言表达方式

如同培根所言“语言是思维的外壳”，我们的思维模式会被我们的语言暴露出来；我们经常用什么的语言表达方式，就表明我们有什么样的思维模式。

在数学学习过程中，特别是数学课堂，通常认为很少会像语文课那样专门而专业地对学生进行语言表达训练，这其实是对数学学科的偏见和误解。那种认为数学只解决计算和结果正确的观点，已经跟不上数学教育的发展步伐。数学要说清算理，发展学生的思维，进行数学语言训练是绕不过去的坎儿。

（一）把“我不能”改为“我现在还不能”

在数学学习中遇到难题的时候，特别是这道题是我们没遇到过的，或者这道题的难度特别大，如果我们冒出的第一句话是“我不能独自解决这道题！”或者“我不会做！”，那么通常就是惧怕困难、规避困难，夸大阻碍、不敢逾越，不碰难题、绕开难题……这些都是典型的固定型思维模式特征。对数学学习感到困难的学生，通常就此停住，不愿尝试。

而成长型思维模式的学生或者喜欢数学学习的学生，喜欢做难题、啃难题、找难题，他们遇到没做过的题会莫名地兴奋，然后主动地攻克起来。他们非常享受解题过程中的“山穷水尽”，追求“柳暗花明”时的酣畅淋漓。这就是两种思维模式的学生在面对困难时的态度。

不惧难题，就已经在心理上战胜了难题。对于对数学学习感到困难的学生来说，他们在难题面前更要讲究策略。最基本的策略就是先改变语言表述方式，把“我不能”改为“我现在还不能”。比如，学完长方形的周长后，遇到下面这道题：

一本书的封面是被一个长方形和一个正方形分成两半，只知道封面的长是20厘米，求小长方形的周长。

图4-1　物体的体积与面积

好多学生看到这道题时会说缺少条件，不能做。但如果换一种表述，比如“我们现在还不能求长方形的周长，是因为什么呢？”“我们现在求不了长方形的宽，是因为什么呢？”“我们现在求不了长和宽分别是多少，能不能换个思路，把长和宽的和求出来呢？”，或许就变得不一样。

经过这三个问题的引导，学生的思路会被打开。这一切的改变源于改个表达方式，把“我不能”改为“我现在还不能”。其实，改个表达方式，就是在降低坡度，分解难度；改个表达方式，就是换个思维模式。原来的“我不能”意味着，这道题超过了我的能力，太难了，我无法去解；

而“我现在还不能”则意味着要找出问题所在，试图寻找解决方法。

类似的表述有：

把“我做不了这道题”改为“我只是现下还做不了，但我已经开始在学着如何做了”。

把“我试了，但还是不会”改为“我只是这一次不会，如果坚持下去，下一次我就可能会了”。

每一种表述，其实都是一种心理暗示。“我不会”“我做不了”就是已经认定自己不行，同时给不挑战、不克难、不努力找借口。这种心理暗示是负面的，无论这些句子出自自己之口，还是他人之口，都是有害的，都需要刻意避之。而另外一种表述“我现在还不能”，则在摆脱消极暗示，尝试克服恐惧心理，暗含着往积极方向努力的意图，是正能量的蓄势。从另外一个角度来看，这也是一种他人鼓励和自我激励，非常值得提倡。

这些表达方式的改变，能有意地把学生的固定型思维模式导向到成长型思维模式的轨道上。数学课堂成长型思维模式的培养首先从句式改变开始。

（二）把“我不擅长这类题”改为“我正在向这个方向努力”

数学领域有许多分支，比如代数、几何等。经常听到有的女生讲：“女生做代数题还行，大多不擅长几何题。”遇到这种情况时，一定要把她的表述纠正为：“几何也是数学，我正在向着这个方向努力，加油！”否则，长期的负面暗示很可能使“假的变成真的”，这就是信念的力量。

常见的数学题型有填空题、选择题、判断题、计算题、作图题、解决实际问题等。有的学生在每次考试做解决实际问题类的数学题时都会失分，于是他就会说：“我不擅长解决实际问题这类题。”这是典型的固定型思维模式的表现，需要改变。教师可以引导他，每次当他想说这句话的时候，让他换一种句式：“我正在向解决问题这个方向努力！”经过这样的长期训练后，他的思维模式会在潜移默化中得到改善。另外，要用有坡度的题来对他进行训练，让他自己意识到所谓的难题只是在原来的基础上增加了一小步。

例如：

95 号汽油油价是 8.4 元 / 升，92 号汽油油价是 7.8 元 / 升，92 号汽油比 95 号汽油便宜百分之几？

做这类题时，可以先练习两类题：

95 号汽油油价是 8.4 元 / 升，92 号汽油油价是 7.8 元 / 升，92 号汽油比 95 号汽油每升便宜多少钱？

4S 店新进了一款车，单价是 30 万元，后在市场竞争压力下，降价 3 万元，问降了百分之几？

教师通过题目分解，逐步让学生建立自信，待他们熟练掌握之后，他们可以克服固定型思维，再辅以表达方式的改变，慢慢地就会形成成长型思维模式。

（三）把“我没办法解决这道题”改为“我还没能解决它”

当学生抓耳挠腮做不出一道题时，他会表现出焦躁，会抱怨“我解决不了”“我就是做不出来”“我没有办法解决这道题”，如此种种。这时候，教师不妨先问他“你做了多少？”“你想到了多少？”“你在什么地方卡壳了？”。等到问题解决后，再来引导他：“你看，你可以解决这道题。你下次遇到这种情况时，可以这样说‘我还能解决它，或者能解决一部分’，是不是更符合实际？”

改变表达方式，意在把固定型思维模式转变为成长型思维模式，关键环节是要重视过程的改变，反复强调，不断强化，说话的句式才可能慢慢地改变过来。切不可操之过急，一旦形成逆反，悔之不及。

如果一个学生在作业练习本发下来后看到自己的错题时，说“呵，我还能解决它，现在就干吧！”，那么教师一定要抓住这个教育契机。首先表扬他会用这种表达方式，它表明了不怕出错和有错就改的态度。其次，让全班学生重复一下他的句式，暗示他是全班的榜样，这就是引导。让学生知道教师在倡导什么、鼓励什么，这是数学课堂要建立的学习氛围。

二、改变对数学新领域的认识

数学学科的学习有其独特性，那就是它是一种结构严谨的系统学习，环环相扣、由浅入深。而数学课堂的学习相对于数学整个结构来说，又是碎片化的。数学的系统结构就是要抓住这些“碎片”进行自我重构，就像散文一样，要做到形散而神不散。如何做到数学的思想灵魂不散？需要抓住一些过渡的关键点，也就是拐点。拐点学习是数学学习的特征之一。

（一）重视数学领域学习拐点

通常认为数学有四大领域：数学与代数、图形与几何、统计与概率、实践与综合应用。不同的领域之间的数学概念和基础知识会有一个大的转折。比如，代数和几何就是两个完全不同的领域，直到解析几何，它们才有了交点。那么，在学生学习这些领域的拐点时，新领域的第一课对他们来说一定是最重要的。作为教师，要考虑周全，要给他们描述新领域的全貌及地位，也要想尽一切办法让学生喜欢这个新的数学领域，并对其产生兴趣，这样他们的学习才会有动力。例如统计图表的学习：

> 师（谈话）：同学们，近年来，全国各地都发生了新冠疫情。我们来看看某地从7月20日到8月12日的疫情防控数据。
>
> PPT演示：7月20日，新增确诊和无症状感染者共9人；7月21日，新增病例10人；7月22日，新增18人；7月23日，新增16人；7月24日，新增4人；7月25日，新增31人；7月26日，新增24人。
>
> 师：第一眼看到这些数据，你有什么感觉？
>
> 生：数据很多，很杂乱。
>
> 师：怎样整理才能看得更清楚呢？
>
> 生：将它设计成统计表。
>
> 统计教学的关键是使学生想到用数据，对数据熟悉、感兴趣，能从数据中提取信息。因此，素材的选取很重要。选取的素材要贴近学生的日常生活，这样学生才能充分地感受到数据分析在日常生活、社会中的广泛应用，从而调动起参与数据分析活动的积极性。
>
> ——节选自朱国军《培养数据意识，凸显学科育人核心价值》（收入本书时有改动）

（二）重视数学单元学习拐点

即使是同一领域，也会有重大的分领域拐点，通常会转换一个单元。例如，从加减法到乘法的学习就是一个重大拐点，分数、小数的认识又是一个新的拐点。对于这些重大拐点的教学，处理得好，可以承上启下、顺利衔接，也可以让学生有一个全新的学习动力；处理得不好或不到位，会让学生对数学新领域的认知遭受打折，也有可能产生不了兴趣，给后续的数学学习埋下隐患。

如何进行这些拐点的教学？教师在教学设计上要注重新奇性，引导学生步入“数学王宫”，领略数学之美。

创设接近于数学史的原始情境是一种比较好的策略。例如，小数的教学先从原始人结绳计数开始：

1. 课件出示：“数起源于数”

谈话：“数起源于数”到底怎么数呢？让我们先回到远古时代，看看古人是怎么数数的。

2. 播放视频：《结绳计数》

古时候的人们特别喜欢打猎，可是那会还没有发明数字，他们就借助10个手指（1、2、3……）来一一对应记住自己所打猎物的数量。可是猎物越来越多，10个手指不够数了，他们又想出一个新的办法——满10个就在绳上打一个结。1个十、2个十、3个十地数，绳上的结也越来越多了。聪明的古人又想出一个办法，满10个十的时候又在另一根绳上打一个大大的结，继续往下数。这就是古人类发明的结绳计数。（如图1、2）

图 1

图 2

3. 交流

（1）当超过10个大大的结怎么办？（再打一个大大的结）咱们看这幅图，你认为结绳上表示有多少只猎物？（如图3）

图3

（2）刚才我们是怎么数数的？一个一个地数，6只小动物是以什么为单位数的？十个十个地数、一百一百地数是以什么为单位数的？（板书：100　10　1）

【设计意图】皮亚诺公理认为，自然数是一个个摞起来的。数学家华罗庚说："数起源于数。"小数在表示形式上是整数的延续。学生在认识整数时已经经历了满十进一地"数"，那么作为数系的拓展，学生在认识小数时，是否可以调动起他们已有的经验，依然从数数开始呢？基于此，从知识本源上探寻小数认知的起点，从数数开始，创设古人计数的情境，让学生学着古人先从整只猎物数起（1、2、3……），一一对应在结绳上打上结，数到10只小动物时就改成一个大结，数到10个十时再换作一个大大的结。此环节意在一举两得，其一是调动学生已有的整数认知经验，其二是初步将小数纳入"十进制数"的体系中。

——节选自朱国军《本源性教学，让小数更有意义》（收入本书时有改动）

（三）关注数学难度学习拐点

数学教材编写时对于同一个知识，会按照难度不同将其分成不同单元。比如，第一单元为"一位数乘两位数"，第二单元为"两位数乘两位数"。减法也是，有不退位减和退位减。这中间很明显有一个难度，因为学生在学习的时候会经常出错，所以要格外重视数学难度拐点的学习。

应对数学难度拐点的学习，常用的策略是设置坡度、降低高度、拓展广度、增加厚度。

设置坡度，就是从简单知识点的学习走向复杂知识点的学习，给学生搭建“脚手架”，让学生“够得着”。例如，教师在讲解退位减时，先让学生学习 20 以内的两位数，可以将其分成 10 和几，再复习 10 减几。事实上，10 减几如果减数不是 0，就是退位减法。这样的设置就使学习难度大大降低了。

降低高度，就是把目标定得低一点，让学生“跳一跳就能摘得到”。同样是退位减法，不能一开始就学习二十几、三十几，从十几开始就容易得多。

拓展广度，就是鼓励学生多找一些解题方法，让学生主动地学习。例如，通过观察下面两组解法（如图 4–2 所示），学生找到了“破十法”和“平十法”，再来比较它们的异同。虽然这里涉及的数学知识很简单，但数学的解题过程是丰富多彩、五花八门的，这样学生的眼界就会被数学方法打开了，数学学习的广度就被拓展了。这也是数学学习的魅力之一。

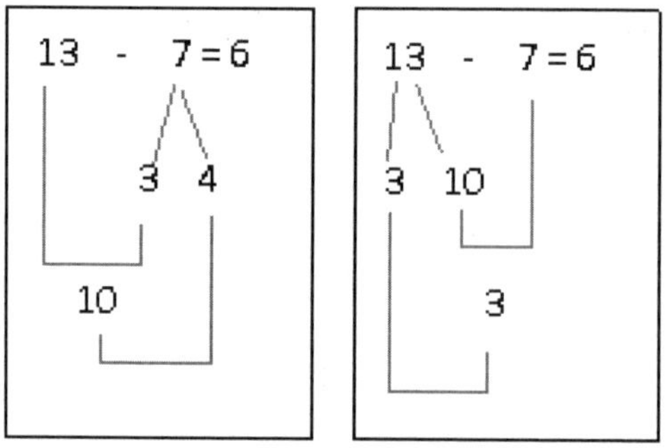

图4–2 “13–7”的两组解法

增加厚度，就是反向思维，做减法而想加法。例如计算 13 减 5，根据加法和减法的关系，我们把它反过来想，即 5 加 8 等于 13，由此推出 13 减 5 等于 8。这样的拐点学习就等于增加了知识的厚度。渐渐地，学生会领悟到数学知识的内在联系、新旧知识的前后联系，这促使他们在以后的学习中不断地联系旧知、建立新知，进入良性循环的理想学习状态。

（四）关注数学题型学习拐点

不同的数学题型是从不同的角度来考查学生对数学知识掌握的牢固度和灵活度。不同的题型代表着不同的数学学习技巧。

视算题（口算题）考查的是计算的熟练度，追求的是快而准。这种题型在练习的时候要做到快，考试的时候要做到准。快，要求学生在数学读式时整体阅读，就像学习拼音时要整体认读音节，避免从左到右、从前往后依次阅读，而是要一眼看到整个算式。经过长期训练后，学生的计算速度才能上得来。准，要求学生夯实计算基础，对各种口诀表烂熟于心、倒背如流，才能熟能生巧、正确流畅。

填空题通常考查的是对数学概念关键词的识别和理解，有时也把复杂计算做成填空题型，考查的是计算的准确度。对数学概念来说，要填空的地方明显是数学专用名词，具有不可替代性。数学概念讲究严谨，因此不能多一字，不能少一字，不能错一字。例如，从一个公共端点引出的两条射线所组成的几何图形，叫作角。这里会出现的错误填空有：线、线段、直线、射线、两条直线、两条线段等等。严格地来说，做数学填空题时写错字也算错，比如把“线段”写成“线断”，也不可以用拼音代替不会写的字。这些现象都反映了学生对数学概念认识的不牢固、不到位。

判断题主要考查的是对数学概念描述是否周延的识别能力。比如，由三条边围成的图形叫三角形。有的学生在做这道题时不细想，觉得它没错。这就反映了对三角形的组成没有深入的理解，也反映了对线段、直线、射线等数学概念之间的边界比较模糊，以及对角与三角形之间的关系也不在意。

选择题是客观题的典型代表，但考查的是做题过程可能出错的全部过程，每一个错点都会发现有一个选项对应着。所以，有些学生认为选择题容易做，其实这大错特错了。好的选择题埋下的“坑”更多，看上去更合理。因此，做题时更要细心周到地思考才行。

解决实际问题类题考查的是综合运用数学知识，对生活或生产中可能遇到的实际问题进行处理并解决的能力，做题时需要严密的思考推理，因此它是小学数学学习难度较大的题型。对这些题的教学，一定要由浅入深，由情境到数量关系式，切不可开门见山、直奔主题，干巴巴地讲数学知识和解题技巧。

操作题即动手题，是近年来针对数学只重视书面学习的弊端而设计的新题型。动手操作能力的培养更多的是体现在课堂上，让学生通过摆一摆、数一数、凑一凑、理一理、剪一剪、折一折、移一移、称一称、量一量、测一测、搬一搬等来进行生活体验和动手实践。学生通过亲身体验，感知数学；通过动手实践，培养操作能力。因此，师生在数学课堂上经常对此乐此不疲、津津有味。把这种数学活动变成操作题，反映的是出题人对这类活动的认可和试题的创新，但能否真正达到考查的目的，还需要实践检验。这类题的教学很简单，就是回到实际中来，不能纸上谈兵，要让学生动一动手操作一下。要想做得好，只有多动手，才能熟能生巧。这样看到变化多样的操作题时，学生才能在头脑中回想平面和空间，回想动手和实践，做到事半功倍。切不可就题论题，靠刷题来应试，这样遇到新题可能还是会有问题。

还有其他一些题型的教学，都要让学生体会到万变不离其宗的基础学习才是硬道理。近年来，数学题增加了阅读量，这值得重视和研究。

三、改变对错题的认识

错误是与事实或规律相悖的状态，生活和工作中我们都会犯错误。错误有大小之分，这个大小是以其引起的后果的严重性来划分的。因此，错误直接关联损失，有的损失由自己承担，有的要由集体或他人承担。

数学学习中犯的错误集中表现在错题上。大多数人容不得错题，这是因为还没认识到错题的价值。就像垃圾一样，用好了，照样是宝贝。

（一）为什么会错

在生活中，我们常常会有这样的苦恼：我已经学会了思考，学会了推理，学会了以事实为依据，而且格外地细心了，为什么判断上还会出错？

从逻辑上讲，要判断的只是一个结论。这个结论由推理条件和推理过程得出，因此任何一个条件或环节出错，都可能得出错误的结论。

数学学习过程中出现错题的原因大致有 3 种情况：数学概念不清，审题思路不清，答题细心不够。

数学概念不清，就是对数学新知理解浮浅，浅尝辄止，这种理解只能应付一些死记硬背的题，当遇上有稍微灵活变化的题就会出错。例如，一个木制陀螺放在一杯水中，正好一半在水面上，一半在水中，给定陀螺数量后，问杯中水会上升多少？部分学生在解题时，把表面积与体积混为一谈，有的把圆锥的体积计算公式和圆柱的混为一谈，结果就错漏百出。出现这些情况通常是因为没有搞清楚基本概念，没能厘清基础公式的数量关系，对基本知识点含糊不清。所以，在进行数学基础概念的教学时，教师一定要想方设法地让不同学习层次的学生从不同的角度去理解，把基础夯实，这样学生在做题时才不会眉毛胡子一把抓。

审题思路不清，就是不能很好地把题目中的条件及数量关系厘清，也没想好怎么去做，就急急忙忙地动笔，结果越做越错得离谱。例如，学习分数乘法后，有一道题：

超市对净菜过秤时，通常要去掉$\frac{1}{10}$的水分。3月8日这天共进净菜0.5吨，去除损耗不计，全部卖完，问超市今天实际卖出多少千克净菜？

有的学生看到题目后，把0.5吨换算成500千克，然后直接用500乘以$\frac{1}{10}$，得到50千克，就此做完了事。很显然，出错的原因是他们在审题的时候，没有弄清“去掉$\frac{1}{10}$的水分”是什么意思，也没有厘清去掉的水分和实际卖出的菜之间的关系。这种错误还算“高级错误”，还有“低级错误”，就是直接写出“$0.5\times\frac{1}{10}=0.05$（千克）”，这更是没有经过思考就做题的表现。

要想避免类似的错误，首先要看清字面意思，然后再厘清数量之间的关系，接下来再想解题步骤。这样训练下来才有可能避免审题错误。

答题细心不够，就是常说的粗心大意。所谓的粗心大意，其实就是简单推理或者懒于思考、懒于验算的结果。比如，低年级学习时竖式加减后横式不写得数，中年级学习时小数点不对齐，高年级学习时百分数不写百分号，等等。虽然规则都知道，算理也没出问题，但就是做的时候会出错。

分数四则混合运算最容易错的典型题是“$\frac{4}{5}-\frac{5}{8}\times\frac{2}{15}$”。学生知道

分数计算时能约分的可以先约分，但是他们把$\frac{4}{5}$和$\frac{5}{8}$约分后，头脑中只有约分而没有四则运算规律了，丝毫都没有想到四则运算中的优先级。这是记忆机理中的后摄抑制在发挥超强的作用。

要想学生避免类似的错误，教师要从学生学习品质和数学规律两方面双管齐下，一方面要培养学生的细心品质，另一方面要让学生对原理、规律等数学知识进行程序化训练，使他们做题时达到“下意识的反应程度”，方可避开“雷区”。

（二）错题是学习资源

越来越多的学生喜欢做专属自己的错题集。这种学习方法被认为简单而高效，它可以在复习的时候发挥很好的效果。

用错题集来学习，就是成长型思维模式对待错误的体现。正确地对待错误，虽然没有被明确地说明是成长型思维模式的要素之一，却是成长过程中不可避免的路径。如果把犯错当作是一种阻碍，那它就是困难的一种，是一种特殊的困难。从评价和反馈的角度来看，错题是一种真实的定性评价，也是学习效果的即时反馈。所以，对待错题的态度，就是成长型思维模式中对待困难和评价的态度。

错题意味着经过努力之后，发现问题没有得到正确的解决。这并不是毫无意义的，而是在不断地试错中发现行不通的路，排除事物的非相关因素，也是科学研究的一种方法。

错题对于学生的意义还在于，它准确地反映了当时的学习状态和犯错原因。在收集错题的时候，不仅要写出错的过程以及订正的过程，还要把错误的原因写出来，并写出改正的措施，以便在后续学习过程中对照检查。这样才能举一反三，不在同一个地方“摔倒”两次。而一而再再而三地犯错，甚至再做同一个题目还错的情况，大多是因为没有从前一次错误中吸取教训，没有在前一次“摔倒”的时候进行反思和改正。

对错题集进行二次开发、利用，是一种深度强化学习。具体方法有三：

一是用不同颜色的笔圈画重点，每次看的时候都用一种颜色标注。这样做，一方面可以知道自己复习了几遍，另一方面可以快速地找到关注点。

二是插入一些插图，可以是自己喜欢的卡通，也可以是数字、符号和图形组成的画，还可以是根据这道题创作出来的图画。

三是批注，先画出一些知识点，然后用一条线引到旁边空白处，写上关联的数学概念，一张数学概念图就出来了。也可以对学习品质的某个点进行引申，这样引申出来的东西就是专属自己的“学习诊断经脉图”。

（三）如何减少错题

要想学生在做数学题时减少出错，从成长型思维模式的角度来看，教师要引导学生经常做三件事：

敢于面对错题，不逃避、不敷衍，认真对待，然后把它认真地收集到错题集中，并进行归类。成长型思维模式的人认为，乐于学习新知是敢于挑战的表现，乐于接受错题是乐于接受批评的表现。只有面对现实，才能改过自新。

注重良好学习习惯和学习品质的养成，不断超越自己，才能不断突破，不停生长。良好的学习习惯中直接与错题相关的就是认真审题。养成认真审题的习惯，才能厘清题目中的数量关系，才能在下笔之前找到解决问题的路径与方法。良好的学习品质中直接与错题相关的是细心和专注。这不仅要求学生在数学学习中培养这些品质，还要求他们在其他学习活动中也要注意养成这些品质，在生活中也是如此，做到课内课外学习一样专注，校内校外做事一样细心。长此以往便能铸造优良的学习品质。

注意新旧知识的联系，用数学语言来思考和表达，不懂就问。比如，假分数和带分数到底有哪些相同和不同？一定要彻底搞清楚数学基本概念，不能稀里糊涂，也不能不懂装懂。学习每一个新概念之后，都要主动地联系学习过的知识，想一想它们之间的关系。比如，学习分数四则混合运算时，就要想整数四则混合运算规律在分数里还适不适合，约分和先乘除哪个优先。这样，学过的知识就会形成系统，连成结构紧密的学习网格，一方面不容易忘，另一方面可以把基础筑牢。基础扎实了，做题时就不会混淆概念；概念清晰了，就不会轻易出错。

四、专注思考才能深度学习

有这样一个故事：一只老鹰在天空中看到地面有一只野兔，于是它俯冲下来准备捕杀这只兔子。兔子也发现了老鹰，于是施展“凌波微步”绝技拼命地逃跑。就这样，兔子在前面跑，老鹰在后面追。追到一棵树下时，老鹰发现树上有一只花豹，花豹在啃骨头。于是它停了下来，和花豹聊起了中午的那场雨，说鸵鸟被淋成了落汤鸡，跑到了猎人的汽车下避雨。

这个故事到此结束，大部分听故事的人都觉得很搞笑，但是专注听故事的人会意识到：兔子哪里去了？

这个故事本身也说明了专注问题。老鹰追兔子，追着追着发现了花豹，它就和花豹聊起天来了，完全忘记了自己为什么来到这里。自己的目标丢了，它也不知道，却开始关心起鸵鸟来了，它对目标的专注度太低了。

专注是指做一件事情的时候，目标专一，注意力集中。所有的知识都要专注才能学好。而对数学学习来说，专注还有另外的意义，那就是深度思考、深度学习。

（一）沿着一个方向思考

学习一个知识点时，需要沿着一个方向纵深思考。比如学习有余数的除法时，可以这样想：余数为什么一定要比除数小呢？有没有余数等于除数的情况呢？如果余数大于除数会怎样呢？是不是商就不唯一了？这就是沿着一个方向不停地思考，这样我们就会越想越深，越想越觉得数学奥妙无穷。

做一道题时也可以先沿着一个方向思考，如果行不通，再换一个方向。比如下面这道题：

南京大胜关长江大桥全长9273米，其中江面桥长1615米，设计最高时速为300千米。一列动车长385米，它全部过江最快需要多长时间？

我们可以沿着路程除以速度等于时间这个方向来想：动车跑完大桥要多少时间？动车还要跑完自身长度的路程，又需要多长时间？两个时间加起来就是动车过江的时长。

沿着一个方向思考，要形成一个层层递进的问题串，一个一个地想，弄清哪个问题是已知的，哪个问题是未知的。这就是深度思考。

（二）换一个方向思考

有时候做数学题时，沿着一个方向深度思考之后，如果发现还是缺少条件，就要抓紧换一个方向思考。

通常面对要求两种解法的题时，都要换一个方向来思考。比如上题，我们也可以沿着路程和速度的方向来想：如果要求时间，速度已经有了，总路程是多少呢？动车应该有两段路程，一段是桥长路程，一段是车长路程，两段路程之和就是动车过桥的总路程。这样就可以列出一个完整的算式：（1615+385）÷（300×1000）。

做完题之后，教师要引导学生对两种解法进行对比，让学生弄清两种解法分别是从什么方向思考的，哪种适合自己理解。

（三）深度思考

数学学习需要深度思考，只有深度思考，才有可能进入深度学习状态。如何进行深度思考？通常可以在数学学习中深度养成 3 个习惯。

第一，深度理解数学学习过程。数学学习的结果不是考高分，而是通过数学学习促进我们正确地思考。况且，数学学习的结果与过程比起来，过程应该更为重要。在日常学习中，有些学生在听教师讲课时，刚听了两句就觉得自己懂了，就不再认真地听讲，这就是浮浅学习。须知对数学学习而言，对过程的深度理解比结果做对更有意义。比如，在学习小数时，不能简单地理解小数就是带小数点的数字，而应深入地思考：数学家为什么发明小数？小数能解决什么数学问题？小数点是怎样诞生的？不要小数行不行？只有这样思考，才有可能深度理解小数的意义。而后续的小数单元学习效果的优劣，直接与对小数意义的理解深浅有关系。对这些本质属性理解到位了，就会关注数学的学习过程而不仅仅是学习结果。

对过程的理解程度也直接反映在答题上。理解到位了，就会把解题过程一五一十地详细写出来，特别是关键的步骤。相反，理解肤浅，就不知道哪些该写，哪些不该写，要么省略环节，要么错写步骤。丢三落四、粗心大意是常见的学生答题毛病，其根源就是对数学概念的诞生过程和对教师推演的过程认识不到位、理解粗糙、不求甚解。

许多学生在一、二年级的数学学习时，数学测验成绩都是 90 多分，而一旦进入三年级以后，分数就开始迅速地降下来。好多人很纳闷：为什么在低年级数学学得很好，到了中高年级成绩就掉下来了呢？这当然与数学学习的难度加深有关，但与学生在低年级的数学理解有更大的关系。

经验丰富的数学教师都知道，有一些学生在低年级的数学学习时是用记忆这种方法来学习的，这相当“危险”。的确，数学基础知识的学习离不开记忆，比如乘法口诀和珠算口诀，需要倒背如流、烂熟于心，但如果只用记忆的方法来学习就会出问题，这在 20 以内加减学习中体现得最为明显。由于这部分知识简单，加上学生在家庭和幼儿园中多多少少学习过一些，因此，把 20 以内的加减题做对大多数没有问题。这个时候，思想最容易被麻痹，以为自己会了，就不再去理解算理，不再去遵守一些规则，不再去多动脑筋进行思维的训练，不再去重视过程的学习和理解，这样到了学习高难度的数学知识时，怎么可能不出问题呢？所以说，低年级的数学学习是容易被“优秀成绩”掩盖的高危期，需要关注，关注学生有没有真正地理解算理，这是很关键的。最糟糕的是，数学教师只用记忆的方法来教学，这样的数学教师是不称职的。

把注意力从结果和分数转移到过程上来，才是低年级的数学学习乃至以后的数学学习最应该做的事。这意味着，让学生关注教师讲了什么、写了什么、做了什么，同时思考自己看到了什么、听到了什么、想到了什么、做了什么。让学生在每次数学学习之后，还能有时间反思“今天的数学学习成果是怎样得到的”，这样学生就会重视过程的学习了。

许多数学教师会要求学生说出和写出自己的思考过程，这是可取的。教学“7+8”时，不能只让学生知道结果是 15 就可以了，一定要让学生说算理、说思考过程。在某个学生说的过程中，要引导其他学生倾听，听他讲的与教师或教材上表述的是否相同，听他说的与自己想的是否一致。

到了学生认识足够多的汉字，能够写句子的时候，尝试让他们把思考过程写下来，这未尝不是一种深度理解过程的方法，至少是一种深度表述。经常有教师在课堂上进行数学听说读写能力的改革，这让人耳目一新的同时，也为他们能够对数学过程的学习进行创新而感到自豪。

深度理解数学学习过程也是成长型思维模式的表现。成长型思维模式关注主体的努力，就是关注学习过程。所以，重视过程的学习，对成长型思维模式的发展有正向的促进作用。

深度理解数学学习过程并不意味着只关注过程而不关注结果。

第二，深度改进数学学习方法。数学学习是讲究方法的，这种方法用一个数学名词来讲，就是一定要“建模”。这个“建模”包括两个方面：一是建立成长型思维模式，二是建立数学学习模型。二者并不矛盾，前者是在一个宏大的背景下进行思维，后者则是在数学学科思想达成路径。

数学建模学习包含两层含义。一是把要解决的具体问题数学化，数学化的过程就是抽象化和具象化。抽象就是把生活问题抽象为数字和变量，具象就是把复杂的实际问题变为具体的数学问题。完成了这两步，就完成了数学化。二是建立数学模型来解释变量关系，进一步为解决问题提供一种思路。

把数学建模与思维建模相结合，就是成长型思维模式与数学相融合的一个切入点。小学数学课堂中的建模可以简单地分三步实施。

首先，用数学语言来描述。通过数学阅读了解要解决的问题后，提炼其中的相关数学信息，用数学语言来描述这个问题。例如：

为了节约用电，电力部门设置了错时电费，峰时电费 0.52 元 / 度，谷时电费 0.48 元 / 度。天然气每立方米 2 元。烧开一壶水用电约 a 度，用气约 b 立方米，家中应如何烧水才是最节约的？

这是典型的解决实际问题数学案例，从中提炼出的数学问题有 3 个：一是烧开一壶水峰时用电多少钱？二是烧开一壶水谷时用电多少钱？三是烧开一壶水用气多少钱？要拿出最节约的方案，必须先解决这三个数学问题。这就是用数学语言来描述生活问题。

其次，用数学变量来建模。假设烧开一壶水峰时用电 X 元，烧开一壶水谷时用电 Y 元，烧开一壶水用气 Z 元。然后比较 X、Y、Z 的大小，取最小值就是最节约的方案。这就是数学建模。有了这样一个模型，类似的出行打车问题、坐高铁还是坐飞机问题、投资股票还是基金问题等，都可以建立同样的模型。通常一类题的解法大致相同，这也就是为什么一直有人把小学数学中的解决实际交通问题分为相遇问题和追及问题。相遇问题的模型是总路程的和不变，追及问题的模型是总路程的差不变。抓住这些核心问题，就很容易建立数学模型。

最后，用数学模型来解释。对于上面的烧水问题，用模型来解释就是这样的：

先比较 X 和 Y，在用电量一定的条件下，Y 一定最小，因此就这两种情况来说，谷时烧水方案更节约。

后比较 Y 和 Z。如果 $Y>Z$，则用气更划算；如果 $Y<Z$，则谷时用电是最节约的方案。

用数学建模来学习可以防止生搬硬套。比如对于相遇问题，只记 3 个万能公式（路程 ÷ 速度和 = 相遇时间、路程 ÷ 相遇时间 = 速度和、速度和 × 相遇时间 = 总路程），这种学习方法就是死记公式。遇到灵活多变的题或者提炼不出数学信息时，只用这些公式可能就会算出奇怪的结果。

所以，数学建模就是尊重数学本身的规律，重视过程，强调步骤，每一步都夯实数学思想，这样建立起来的模型才牢固而灵活，可以以一当十、举一反三。成长型思维模式恰恰强调这样的变化，强调努力才能发展。成长建模与数学建模相互促进、相互融合，同生共构、互惠互利。

第三，深度锤炼数学学习常用技能。除了数学语言表达读写能力、抽象建模能力外，还要关注 3 种关键能力的训练，它们分别是运算能力、推理能力和创新能力。

运算能力是小学数学基本的能力要求，是数学学习的基础，因此在小学数学整个结构中，计算的单元特别多，而数学测试题中一般会有一半以上的计算量。计算能力的培养要注意避免两个误区、养成三个习惯。

误区一：重视心算而忽略笔算。心算在题型上是视算题和口算题，在数学课堂上被当作数学学习的常规功课进行训练，师生对此都比较重视，因为这种“拳不离手，曲不离口”式的训练的确可以铸就过硬的计算能力。当然，数学测试中通常第一大题就是直接写出得数的题，也就是视算题。但是，有些教师以耽误时间为由，轻视笔算，总以为笔算只要足够的认真和细心就可以应付，没什么好练习的。事实证明，在数学课堂上进行扎实的笔算训练，不仅可以让学生熟悉与强化计算规则，还有助于即时评价、发现问题、反馈问题，并及时纠正，这对学生计算能力的提升无疑是大有裨益的。笔算不仅不应该被忽视，而且应该被高度重视，并被反复训练，这样学生的笔算能力才能得到提高。

误区二：重视解题思路训练而忽略算式计算。在学生学习解决问题类和几何图形周长、面积、体积或容积类内容时，一些教师只重视解决思路的训练，当学生能够找到解决问题的基本路径并写出算式后，教学就到此为止，不再让学生认真地计算出结果，还美其名曰“后视过程”。岂知这样虎头蛇尾的学习会毁掉学生取得好成绩的机会。一方面，这使学生的计算能力得不到锻炼的机会，从而失掉了综合练习的最佳时机。另一方面，这样不完整的学习不仅割裂了数学学习的综合性，同时也使一些后续问题被掩盖了。比如，计算出错、不写单位名称、横式不写得数、没有写“答”、不去验算等，这些问题都是计算能力较弱的综合体现。所以，让学生完整地答题，既能重视思路的引导，也能重视计算的训练，能体现数学学习的完整性和综合性。因此，教学切不可草草了事。

习惯一：养成认真估算的习惯。在现有的小学数学教材中，估算已经被正式作为一项学习内容得以加强，估算能力也被写入数学课程标准。看到一道计算题后，先估算一下得数，这一方面是为了养成估算的习惯，另一方面也是对计算规则的一次温习。长久训练不仅可以提升计算能力，还可以培养数感。

估算容易被忽视的原因是，估算错了，没人追究，反而会被说成“没关系”。这看似安慰，实则是没有原则的体现。估算结果可能是错的，但不同的错之间有本质的区别。比如“15×28”，有人估算是300，有人估算是400，这都不离谱，但如果估算是30或20，这就不是在学习数学，而是对数学规律的不遵守。即使是300和400这两个错误的结果也有区别，能算出离正确结果更近的值应该被称赞。所以，估算不是瞎猜，也是有方法的，而且是有数学规则约束的。当学生最后计算出结果的时候，要让他们算一算与估算值的误差。这一环节在好多课堂上见不到，一是因为教师心底里还是没重视估算，二是低估了估算的价值。

很少有人会意识到，三个数的混合运算结果也是可以估算的。比如“$12\times5\div6$”的估算，可以先估算算式的前半段“12×5”，再估算后半段，但如果前半段的估算误差较大，后面的误差会更大。这类估算如果用创设情境的方式凭直觉来估算，也是一种方法。我们可以为上式创造这样一个情境问题：5个小组，每组有12个同学，他们乘景交车进景区，6人一辆车，需要几辆车？对于这个情境问题，教师先让学生不计算而是估算一下结果，并问一问他们是怎么想的。这个过程非常有价值。

习惯二：养成认真演算的习惯。演算的认真程度表现为，复杂步骤不省略，简单步骤不粗心。数学教师在每次演算前，都要让学生说一说如何做到认真演算，先说后做，这样学生便日久成习。另外一个容易被忽略的细节是，数学教师对学生的书写也要有严格的要求，一定要求学生书写工整、格式规范，即使做错了也方便检查，这样做的好处是显而易见的。有一些学生最后算出的结果有误，不是因为写字潦草，就是因为脱式计算时抄错数字，功亏一篑，令人惋惜。

习惯三：养成认真验算的习惯。计算题大多是可以验算的，验算的目的就是检查自我判断的对错。有验算要求的，一定要验算，不然容易失分；没有验算要求的，也要验算，不然不知道对错。不仅考试时要这样做，平时学习时也要这样做。通常提倡用不同的方法验算，比如减法用加法验算，乘法用除法验算。如果验算结果与计算结果不一致，一定要查找原因，看看是原计算出错，还是验算过程出错。验算结果除了要和计算结果进行对比外，还要和估算对比一下，找出误差，看是否在允许的范围内。这样做一方面是检验估算的准确度，另一方面也是数学完整性训练的要求。这叫首尾呼应，有始有终。

推理能力的培养要高度重视证据推理。教师要引导学生树立证据意识，形成“证据支持主张”的论证思想，让学生学会“有理有据”地思考、推断。对于实际教学中如何做好证据推理，朱国军《证据推理让学生的数学学习走向深刻》一文倡导做好“四定”，现罗列其中的观点如下：

定位：引导学生搜寻证据。在数学教学中，判断是运用直接证据还是运用间接证据，是证实还是证伪，不仅要依据数学推理内容，而且要依据学生的具体学情。证据定位，就是要找准教学的方向目标，从而让教学有的放矢。

定法：引导学生应用证据。通过具体的谋划，教师要引导学生探寻论证的方法，进而提升学生的论证能力。数学教学应当在证据推理中推进，而证据推理要讲究逻辑性。教师要引导学生积极探寻“证据”与“证据”之间的关联，积极找寻“证据”与“证据”之间的链接点，从而引导学生的数学学习不断地“进阶”“登高”。

定向：引导学生分享证据。在数学教学中，对于学生的证据推理，教师要持续地跟踪，只有这样才不会让学生的证据推理偏离方向，才能让学生的证据推理始终向目标迈进。持续地跟踪，就能对学生的论证过程予以定向。

定度：引导学生反思证据。教师要引导学生在证据推理的过程中反思证据，反思它是否合理、是否科学、是否有效等等。学生正是通过对证据的不断反思，主动地修正证据、补充证据、完善证据，通过证据的不断完善，完善自己的证据推理。

小学数学创新能力的培养体现在两个方面：创新意识的激发和创新方法的弘扬。

小学数学课堂激发学生的创新意识的前提是教师要有创新意识，只有当教师意识到某个知识点可能会有创新时，才有可能在这个地方进行情境和问题设计来激发学生的创新意识。比如学习小数性质时，如何理解0.3元等于0.30元？学生从小数的意义方面来解释，认为0.3就是3个十分之一，0.30就是30个百分之一，两者数值相等，所以0.3元等于0.30元。此时，教师再追问："还可以怎么证明0.3元等于0.30元？"这就迫使学生进行创新思考。这就是创新意识的激发。

小学数学学习方法的创新更多地体现在解题上，一题多解、一题多练、多题一解，从发散到归纳，无不渗透着创新方法的学习。所以，在数学学习中一旦遇到这种机会，教师一定要让学生创造更多的方法来解决问题。关于数学课的创新学习，本章的末尾部分提供了一些具体案例，有兴趣者可参见相关内容。

五、乐于接受评价

我们都对乌鸦与狐狸的故事非常熟悉。故事说的是一只乌鸦得到了一块肉，站在枝头洋洋得意，而狐狸为了得到这块肉，就夸赞乌鸦唱歌好听，乌鸦心里美美的，刚一张口想唱歌，肉就没了。这个寓言故事告诉我们，乌鸦被狐狸骗了，狐狸用来骗人的伎俩就是创造无中生有的表扬。人人都喜欢听好话，听夸赞的话，这是人性使然。

如今这个寓言故事有了续集。乌鸦又得到了一块肉，站在枝头小心翼翼。狐狸看见了，故伎重演，称赞乌鸦歌声嘹亮，乌鸦不为所动；赞美乌鸦长得漂亮，乌鸦仍不为所动；褒扬乌鸦性格温柔、善良孝顺、捕猎能力超强，乌鸦还是没有吱声。狡猾的狐狸一计不成，又生一计，转而破口大骂乌鸦：你是鸟类的败类，长得没有喜鹊好看，声音刺耳，偷盗成性，不仅人类讨厌你，连狮子都恨不得把你撕碎，因为你把一头小狮子叼走了喂狗。乌鸦哪受得了这等的污辱和冤枉，张口就骂狐狸是个骗子，但话还没说完，肉又没有了。这个寓言故事告诉我们，面对谩骂与诽谤，如果不能忍受，应该寻找法律支持，不能上了坏人的当，和他当街对骂。

不正当的批评通常是无中生有的，或者放大错误，不能实事求是；正当的批评是客观的、公正的。但即使这样，大多数人还是不愿意听批评的话。这通常是因为我们在面对批评的时候，不具备良好的成长型思维模式。

一件事如果要评价，无外乎会有 3 种结果：表扬、批评与中性评价。通常认为中性评价没有什么用，其实也不全是。

我们先来看表扬和批评在数学课堂上应该如何面对和应用。

（一）正视表扬与批评

我们会表扬吗？你长得真漂亮和你真聪明，是表扬吗？

面对表扬的时候，我们有时候真的不能判断它是真是假，这一方面是因为我们缺乏自我判断力，另一方面是因为我们自身也不懂得多少表扬的技术。

表扬是一门技术，但也是一柄双刃剑，用好了，无往不利；用不好，适得其反。要想用得好，需要表扬努力的过程，而不是结果。长得漂亮和衣服美丽，都不是努力的结果，因此不能算是表扬。而“你今天肯定精心打扮了一番，衣服搭配得很有层次感，看起来高大上”，则是表扬他人的努力，而“看起来高大上”就是努力的结果。

学生如果也能这样被表扬，他们的成长型思维模式也会很快增值。成长型思维模式的学生面对表扬时，戒骄戒躁，淡然处之，并能一分为二，正确地看待自己的长处与努力，从而乘势而为，再跃层楼。教师在数学课堂上如何用好表扬技术，需要在语言方面下功夫。

格式化自己的表扬语言，让表扬结果变为表扬过程，让表扬特点变为表扬努力。当学生做对了一道难题时，教师想表扬他，通常会说：“你真棒！”“你真了不起！”这样的表扬看起来挺有力度，但其实很苍白，浮于表面。而成长型思维模式的表扬应该是这样的：“你今天面对这道题时，审题就花了 3 分钟，在解决的时候，你也尝试了多种方法。更难能可贵的是，你找到了正确的方法，并成功地把它做了出来。你的这种精神值得称赞，老师很喜欢你这种劲头，再接再厉！”这样学生就知道了被表扬的是他努力克难的过程和精神，而不仅仅是做题的结果。这样的表扬更容易为“学习涡轮”增压。如果学生在后面的数学学习中遇到更大的困难时，他会更刻苦、更努力地尝试解决。格式化自己的表扬语言，关键就是把学生努力的过程用精练的语言清晰地描述出来，然后肯定他。

把表扬的陈述句变为疑问句，让聚焦结果变为聚焦过程。表扬的语句一般都是肯定陈述句，使用者在生活中大多吝啬文字，因此语句非常短。比如，“干得漂亮！”是个超短的句子，表达的语义有限。而导向成长型思维模式的表扬，应该把陈述句变为疑问句：“你觉得这道题你做得怎么样？你是怎么得到这个正确答案的？你是如何证明它是正确的？其他同学如果也想做对，你有什么建议？”这样就把关注结果，通过问题引导转向关注过程上面来了。所以，数学概念和规律的难点突破需要设计问题串，而成长型思维模式的表扬也需要问题串，这一点是相似的。

学习空间张贴成长型思维模式提词卡片，让学习共同体成员一起往成长型表扬方向努力。如果教师忘了使用特定的语言和语句，在表扬的时候就需要提词器。这个提词器可以是卡片，张贴在教室或书房中。提词卡片上的内容是自己不熟悉的成长型思维模式关键词，如敢于挑战、表扬过程、努力是一种姿态、勇于试错等等。当教师想对一个学生说“你真是数学天才！”时，这些提词卡片就会暗示他们不要这样讲，而是要夸奖学生的努力过程，要用疑问句来引导他，让他意识到努力的过程是最美的，是容易获得他人欣赏的。

帮助学生进行归因分析，让学生也能顺利地找到成功的原因。当学生在课堂上做对了一道题时，教师可以引导学生分析一下做对的原因：“你看这道有难度的题被你做对了，我想你肯定没少费周折，一定是在极其困难的情况下攻克的。”“这是大家都想看到的成功美景，因为尝试不同的方法会促使人进步和成长。”这样做可以帮助学生分析成功的原因，让其他学生也能这样努力。

比面对表扬更难以自持的是面对批评。人们似乎不怎么关心批评的内容，而更关心批评的态度。批评者的态度更让人受不了，这是许多被批评者逃避批评时常用的借口。

成长型思维模式的人在面对批评的时候，通常都会先虚心接受，而不是暴跳如雷。他们会用理智来对待批评，而不是用情绪来对待批评，这是成长型思维模式与固定型思维模式的区别。成长型思维模式的学生对批评有更多的认知和处理办法。教师在课堂上要善用批评，需要关注以下技巧。

宽容错误，首错不批。新知的学习过程是学生出错的高峰期，对此不能理解的教师会不分青红皂白地批评学生，这是大忌。成长过程是伴随着错误修正的。对学生首次出现的错误，可以宽容一点，像交警处理违停一样，首违警告，不做具体的罚分和罚款，教育的意义十足。在课堂上，教师可以实行首错不批的原则。不批不是不管不问，而是要让学生知道错在哪里，要让他认真订正，并告诉他如果做类似的题再错，就要受到批评。先给学生一个心理铺垫，这样后面真的要批评时，学生也不会感到意外，接受的态度就会好很多。

对大多数学生易错的地方也不要批评。如果群体出错，一定不是学生的责任，而是教师的责任。例如：1 吨 80 千克等于 1.8 吨，如果所有人都这样认为，那就是因为教师对相关进率换算没有强调到位，对相关题型的解题方法也没有特别提醒。这反映了教师对这部分知识认识不清。

屡教不改，当批则批。如果同样的错误接二连三地犯，并且学生也知道错的原因，那么是要批评教育的。这已经不是学习过程的理解问题了，而是学习态度的问题了。教师要给学生指出来，并帮助他改正学习态度。

讨论原因，明示错处。当学生回答错误时，教师一般不要直接地批评他，而是要转移他的尴尬，缓解他的不适。大家一同讨论出错的原因，是一个比较好的策略。例如有这么一道题：

小宝和爷爷住在相邻小区，两小区大门相距 420 米。爷爷和小宝分别从两个小区大门同时出发，向对方小区走去。爷爷步行，每分钟走 36 米，比骑两轮车的小宝慢$\frac{1}{3}$，问爷孙俩几分钟后相遇？

学生通过简单审题后就写出算式：$36+36\times(1-\frac{1}{3})=60$（米 / 分钟），$420\div60=7$（分钟）。

教师在帮助学生分析出错原因的时候，要引导学生先肯定自己做得对的地方，即思考对相遇问题的理解有没有问题？对数量关系式的使用有没有问题？用“总路程 ÷ 速度和 = 相遇时间”这个数量关系式来解决问题有没有问题？到底哪儿出问题了呢？再进一步分析为什么会出现这样的错误，问其他学生“你觉得他是怎样想的？”到此还没有结束，要再深挖，问其他学生“你觉得他要怎么做才可以在以后避免这类错误？”最后，再引导全体共同回顾：我们来看看大家分析这道错题的过程是怎样的？你有何收获？

（二）区别反馈与评价

评价是评价人按照评价标准对评价对象进行定性和定量的评定。评价对象可以是人、事、物、部门单位、现象、过程等，评价人通常是熟知评价规则、经验丰富的专业群体。简单的评价中也会有自评和小组互评。评价标准一般指公信部门制定的评价规程，包括评价的目的、方法、程序和结果的判定规则等内容。在泛化的评价中，个人也可以有自己的评价方法和观点，但这不能称为标准。比如看一场电影，每个人都可以有自己的评价，都可以对角色和故事评头论足，这种评价依据的是自身的认知和价值观，不能代表所有人。

即使有公认的评价标准，由于评价人对标准的把握度不同，评价的结果也可能有较大的差距，比如奥运会跳水比赛中的打分。所以，比赛项目越来越多地引进人工智能、鹰眼技术、计算机辅助技术、慢动作回放等技术。随着技术的成熟，人工智能、大数据等技术介入教育评价已经是大势所趋。

反馈本是一个电子学名词，后被控制论和信息论引用，指信息传递过程的一种反射和回馈现象。简单地说，反馈就是信息的返回，类似雷达波工作过程，由雷达发出，到达受体后反射回来并被雷达捕捉。

反馈技术被广泛地应用于各行各业，电子电路中反馈信号再进入电路会增强或减弱放大信号，汽车发动机排出的气体中回收的能量再回到涡轮，可以在不增加油量的前提下增压。教育教学上的反馈，通常是指教育者施教后，从教育对象处反馈回来的教育教学结果，这个结果可以帮助施教者判断教育教学目的是否达成，进而检视方法是否得当，促进修正，然后再次组织教学。

虽然评价和反馈都是由信息源的前端控制者做出的，但是评价往往带有浓厚的主观色彩，会加入个人的情感和价值判断。比如："你今天的作业做得非常好，只错了1题，可以打90分！""今天你在课堂上的发言非常不合适！"而反馈原是科学技术方面的名词，因此更强调客观。比如："今天作业的10道题，你做对了9道，只错了最后一题，这道题错在把69写成了96。""今天在数学课堂上，你发言时对那道几何题提出了不同的解法，这种方法老师没见过，不置可否，老师没表示赞同，也没表示反对。"

当然，在反馈中也很难做到绝对的客观。在实际的学习和工作中，应做到尽量客观。评价除了包括感情色彩强烈的表扬与批评之外，还有中性评价，比如作文的评语。中性评价与反馈是非常接近的，不同的是评价有标准，而反馈通常是如实的，没有固定的标准。所以，成长型思维模式的课堂更关注反馈学习。

数学课堂中利用好反馈可以促进师生双向成长，具体可以从两个方面着手，即利用好正反馈和负反馈。正反馈是指反馈促进师生的积极性更高，学习效果更好；负反馈是指反馈对学习推进起阻碍作用，师生积极性倍受打击，学习效果要么是无效的，要么是负效的。

（三）利用好正反馈，驱动"教学涡轮"增压

教师在数学课堂上需要即时获取学生的学习反馈，这个获取的主动

权在教师手中，他们可以选择获取，也可以选择无视。经常收集学生的反馈信息，并做出反应的，是成长型思维模式的表现。而忽视或无视学生的学习情况，不主动收集学生反馈信息的，是对自身教学的绝对自信或无知，不关注教学是否有效。这些都是固定型思维模式的典型特征，需要被摒弃。

成长型思维模式的数学课堂对待反馈的态度体现在以下两个方面：一是主动获取学生的反馈信息，二是积极重构、优化教法、二次介入。

如何主动获取学生的反馈信息？教师在课堂上应做到三个方面。

第一，培养主动意识。从教师主体的角度来看，学生是教会的；从学生主体的角度来看，学生是学会的。站在前者的知识上游，学生是没有能动性的，这是有缺陷的教育观，必须在头脑中把这个残次的教育观念彻底改进，才有可能建立主动关心学生的教育观念。有了正确的学生观之后，主动获取学生学习信息的意识就会慢慢生成。

第二，从提问中收集反馈信息。主动获取学生反馈信息的最常用方法之一就是提问，而数学课上的提问是非常频繁的。要想知道学生是否在思考，提问一下就知道。以下举一例说明：

教师出示一个统计表：

7月20—26日某地新冠肺炎新增确诊人数统计表

7月27日

日期	20日	21日	22日	23日	24日	25日	26日
新增确诊人数/人	3	8	12	12	2	38	31

问题1：现在，你能一秒内报出哪天新增人数最多吗？

问题2：怎样呈现这组数据可以让我们一眼就能看出哪一天新增最多，哪一天新增最少呢？

创设一个情境，给定一份学习材料，但学生有时并不能从中提炼出学习问题和任务。

材料如果有吸引力，学生会多观察一会儿。一旦他们失去了兴趣，这个材料对他们来说就失去了学习的意义。

第一次提问是为了了解学生是否在专注地听讲，同时也考查学生的观察能力、非连续性文本阅读能力。第二次提问就是为了检查学生是否在思考，这也是思维导向。

第三，从作业练习中收集反馈信息。从课堂中获取学生的反馈信息是通用的方法。如果只关注结果，简单做个课堂调查就可以，像举手、鼓掌、互相核对等。比如计算“18+25−7”的结果，教师确认所有学生计算完后，请其中一个学生说出答案，分别通过举手的方式统计跟他答案一样和不一样的人数，这样就可以马上收集到反馈的结果。使用智慧课堂平板教学的，可以通过系统后台统计数据，瞬间就能得到结果，而且可以马上看到哪几个学生错了，这就是智慧课堂通常比较高效的原因。

如果还要收集学生过程性的反馈信息，就复杂一点。可以像上例那样，教师让学生说一说计算过程，或者让学生把过程抄在黑板上；也可以在课室里逐个巡视，这比较耗时间、体力和精力，但可以收集到宝贵的第一手资料；也可以把学生练习的过程通过手机和平板投射到讲台的屏幕上，或者把之前的学生作业资源做成课件展示出来；还可以利用动画，逐步地演示正确而规范的做题过程，学生对此的兴致都比较高。

第四，从学生表情中收集反馈信息。优秀的教师会用表情与学生对话，他不一定学习过读心术，但一定深谙表情语言所要传达的意思，这可能来源于他的生活积累，也可能来源于他跟学生之间的熟知度。师生之间熟络到一定程度后，一个眼神，教师就知道学生会不会，一个手势，学生就知道教师接下来要干什么，这就是课堂上师生的默契配合。

学会看眼神。眼睛是心灵的窗户，这个窗户里透出的光可以反映内心的活动。眼中有神，说明学生在倾听；眼中无光，说明学生在走神。眼睛可以表达最丰富的情感和情绪，因此学会观察需要经过长期训练。

学会看嘴角。嘴角上扬是微笑的表情，表示学生心情愉悦、情绪高涨，此时可能是最好的教育契机。嘴角下垂，通常表示很沮丧、很郁闷、不开心，此时进行情绪上的抚慰或心理上的安抚要比知识的教学重要得多。

学会看面部肌肉变化。额头的肌肉舒展，说明听懂了；反之，皱眉说明遇到困难了。面部的综合表情是多块肌肉参与运动的结果，更能表明学生学习的当下状态：是积极的，表情通常是兴奋的；是消极的，表情通常是难过的；是主动的，肌肉通常是松弛的；是被动的，肌肉通常是僵硬的；学会了，会眉飞色舞；学累了，会一脸疲倦；学困了，会两眼迷离；不会不懂，则一脸懵懂。数学教师一定要及时地观察学生的这些表情，特别是在关键知识的教学时。

学会看肢体动作。学生在课堂的肢体动作能反映他的学习状态，这些肢体动作包括听讲时的坐姿、书写姿势、举手姿势、发言姿势等。听讲时能一直保持正确坐姿的，说明听得着迷而专注。书写时坐姿不正的，可能在瞎写。举手时犹豫的，说明他不能肯定自己会不会，或者做得对不对。发言时摇头摆尾的，喜胜溢于言表；起立较慢、不敢站直的，可能就没听懂。这些肢体动作传达的信息，数学教师一定要捕捉到，不能只关注正确答案。

学会看下意识的小动作。学生在课堂中一些下意识的小动作是他们个性的表现。比如有的学生喜欢咬笔头，有的学生喜欢转笔杆，有的学生把橡皮一直抓在手中，有的学生喜欢抖腿，有学生喜欢抠鼻子，有的学生喜欢抓头发……这些小动作也相当于微表情，会传达不同的意思，这需要教师对学生了如指掌，才能读懂学生的这些下意识的小动作，进而为因材施教提供判断依据。

第五，从学生活动中收集反馈信息。数学课堂的学生活动有小组讨论、个体动手操作、练习和作业。个体动手操作环节是学生的自我活动时间，教师通过对这个时间段的观察，可以收集到学生对知识和数学操作技能理解的信息。学生练习和作业的时候也是这样，专注答题和左顾右盼是两种截然不同的学习状态，凝视思考和三心二意的样子也完全不同。

如同电路反馈有正反馈和负反馈一样，数学课堂中的反馈也有正反馈和负反馈。数学教学中的正反馈就是利用反馈信息积极地重构相关数学知识，优化分层教法，然后巧妙地进行二次介入，以取得最大化的教育教学效果。

正反馈促进教学更高效分两种情况。一种情况是反馈正面信息和正能量，即可能是学生全做对了，对相关知识全部掌握了，或者学生在本节课中发言踊跃，学习积极性特别高，挑战的欲望特别强，等等。教师收到这个反馈后，有更饱满的积极性，情绪亢奋，思如泉涌，妙语连珠，产生灵感，创新出新的思想、思路、方法或题目。学生受教师的感染，也是情绪高昂，超常发挥，课堂因此而亮点不断、大放异彩。这就是正反馈的理想状态。以下举一例说明：

师：既然学会了“割补术”，你能用这样的方法将梯形转化成学过的图形吗？老师为你们准备了研究单，先试试看，然后再和同学交流。

生 1：我是和书上一样，用两个完全一样的梯形拼成平行四边形。

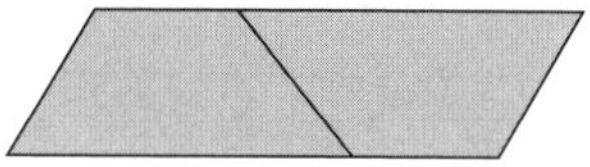

生 2：我是沿着两腰的中点到底的垂直线段剪下来，把梯形转化成长方形。

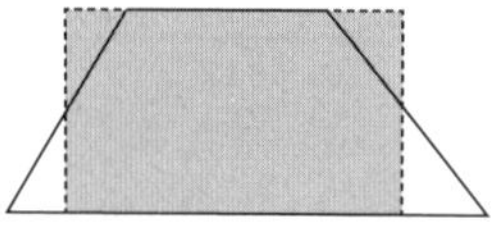

师：不错，这也是一个好方法，让老师感到意外，非常有想象力。

生 3：我是沿着一条腰的中点割下，将其旋转、平移变成了三角形。

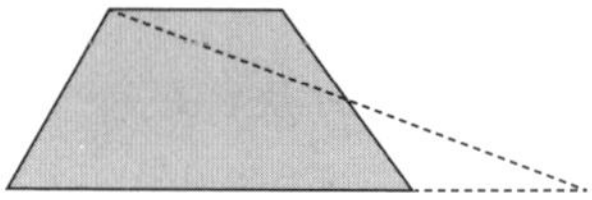

师：通过割补的方法，同样可以把梯形转化成我们学过的平面图形。那么梯形的面积计算公式是怎样的呢？课后大家可以结合割补后得到的图形想一想，下节课我们再交流。

【评析】考虑到下节课要学习梯形面积的计算，教师在课结束之前引导学生自己尝试将梯形转化成学过的图形。学生不仅很快想到可以将两个完全相同的梯形拼成一个平行四边形，还想到不同的割补方法。这既及时巩固了对图形割补方法的认识，又为下节课自主探索和交流梯形面积计算公式的学习提前孕伏。

——节选自朱国军、陈静《深化学习内容　渗透数学思想》

另外一种正反馈情况是，学生产生生成性、随机性的问题、解法或思想，这个反馈恰恰触动了教师的教学情绪和灵感。于是在师生的共同努力下，新的数学思想和方法产生了，教学效果意想不到地好。这种正反馈经常出现在数学课堂中，例如：

> 师：你还有什么要说的？
>
> 生：在平行四边形左右两边的中点处画和底边垂直的线段，沿着这个垂直的线段剪下三角形，就能拼成长方形。
>
> 师：（出示下图）可以看作将左下角和右上角的两个阴影三角形旋转180度后拼成长方形。当然这种转化成长方形的方法有点复杂，能看懂吗？
>
> 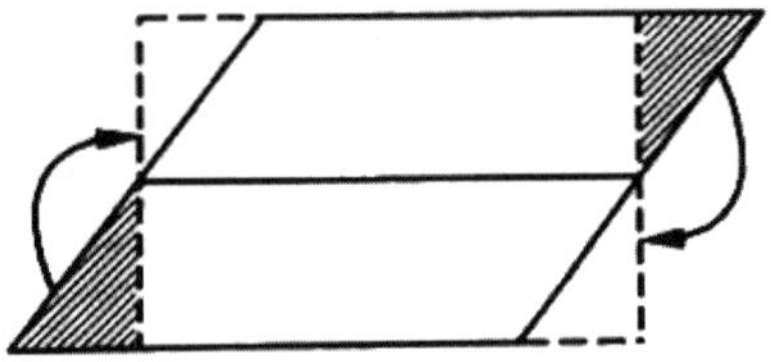
>
> 生：能。
>
> 师：看来图形的转化方法是多样的。我国古代的数学家刘徽把这样的剪拼方法称为“割补术”。
>
> 【评析】以平行四边形的面积计算方法为教学的起点，而没有直接以三角形的面积计算为起点，体现了教师对教学过程设计的意图。这里的意图有二：一是可以采用不同的割补方法将平行四边形转化成长方形，让学生体会图形割补方法的多样性；二是以平行四边形为载体，有助于学生自主思考并认识沿着两条对边的中点剪下直角三角形再旋转的割补方法，为进一步自主探索三角形的割补方法打下基础。这样的设计一方面促成了学生对割补方法的体验过程，另一方面有效地激发了学生探索问题的兴趣与信心。
>
> ——节选自朱国军、陈静《深化学习内容　渗透数学思想》

（四）避免负反馈

数学课堂也会有负反馈。比如，学生因听不懂而表现出烦躁，学生因教师批评而产生抵触情绪，学生把一些简单的题做错，学生表达不清，教师因学生听讲不专注而发脾气，等等。这些负面信息对正在进行中的教学会产生阻力，因此需要关注。

数学课堂上收到负反馈后，如果教师不能保持理性，被学生带节奏，情绪管理较差，再加上缺乏经验和教学机智，往往不能很好地利用有效反馈来重新组织教学，或者采取错误的策略，这样会导致学生后面的学习效果不尽如人意。这就是数学课堂负反馈的可能性危害所在。

教师应提早对教法细节不到位和数学陷阱进行预警，避免让学生入“坑”或踏入思维的“死胡同”。要想避免负反馈，教师一要充分备课，二要机智多谋。

充分备课要从两方面着手：一是在教材上下功夫，把其中的数学陷阱都找出来，把数学雷区都探测出来，不留死角，不留盲区，没有漏洞可钻；二是在教法上下功夫，把可能的教法都罗列出来，再根据学生在课堂上的表现，选取最优教法进行施教。例如教学“9 加几”，可能的教法有：

第一种方法：数数法。可以按自然数列数数，也可以在计算器上数，还可以用小棒等教具来数。

第二种方法：凑十法。其中又有多种细分法，例如凑 9 为 10、凑后面的几为 10、分解两个数先凑成 10。

第三种：借十法。把 9 看成“10–1”，先用 10 减几，得数再减 1。

第四种：数轴法。如“9+3”，在数轴上先画出 9 格，再画出 3 格。

第五种：规律法。分别写出“9+1”“9+2”“9+3”……观察得数，寻找规律。

第六种：钟表法。如“9+5”，在表盘上先拨 9 分钟，再拨 5 分钟。

教学机智源于经验积累，需要长久参悟后才会有灵光一现的机会。教学机智要根据学生的反馈信息智慧地展现。有这么一个案例：

在一节数学课上，教师正在讲平角内容。这时，一只麻雀突然飞进了教室，学生的目光一下子全部被麻雀吸引，教室内惊叫声、呼喊声连成一片，整个课堂全乱了。教师看了一下，发现课暂时没法上了，于是指挥学生把门窗打开，好不容易才让这个“不速之客”飞走。教室逐渐恢复平静，但学生的心境已经被麻雀扰乱。这不，还有几个学生盯着麻雀飞走的方向久久不愿收回目光。

如何马上进行教学呢？教师灵机一动，抛出一个问题：“孩子们，你们知道吗？麻雀的身上也有一个近似的平角。”

学生一下子愣住了：麻雀身上怎么会有平角？有的学生就猜是嘴巴。教师说：“既然是角，一定要有顶点。嘴巴如果是平角，顶点在哪呢？”

看着学生一头雾水的样子，教师快速地在黑板上画了一只麻雀的示意图，然后又问：“有没有人看过麻雀是怎么走路的？”

有的学生说是跳的，有的说是左脚一步右脚一步，大摇大摆地走。

教师不慌不忙地公布了答案：“麻雀只会跳，不会走。”

有的学生问为什么，教师故作神秘地说：“答案就在平角上。”

教师继续讲：“我们来看麻雀的‘膝关节’，它是胫骨与跗骨之间的联结，只能向后弯曲，不能向前伸直，无法完成向前单足行走。所以，它只能选择向前跳着‘走’。明白了吗？”学生异口同声地发出“噢，原来如此！”的感叹。

教师话锋一转，说：“现在你们知道这个近似的平角在哪了吧？我找一个同学上来画一画。”

课堂中麻雀的出现是一个负反馈，如果处理不好，会使这种意外的负效加倍。有经验的数学教师总是能把课堂上的一切意外及时而巧妙地转化为教育资源，这就是教育机智。

学生面对表扬和批评两种评价时会有不同的心境，产生不同的情绪，而不良的情绪和错误的态度会导向学生走向固定型思维模式。如果能够被正确引导，对批评有正确的认知，学会接纳并改变，他的思维模式就会向成长型思维方向偏移了一点、迈进了一步。

六、他人成功对我的成长有什么启示

许多家长在早晨孩子上学的时候，都会叮嘱：“上课一定要认真听老师讲课。”殊不知，当下的课堂早已经不是教师“一言堂”了。由于重视课堂主体间性和小组合作学习，课堂上的知识点乃至概念，都可能是由学生的嘴巴说出来的。因此，课堂上不能只听教师讲，还要听同学讲。

在课堂学习中，一些学生在做题和思维方面表现优秀，教师会给予积极的评价，这样这些学生就成了榜样。就一节课来说，全部听懂的学生、全部做对的学生，或者被教师表扬、作业得优的学生，都可以认为是当堂课上的成功者。成长型思维模式的人对他人成功表现出的态度是认可、赞许、欣赏、借鉴、学习，而固定型思维模式的人对他人成功表现出的态度是反对、否定、忌妒，进而怨恨甚至诽谤。

在数学课堂上，如何在面对他人成功时选择正确的策略呢？

（一）模仿学习

在低年级的数学学习中，模仿学习是经常见得到的。模仿学习最早是由美国心理学家多拉德（John Dollard）和米勒（Neal E. Miller）提出的，他们认为若观察者的行为与示范者的行为相一致，就是模仿。数学课堂上的模仿学习常用的有模仿语言、模仿操作、模仿练习过程三类。

1. 模仿语言

第一，模仿教师的语言。学生的语言学习都是从模仿中来的，方法就是不断重复，一开始是单个名词和概念的重复，后来是把这个名词用到了语句中。判断学生是否理解所说的词，就是看他会不会将其应用到情境语句中。特别是低年级学生，在他们学习数学的时候，教师要强调数学语言的培养。例如凑十法的教学，教师不能只看学生是否做对题目，而要关注他是怎么思考的。也就是说，要让学生把算理讲清楚。例如“9+6=15”，看学生是否能把其中的算理讲出来：

我是这样想的：把 6 分成 1 和 5，9 加 1 等于 10，10 加 5 等于 15，我是把 9 凑成 10 的。

我是这样想的：把 9 分成 5 和 4，4 加 6 等于 10，10 加 5 等于 15，我是把 6 凑成 10 的。

我是这样想的：把 9 分成 4 和 5，把 6 分成 5 和 1，5 加 5 等于 10，4 加 1 等于 5，10 加 5 等于 15，我是凑成两个 5 组成 10 的。

…………

第二，模仿同学的语言。教师的语言是成人化和概念化的语言，有时在表达某个专业数学用语的时候，学生会加入一些儿童化的语言，而这更容易被同龄的伙伴所接受。例如，在“9+6=15”另外一种算法处理的时候，有一个学生讲：“我是这样想的：9 可以看成 10 减 1，10 加 6 等于 16，16 减 1 等于 15。”教师及时地表扬了这种做法，并称之为“创新方法”。然后，教师提问第二个学生：“这种方法你想通了吗？你能不能也照他这样说一遍？我们能不能用这种方法来计算‘8+5’呢？”学生完成之后，教师再请他把算理说一遍，以检验他是否真的学会了这种方法。

模仿学习不是简单的“鹦鹉学舌”。在学生模仿他人语言时，教师一定要增加变式练习来检验学生是否真正理解了算理，就像上例。

第三，模仿课件视频或数学故事中主角的语言。当下的课堂有一种趋势，就是越来越依赖当代教育技术，这是智慧教学技术背景下课堂教学发展的应然选择。数学教师都是在讲解重点、突破难点的时候，更多地开始利用课件、利用数学故事、利用人工智能虚拟角色。这些新鲜的技术在帮助学生更加高效地学会数学知识的同时，也极大地提升了学生的学习兴趣。模仿课件或虚拟角色的动作和语言，就是新技术背景下诞生的新样态。如果真能促进学习，模仿也没什么不好。

2. 模仿操作

数学课上有一些知识内容需要学生动手操作，这对低年级学生来说是新的数学学习方式。鉴于不同学生在学习进度和感知能力上存在差异，其适应能力必然会有强弱。学生在此时的模仿学习就是操作模仿。例如，学习十几的数时，一开始要选用小棒摆一摆。认识 12 时，学生可能会连续摆出12根小棒。为了理解1个十，教师需要先拿出一捆小棒，让学生先数一数，然后问有几根，再告诉学生，这样10根是1捆，也可以把它叫作1个十。教师先用小棒摆出1个十，问“再摆几根才是12呢？”，然后引导学生意识到1捆加2根就是12。教师再摆一遍，让学生认真看，最后请学生也来摆一摆。

3. 模仿练习过程

有时候学生知道怎么做了，也把结果算对了，但因为过程书写时缺少关键步骤而被扣分。在这个时候，教师可以让学生模仿他人的做题过程，并告诉他为什么过程步骤不能省略，这样学生就知道如何正确而规范地做题了。例如，简便计算是通过数字优化，把和差积商变成整十整百的数，而不是做题过程、计算步骤的简化。例如：

$66\times93+93\times33+93$ $=93\times(66+33+1)$ $=93\times100$ $=9300$	$66\times93+93\times33+93$ $=93\times100$ $=9300$

通过对照不同的做题过程步骤，学生自然就意识到关键步骤不能缺少。虽然计算结果没有问题，却不能得到满分，这是因为思维的过程快于书写的过程。通过模仿，学生知道书写过程是思维的书面展现，其思维与书写之间的联结得到强化。

模仿学习也不是简单地照葫芦画瓢，特别是在小组学习时，模仿他人的计算过程一定要看懂后先自己默写，而不能一步一步地照着抄写。

小学生的学习大多先在模仿中学，然后才会过渡到独立学。

（二）独立学习

数学强调独立思考，一味地人云亦云是无法进行深度学习的。数学课堂的独立学习体现在两个方面：一是做练习和作业时要独立，二是小组思考时也要独立。

在学生做练习和作业时，教师一定要强调独立完成。所谓独立完成，就是不依赖教师和同伴，不参阅教材和书本，自己根据刚学的知识把练习题做出来。一开始为了强调独立性，教师对待做题出错的学生要宽容一些，特别是低年级学生。数学良好学习习惯的训练要一个时期有一个重点，要有规划，不能想到什么就训练什么。例如，下面是一位一年级数学教师为学生制订的上学期数学学习习惯培养进阶表：

表 4–1　数学学习习惯培养进阶表

月份	习惯养成要点
8	会使用卷笔刀削铅笔，能把碎屑扔进垃圾桶，或者会换自动铅笔芯。 会使用橡皮，能把字擦干净，不把纸擦破，不乱丢橡皮屑。 会整理文具，文具不用时知道将其放在铅笔盒内，并整齐摆好。 能够安静、专注地看书或听讲 20 分钟。 能够熟练地进行 20 以内的数数。 能够熟练而正确地控笔，会写自己的名字。
9	能够安静、专注地听讲 25 分钟以上，课堂上不分神、不做小动作、不玩文具。 文具摆放有序。 懂得上课的秩序，上课发言先举手，不随便插嘴。 会背诵 20 以内的加减法表。 数字书写工整，不歪、不斜、不倒。 回答问题时声音响亮，表达算理时思路清晰。 及时上交作业，作业不拖拉。 作业错了要订正，对错误有正确的认识，尽量不犯错，出错不畏错，知错就改。
10	能够安静、专注地听讲 30 分钟以上，课堂上做与学习有关的事情。 建立错题集。 学习复习，复习时能够回忆课堂学习内容的主要知识点。 会背诵 30 以内的加减法表。 算式书写整齐，等号长短一致并对准数字中间，加减号也对准数字中间。 会用“凑十法”进行 20 以内的加减练习。
11	能够安静、专注地听讲 35 分钟以上，养成课堂认真听讲的习惯。 学习预习，预习时能够了解将要学习的内容。 课堂上能够积极举手发言。 学习检查，养成自己对自己作业负责的态度，能够主动检查自己做过的题目，并且能够初步判断对错。 会表达算理，语言清晰。

（续表）

月份	习惯养成要点
12	能够认真地倾听其他同学的发言。 积极参与小组讨论和交流。 学会复习和检查，能不断地发现和改正做题的陋习，养成细心做作业的习惯。 会独立思考，能够独立做作业，并独立做有难度的题。 会联系生活实际学习数学。 学习识图，能够读懂数量关系图、线段图，会用线段图分析大小。
1	学会专注地听讲，知道不懂就问。 学会作业，知道对自己的作业负责，知道应该及时上交作业，知道主动检查和订正作业。 会复习，会利用错题集来纠正自己在学习上的不足。 能够应对各种形式的数学能力水平测试，能够随机应变。 解决问题时能够正确作答，正确使用单位名称，不丢三落四。 学习审题，知道题目中的条件和问题，会补充条件或问题。 能够进行简单的数学创新。

当学生在独立学习的时候遇到困难，教师要允许学生求助，例如求助教师、家长、同伴、教材、网络，但要求他们有一个独立解决的过程。待学生解决问题后，教师要引导学生反思学习过程，向他人或书本、网络学习。这是一种向标准和规范学习的过程，对于有成功经验的人，我们要虚心请教，这是一种态度。通过努力，我们每个人都可以成为成功者。

七、同伴学习

成长型思维模式强调独立学习，但不倡导组织涣散的个人英雄主义式的单干。成长型思维模式在强调独立学习时，也提倡小组合作学习。它倡导团队作战、集体冲锋，倡导大家手拉手地往前走，倡导共同体式的学习和成长方式。

数学课堂需要教师创造机会，使学生能够有在团队中学习的体验。

（一）小组合作学习

小组合作学习这种课堂学习形式在当下的课堂中之所以倍受重视，是因为实现了陶行知的教育理想——解放儿童。作为儿童主动性、能动性、民主性的体现，小组合作学习是课堂探究性学习的标配，课堂没有分组就难以搅活，没有讨论就缺乏生气，也就难以体现以生为本。虽然小组合作学习有利于培养学生的主动参与意识，有利于培养学生的合作能力、交流能力，但在小学，特别是低年级，小组合作学习这种形式还是要谨慎使用，因为它只有在充分准备的情况才有可能具有一定的效果。

教师在数学课堂上采用小组合作学习的形式时，要引导学生积极合作，同时注意让学生养成以下 4 个合作习惯，这样才能取得好的效果。

养成倾听的习惯。在小组活动刚开始的时候，很多学生经常都急于讲，没有人在听。这种现象一定要得到改观，否则学生在小组讨论时就会一个比一个声音高，乱而无序。要想使小组合作学习有序地进行，首先要解决倾听的问题。教师要让学生明白先听别人讲是一种礼貌，也是一种修养，更是一种学习。同时，边听边记，记下别人讲的重点；边听边想，想别人讲的与自己要讲的相同点和不同点。在小组合作学习时，组长要起到组织作用，发言时可以按组员序号发言，也可以由组长指定发言顺序。所有人都讲完后，组长要总结，一方面要总结讲的内容，分点整理好本组的观点，另一方面还要总结倾听情况，这样才利于养成倾听的习惯。

养成参与的习惯。大多数的小组都是按照均衡、异质的原则来组建的，这样带来的一个直接问题是，在小组合作学习时，资优生会“霸权”，掌握着话语权和优先操作权，而学习进度慢的学生很少能插得上嘴或插得上手，由此造成积极的更积极，活儿做不完，而另外一部分就被边缘化，变成“弱势群体”，参与小组事务的积极性受到挤压，失去了公平学习的机会。所以，在小组合作学习前，一定要有明确的机制，比如轮流发言、限制发言时间、动手时要合作、不能有人做着却有人看着，要让每个成员都有参与感，并把参与度作为小组活动的评价内容之一。鼓励所有学生在小组合作学习时积极参与，踊跃讨论，大胆地发表不同的意见。这才是成长型思维模式进步的体现。

养成分享的习惯。把自己的想法和做法积极地与人交流，想出了特别好的解题策略和不同的解法路径就要分享。尽量不保留自己的想法，敢于向权威质疑，鼓励讨论时各种思想能够碰撞出火花，也要积极地把小组的观点分享给全班同学和教师。下面是一份小组合作探究学习单：

小组编号		小组长	
小组成员			
探究题目	有一个大正方形，里面有一个小正方形和两个长方形。已知两个长方形的面积分别是 24 和 8，求小正方形的面积。 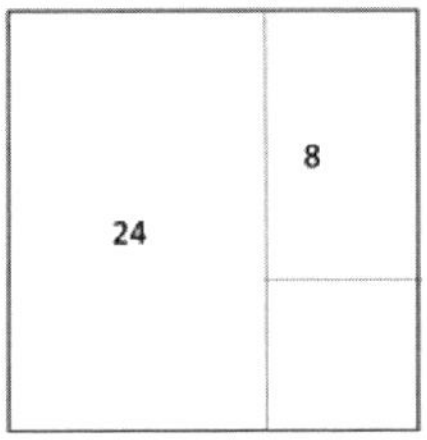 		
探究过程			

养成评价的习惯。小组评价的内容有两个方面：一是小组讨论、交流、活动的质量，二是成员个体在小组活动时的参与度、合作配合情况、倾听情况、操作情况，甚至安全规则执行与遵守情况等。小组评价的形式可以是自评、互评、组长评，根据实际情况灵活运用。以下是一个数学小组活动时的评价量规范例：

小组成员活动评价			
量规尺度	思路贡献度 1. 没有自己的想法 2. 积极提出自己的想法 3. 想办法帮助解决问题	讨论参与度 1. 对讨论无兴趣 2. 能倾听 3. 积极参与讨论	团队合作度 1. 不愿合作 2. 愿意配合他人 3. 懂得合作技巧
成员 1			
成员 2			
成员 3			
成员 4			

（二）建设成长型班级

课堂成长共同体有利于发挥集体的力量，促进共同体中每一个成员共同成长。但是组织不好，就会产生“课上共同体，课下散个体”的现象。

因此，在课堂成长共同体视域下，有必要建设成长型班级，以保证成长共同体在发展上的可持续性。

成长型班级会给学生安全感、尊重感和信任感。在这样的学习和成长环境中，学生能够健康无忧地生活，安心地完成学业。他们信任这个班级，信任班主任，信任其他教师，信任同学，信任班级公约，人和人之间的这种信任感使得他们可以无拘无束地生活，个性自由地发展。这个班级允许犯错、失误，允许困难和挫折的存在。这个班级是个集体，学生相信这个集体有无穷的力量，可以解决学习和生活中的困难与挫折。也就是说，这个班集体的行事规则也具有成长型思维模式的特征。

成长型班级中有许多的关系要理顺，其中起主要作用的是师生关系、同学关系和组织关系。

1. 建立良好的成长型师生关系

"亲其师，信其道。"成长型思维模式不排斥师生之间的亲和关系，相反更倡导师生关系和谐。这种和谐表现为一种信任：学生信任教师，教师也信任学生。如果想让学生养成成长型思维模式，并相信勇于克难、持之以恒会让他们的学习能力提升，那么学生必须要知道，教师相信他们能够做到。

如何建立良好的成长型师生关系？需要从以下三个方面着手：师生相互喜欢与尊重，师生相互信任与理解，师生相互支持与成长。

第一，师生相互喜欢与尊重。学生喜欢教师，就会很容易喜欢上他所执教的学科；学生尊重教师，就会敬畏这门学科的学习。教师要想得到学生的喜欢和尊重，必须有良好的师德、过硬的学科素养和灵活多变的教学方法。教师要喜欢学生，不能光喜欢他的考试分数，还要喜欢他们多元的个性。要喜欢他们多元的个性，就要了解他们多彩的生活，知道每一个学生的兴趣与爱好，知道他们的学习习惯和学习进度，知道他们的家庭情况与学习背景。对学生知道得越多，就越容易与他们建立和谐的师生关系，也越容易建立触景生情的教学情境，带给学生最有利于他们成长的实践体验。教师可以与学生寻找共同爱好，比如打乒乓球，师生同台，一下子就会拉近师生关系。

第二，师生相互信任与理解。在成长型班级中，班主任和其他教师要坚信学生能够面对困难和挫折，并且能够想办法来解决问题。同时，这种坚信还要让学生知道，这样就会形成相互信任。面对学生成长路中的曲折和坎坷，教师应宽容以待，应充分理解，并且相信他们能够走出泥潭、脱离困境。一旦他们走上通途，就意味着能力又提高了，成长又拔了一节。这些话不能放在心里，要当着学生的面用不同的语句讲出来，要让学生知道教师信任他们、理解他们，要让学生知道教师相信他们能够拔节生长，要让学生知道并看到他们真的在成长！在学期开始的时候，师生一定要通过团建、猜一猜等活动，做到互相了解。

第三，师生相互支持与成长。在教育活动中，师生需要相互倾听。学生要认真听取教师的反馈意见，并相信这是成长的一部分，或者说是成长过程中必然会遇到的，这样他们才会认真对待，才会以积极的姿态去回应这些反馈。反过来，教师也要认真听取学生的意见，特别是课下的意见，这样他们才能得到有效的反馈，从而改进和提升自己的教学水平。在这样的互动过程中，学生的成长依赖教师的支持，教师的成长依靠学生的反馈，从而形成了互构共生、互惠互利的成长型师生关系。具体措施有：与学生共进午餐、与学生同唱一首歌等，通过课下活动与学生对话，搜集反馈信息。

2. 建立良好的同学关系

同学关系是伙伴关系，同学是学习的伙伴，也是班级生活的伙伴，还是成长的伙伴。这种伙伴关系是伴随整个童年的。伙伴关系意味着，互相之间要亲如兄弟姐妹，互相尊重、互相帮助。良好的同学关系可以通过班队会、团建活动来构建。

同学关系是合作关系。不仅小组活动时需要合作，个体独立学习时也需要合作；不仅课堂上要合作，课后也要合作。比如在搞班级环境卫生的时候，通力合作才能做好。生活中也需要合作：今天你没带橡皮，我借给你；明天我需要草稿纸，你借给我。合作双赢，其乐融融。

同学关系是共情关系。除了学习上的联系以外，同学间在感情和情绪方面也是紧密联系在一起的。当一方有困难时，八方能够体会到，并提供支援。当一人获奖时，那应该是全班的荣誉，所有人都开心祝贺。当一个同学被批评时，全班都为他难过，并有人提供抚慰。这样的同学关系是有温度的，是感人的。

3. 建立良好的班级组织关系

成长型班级可以由若干个学习小组组成，这些小组应该与课堂上的学习小组一致，以避免“课上团结，课下分裂”，从而导致凝聚力分解。小组活动组织工作要从以下几个方面展开：

（1）健全组织机构。活动时，能够保证有人组织；讨论时，能够有人记录；汇报时，能够有人演讲；检查时，能够有人担当。

（2）即时管理学习。对伙伴的学习情况提供实时监督和帮助，把相关的作业情况、自习情况、预习情况即时反馈给组长和科代表，最后将其汇报给班主任。班主任负责对班级学习共同体进行管理、指导与评价。

（3）形成争先氛围。班主任要通过班队会与学生一起制订管理公约，并通过评价引导形成“比学赶帮”的班级学习氛围。这种学习氛围可以促进班级学习共同体成员不断地天天向上，并意识到班集体的整体进步是班级的荣耀，也是每个成员的成果与责任。

八、创新性学习

创新性学习就是指在学习过程中，学生可以自主创造新方法、新思路、新设计、新知识、新思想。学生通过创新性学习，最大的价值就是可以激发创新意识，培养创新能力。

几乎所有的学科都存在“创新土壤”，问题是“创新种子”在哪里？适合种子萌发的空气、温度、湿度等环境因素具备了多少？

数学课堂的“创新种子”就是发散思维、多元思维带来的无限可能性，像一题多解、多题共解、一题多做、排列组合、反证、极值与极阈、概率与可能性等。我们所需要的就是培植创新生态环境，营造创新生长氛围，激发创新灵感。所以，数学教师要充分发掘学习内容的创新可能性，给学生提供创新的机会。

数学课堂常见的创新教学片段列举如下。

（一）从不同的角度来审题

在小学数学题中，经典的一题两解就是相遇问题。如：

一列和谐号动车时速是 260 千米，一列复兴号高铁时速是 330 千米，它们同时从南京南站和上海虹桥站相对开出，半小时后在常州北站相遇，问南京南站到上海虹桥站之间距离是多少？

常规的解法是分别求出动车和高铁相遇时各自走了多少路程，然后两车的路程和就是沪宁两站之间的距离。列式如下：动车走的路程是 $260\times0.5=130$（千米），高铁走的路程是 $330\times0.5=165$（千米），两车走的路程和（即沪宁两站之间的距离）是 $130+165=295$（千米）

常规的解法是从分段路程的角度来看问题的，而下面的解法是从总速度的角度来看问题的：两车的总速度是 $260+330=590$（千米 / 时），总速度乘以时间就是总路程 $590\times0.5=295$（千米）。这种解法就是把两列车看成一列车。这个角度需要整体思维，是需要想象力的。

（二）用不同的方法来解决

在小学数学题中，常见的不同方法就是算术解法和方程解法。如：

五(1)班男女生各有20人，在六一公益捐献活动中，一共捐献了140图书，女生平均每人捐献了 4 本，问男生平均每人捐献了几本？

像这种难度不大的题，教师一定要鼓励学生用多种方法求解，并告诉他们，每多一种方法就多一种思维，就多一种创新。

算术解法：$(140-20\times4)\div20=3$（本）

方程解法：设男生平均每人捐献 x 本，有 4 种解法：

（1）$20x+20\times4=140$，$x=3$；

（2）$(x+4)\times20=140$，$x=3$；

（3）$140-20\times4=20x$，$x=3$；

（4）$140-20x=20\times4$，$x=3$。

那么多的解法已经让学生大开眼界，同时也让他们理解了不同解法的数量关系。

（三）用不同的思想来思考

同样是上题，还可以用不同的数学思想来求解。在不断地鼓励下，学生又冒出了一个新解法：$140\div20-4=3$（本）。

学生的解释是，因为男女生一样多，所以此题可按相遇问题的数量关系公式求解，即总路程 ÷ 相遇时间 = 速度和，速度和 - 甲的速度 = 乙的速度。

这样的解释算理充分，学生理解起来也不难，但教师还要让学生理解其中的数学思想——行程问题的思想。这样的学习就把数学知识融会贯通了。

教师可以进一步问学生还可以用什么思想来解决，学生自然会意识到，既然可以用行程问题的思想来解，也可以用工程问题的思想来解，算式同上，但数量关系发生了变化，即工作总量 ÷ 工作时间 = 工作速度和，工作速度和 - 甲的速度 = 乙的速度。

类似的总数、份数、每份数问题也是如此。虽然算式都一样，但它们的算理不同，可以理解为不同的解法。

（四）从不同的数学领域来分析

还是以上题为例。教师突发奇想，问学生可否用几何的方法来解题，学生一时面面相觑。

教师在黑板上画了一个长方形，说道："如图，这是一个游泳池，面积 140，泳道长 20，中间用浮标绳分成两个小长方形，其中一个小长方

形是浅水区，另一个是深水区。已知深水区的宽度是4，求浅水区的宽度。”

这样一来，学生感到非常惊奇，发现数字题真的转变为几何题了，他们的学习兴致一下子就高起来。

在做题的过程中，有学生发现数学题转换为几何题后变简单了，只要先用总面积除以总长度，就可以得到大长方形的宽度，又已知其中一段是4，另一段就能很快计算出来了。当然也可以先求出深水区长方形的面积，再求出浅水区长方形的面积，最后求浅水区长方形的宽，这样做也很好理解。

许多学生在反思的时候感叹，把数字题转换为几何题，好比做行程问题时画图一样，好理解多了。

通过这种数形创新转换，学生对数学的神奇之处有了进一步的理解。这样的数学学习就渐渐地接近了数学学科的本质属性了。

数学学习的成功者最擅于利用所学知识创造性地解决问题，也就是说，他们通常不满足于一种解法，而是会创新一些新的数学方法。向成功者学习，就是在他们的启示下借鉴他们的方法再创造，学习的是他们的创新精神。

第五章 数学学习中资优生与学困生成长型思维模式培养

数学课堂教学设计通常是以中间层次学生的学习进度为基准的，而分层教学和差异化教育理论又要求教师不能忽视另外两极的学生。这两极学生中的代表分别是资优生和学困生。他们的数学学习情况倍受一线教师的关注，针对他们的个性化教学显得尤为迫切。日常教学中把这部分工作叫作“培优济困”“提优补差”或“助优帮困”。在成长型思维模式视域下，这两极学生具有特殊性，需要单独地讨论差异化教学与成长型思维模式结合的问题。

一、数学学习难度与进度

在数学学习中，难度决定进度，进度是难度的具体体现。了解难度和进度可以帮助教师更有针对性地实施差异化教学。

（一）数学学习个体理解

数学知识的学习按照理解的容易度划分出不同的难度。从班级授课的角度来看，这个难度的划分依然以中间层次学生的学习水平为衡量标准，教学设计中的难点通常是教师根据这个标准来确定的。从学生个体学习的角度来看，其数学学习难度是不一致的，这是由于每个个体的认知能力和学习进度有差异。面对同样的数学知识，甲同学理解起来没有问题，即认为难度较小或没有难度，而乙同学理解起来相当费劲，即认为有难度或难度较大。分层教学就是在这样的背景下提出的。所以，数学教案中的重点可能只有一个，因为重点是从数学知识的角度来确定的，而难点不应该只有一个，因为难点是从学生理解的角度来确定的。

基于个体学习难度的不同，在学习同样的数学知识时，有的学生学得快，而有的学生学得吃力，进步缓慢。这个学习的快慢，就是学习进度。学习难度不同，每个人的学习进度也不同。

比如学习退位减，对于“借一当十”这个难点，有的学生对数学基本概念高位和低位理解到位，知道当低位不够减时，就向高位借“一”。这个“一”不是具体的数字 1，而是一个“单位”，这个单位与不够减的这个数位之间的进率是 10，所以叫作“借一当十”。学生在脑海里牢牢地建立和强化数位的概念后，对这类题的理解就不会有什么困难，即使出错，也能一下子找出原因并修正。而对于对数位概念不清的学生来说，他们不太明白为什么要借“一”、借的“一”为什么变成了“十”，因此时常借完“一”后，高位再减的时候没有去掉“一”，这会使数学学习变得顾此失彼、漏洞百出。这部分知识对他们来说，理解难度就较大。如果再不亡羊补牢，把相关的概念理解补到位，那么到了后面学习连续的退位时就更难以理解了，焦头烂额就是那时的学习表征。

成长型思维模式认为，只要努力，就可以克服困难，难度只是暂时的，进度慢不代表成绩差，只是学习进程需要放慢，等到相关知识储备足够后，就具备了追赶的能量。

（二）寻找适合自己的学习进度

数学教师要善于发现每个学生的学习进度，万不可用一把尺子来量所有学生，用一个目标来要求所有学生。统一作业、统一进度、统一要求是数学教学的误区，应当避开。

教师不仅自身要有发现不同学生学习进度的能力，也要让学生具有这样的能力。引导并帮助学生发现自身的学习进度是一项必要的工作，却被许多数学教师所忽视。学生习惯于横向对比，用自己的进度与其他人比，当发现别人学得快时，会产生焦虑；当发现自己比别人学得快时，会自满。数学学习中的这两种情绪都应被关注。

如何引导学生发现自己的学习进度？从目标入手，用结果反思。

在进行学习目标设计时，教师既要注意目标详细化和清晰化，又要注意分层设计。理论上，一个班级有多少学生就有多少个层次，但实际教学中不可能设计那么多的目标，通常实用的做法是将目标分成3个层次，即基础层次、中间层次和拓展层次。

中间层次就是课标中的基本要求，是大多数学生都要达成的层次。基础层次是中间层次的缩减版本，但又涉及必须要掌握的核心概念，这是为数学学习进度较慢的学生设计的目标。拓展层次就是在中间层次上有所拓宽和提高，以满足数学学习进度超快的学生需求。教师可以在学习前让学生选择，询问他们“你觉得你能达到什么样的目标？”，也可以引导学生根据自身的学习情况随时调整学习目标：感觉学习轻松时可以升级一个层次，感觉学习吃力时可以降低一个层次。

下面来看看“和的奇偶性”的分层目标设计：

学生层次	分层目标
基础层次	1. 学会综合理解自然数的特征。 2. 经历观察、实验、猜想、证明、综合实践的体验学习活动，学会发现数学研究对象及其关系与规律。 3. 在参与数学活动中，发展合情推理和演绎推理能力。
中间层次	1. 学会综合理解自然数的特征，能运用其深刻地分析自然数的内在规律。 2. 经历观察、实验、猜想、证明、综合实践的体验学习活动，学会发现数学研究对象及其关系与规律，通过运算或推理解决问题，形成与发展符号意识、推理意识和初步的应用意识。 3. 在参与数学活动中，发展合情推理和演绎推理能力，学会清晰地表达自己的想法。
拓展层次	1. 能运用其深刻地分析自然数的内在规律并灵活解题。 2. 通过运算或推理解决问题，形成与发展符号意识、推理意识和应用意识，并能举一反三。 3. 发展合情推理和演绎推理能力，学会清晰地表达自己的想法，并不断地开放自己的思维。

教案主要围绕中间层次学生确定目标，组织教学活动，安排教学环节，推进教学步骤。如果用所谓的“抓两头”思想来设计教案，不仅难以观照大多数学生，而且这样的教案难以实施。课堂教学要求面向全体，

有教无类。那么如何做到“抓中间促两头”呢？最好的路径就是分层教学，这又牵扯到小组合作学习的问题。从分层教学和学习快慢的角度来看，合作学习的分组建议同质分组。

对学习结果的反思，可以让学生准确地认清自己的学习进度。目标选择与达成相一致时，这就是自己的学习进度要求；学习结果比预想的要好，则是因为缺乏自信而在学习目标选择时有所保留，因此学习进度可以再快点儿；通过学习，发现选择的目标没有达成，则需要调整学习进度。

确定学习进度就是确定学习节奏，选择适合自己的学习节奏才是最好的学习方式。就像长跑，要按自己的节奏来跑，如果盲目地跟着别人的节奏跑，不仅会打乱自己的节奏，还会耗费大量的体能，效果不会是最优的。这就是好多运动员比赛完后感觉没有完全发挥出自己真实水平的原因之一。学习也是这个样子，有的学生适合“大步快跑”，有的学生适合“小步慢走”。像芬兰等一些国家的学校，其数学学习就是按进度来分班的，这就是尊重数学学习的科学规律的体现；我国有些学校是在课外把学生按学习进度进行差异化辅导的，两者异曲同工。

二、数学资优生与学困生的界定

按照数学学习进度来给学生分层。粗略的分层通常都分为超进度、适合进度和慢进度 3 个层次，它们分别对应的学生就是数学学习资优生、数学学习中间层次生和数学学习暂时困难学生。

（一）资优生的界定

从广义上说，资优生是指具有某种技能或特长的学生或学生群体；从狭义上说，资优生是指智商较高、成绩优秀、思维活跃、具有潜在优秀特质的学生。

学科资优生通常是具有良好的行为习惯、优秀的学习品质、较强的思维能力和学科成绩均明显高于同龄和同学段其他同学的学生。这部分学生通常也被叫作“某某科特长生”。

数学学科资优生需要同时具备 4 个条件：浓厚的数学兴趣、严密的数理思维、较强的创新潜能、优异的数学成绩。

第一，数学资优生都有着浓厚的数学兴趣。他们看到数学题就兴奋，听到数学话题就着迷。他们崇拜数学家，他们羡慕数学比赛获奖的学生，他们甚至能把自己的数学教师当作偶像。每学期开学初拿到新课本的时候，他们会打开数学书如饥似渴地读起来。每节数学课他们都很期待，期待着教师快快开讲，期待着点名自己，期待着回答问题和展示自己的思考结果，期待着解决问题，期待着创新方法。他们在课堂上非常专注，目不转睛地看教师的操作与演算，全神贯注地听教师在讲什么或漏讲什么，聚精会神地想为什么是这样而不是那样。在课外，他们喜欢订阅数学报刊，喜欢阅读数学科普书，甚至独自学习高年级的数学内容。他们这么做不为别的，只为满足自己对数学的好奇心。

第二，数学资优生都有着严密的数理思维。数理思维是指用数学的方法来解决生活和学习问题。它是一个综合概念，包括抽象思维、逻辑思维、批判思维、系统思维，还包括认知能力、分析能力、探究能力，以及特有的数学思想，如转化思想、假设思想、类比思想、集合思想、数形结合思想等。他们在学习中不仅能够牢固掌握这些数学学习方法，还能够活学活用、机智多变。当一条解题思路受阻时，能够马上转向，从另外一条途径再寻方法。在表达解题过程和方法时，能够步步为营、稳扎稳打，演进有序、推理有据，考虑周全、无懈可击。

第三，数学资优生都有着较强的创新潜能。创新思考方法和解题方法是数学学习中最常见的创新能力表征之一。数学资优生除了在这两个方面表现突出外，还会时不时表现出创新潜质，那就是敢想敢干，敢于突破、批判、质疑，有想象力，能另辟蹊径地思考问题，虽然没有答案，但是会大胆地把思路表达出来。

第四，数学资优生都有着优异的数学成绩。数学成绩不单单是试卷分数，它应该是良好的学习习惯、较强的学习力、优秀的思维品质和平时成绩的综合反映。

从成长型思维模式的角度来看，数学资优生不是天生的，而是通过后天的勤奋努力并掌握了正确的方法，才取得了优异的成绩。研究表明，拥有成长型思维模式的人，学习数学通常都会取得好成绩。

（二）学困生的界定

学困生顾名思义就是学习困难的学生，学习进度明显比同龄或同学段其他同学慢的学生，通常这类学生也称为“后进生”“潜能生”“基础薄弱生”，但不应该被称为“差生”，这在实际工作和交流中一定要杜绝。

从成长型思维模式的角度来看，对于数学学习困难的学生，准确的描述应该是“数学学习暂时困难的学生”。为叙述方便，本书统一用“数学学困生”来称呼。

数学学困生的表现聚焦在4个方面：对数学学习兴趣不大、行为习惯不合规范、数学理解能力迟缓、数学成绩排名靠后。

数学学困生在数学学习上首先遇到的困难就是对数学学习兴趣太低或者没有兴趣。这些学生在数学课堂上无精打采，不愿意听讲，不愿意思考，被动地做题，被动地订正，与人交流不发表意见，甚至对数学课有抵触情绪，不听、不讲、不思、不做。有些数学学困生对语文等学科学得很好，但数学学得很一般，说明他们的智力和学习力都没有太大问题，只是对数学学习兴致不高。可能的原因有：在某次数学测试中考得差了点，家长和教师不能理解，给予了批评和指责，并提出了过高的要求；喜欢的数学教师被调走了，或对某位数学教师有意见或不喜欢，从而不喜欢这门学科；数学作业太多，导致负担太重，引起心理不适；大脑相应皮层的激活较慢，心智发展尚不成熟，数理逻辑思维能力落后于同龄人或同学段其他同学，课堂反应总是慢半拍，多次的负面强化导致恶性循环；受同学或同伴有意或无意的嘲讽；语文学习进度也慢，语言发展迟缓，对文字、语句和情境描述不能完全理解，导致弄不懂题意；所在班级或家庭出了问题，曾经受到某种精神打击或心理暗示，不能独立走出心理阴影和至暗时刻，从而心情郁结……

数学学困生的学习行为习惯通常存在较多问题，集中表现为被动和拖延。例如：该预习的没有预习，该做作业时总是有借口；上课时听讲不能专注，注意力很容易分散，小动作特别多，一会儿转转铅笔，一会儿玩玩橡皮，一会儿戳戳别人；写算式时丢三落四，经常看错数字，写了擦，擦了写；看到题就动笔，写出来再说，不管对错，对自己作业不负责任，认为应该是教师和家长对自己的学习负责；从不认真审题，读题只读一遍。遇到有难度的题，要么不做，要么求助，不会主动、独立地思考和努力。在家学习时一会儿找铅笔，一会儿喝水，一会儿上厕所，一会儿取快递，除了作业，其他的事儿都做了个遍；能拖则拖，能不做则不做；活动时从来把作业和学习抛到九霄云外，若没有提醒就不会主动想到。所谓冰冻三尺非一日之寒，学习习惯差一定是长期积累的，因此修正起来也是长期的，而且是艰巨的。

数学学困生通常对书面语言和口头语言的理解能力较差。因此，听的时候，要么听不懂，不知道教师在说什么；要么一知半解，以为自己搞懂了，相当自信；要么反应慢，等到弄懂了，又不知道教师讲到了哪儿；要么干脆就不听了，反正也听不懂。在独立做题的时候，对书面语言理解起来也有难度，要么对某个词儿不解，要么对某个句子不明白。总之，他们总是审题时断断续续，表达时结结巴巴。这类学困生心智发展尚未达到数学学习的基本要求，再加上平时与人交流时间过短和机会过少，或者每次交流都很随便，没法形成语境积累，其理解力从而变得薄弱。这样的学生不仅数学等理科学不好，文科学习也会障碍重重。

数学学困生的数学成绩都较差，这是学困生的显著特征。造成学生数学学习成绩差的原因有很多：有的是认知能力滞后发展；如果认知能力没有问题，十有八九就是学习态度有问题；如果学习态度也没问题，那就是学习习惯存在问题。要帮助学困生走出困境，一定要先找到其中的原因，看看到底是心理的原因、还是学习能力和学习习惯的原因。

三、数学资优生成长型思维模式培养策略

数学资优生的培养是一个系统工程，牵扯到培养机制、课程、课堂分层及课后辅导方方面面。本节重点讨论如何培养数学资优生的成长型思维模式。

（一）在课内提升

在课堂上，教师不太可能专门为数学资优生建立一个单独的时空和教学模式，唯一可操作的就是做好分层教学，在分层的时空里给资优生拓展提升的路径。这样的路径不是“羊肠小道”，不是做几道题目，而是要系统思维、综合考虑。这个资优生成长型思维模式的培养系统，可以用“优学课堂”来概括。

“优学课堂”是专为数学资优生量身定制的课堂生态，它以学生为本，从资优生学习的角度进行切入和创新。它包含以下“六优”环节：优量学情、优深学标、优选学材、优化学程、优润学法、优育学绩。

一是优量学情。在日常教学中，针对数学资优生的专项学情分析一般会被忽略，而针对学困生的学情分析可能很具体。这主要是因为，教师在学情分析时有一种潜意识，就是学生会的不分析，学得优的不担心。正是这种心理致使数学资优生的学情分析被漠视，因为教师总觉得他们教和不教都懂，学和不学都会，考和不考都优。这导致课堂上数学资优生的差异化教学长期不被重视，使得他们长期处于“隐性饥饿”的状态。数学资优生在课堂上通常是不需要教师关心的一族，他们的成长状态基本上就是“放散牛”“望天收”。基于这样的现象，数学教师应该有一个清醒的认识和清晰的思路，要重视课堂上数学资优生的差异化教学，在学情分析的时候就要有对数学资优生的专项分析。通过分析可能会发现，数学资优生的学情其实也很复杂，不像我们想象的那么简单。对数学资优生的学情分析内容可以宽泛一些，不能只盯着他们的思维反应快和答题准确率高，还要分析他们的学习习惯、交际互动、人格修养、心理品质等等，要做一个全面的学情分析。

二是优深学标。分层教学要求教师在制订教学目标时应该分层表述。教学目标至少应该有3个层次，即学困生目标、中间生目标和资优生目标，而如果每个层次的目标再分基础知识、基本技能、基本思想和基本活动经验4个目标来写，这样就应该至少有12个目标。每一个维度上的目标都能看出由浅入深、从低到高的层次性。所以，真正的分层教学其教学目标的表达方式应该是表格式、网格化的。给数学资优生制订个性化教学目标，要紧密联系上面的学情分析，制定出切合实际、全面的教育教学目标。有了目标，才有努力的方向，才有行动步伐的迈出。

三是优选学材。给数学资优生选择学习内容，不是空降“奥数”，而是应该结合本节课所学内容，进行适度的拓宽、拔高和增厚。

拓宽是知识要求，即在课标知识要求的基础上，选择一些可以拓宽数学资优生视野的内容，让他们开眼界、长见识。给他们补充一些“数学微量元素”，缓解“隐性饥饿”，尽量“营养均衡”，而且从低年级开始就要着手做，因为低年级也有数学资优生，他们同样面临“吃不饱”的问题。知识内容不一定全部是题目，也可以是数学拓展阅读。例如，在学习完整百整千整万的加法后，教师可以让先做完作业的学生阅读以下小品《还钱》：

> 话说唐僧师徒四人取经回来后，猪八戒在高老庄开了个饭馆，赚了一些钱。牛魔王知道后，也想干点实事，发家致富。
>
> 他在火焰山转来转去，看到眼前和身后光秃秃的荒山，决定开辟果园，种植果树，想着将来果树丰收了，应该可以赚到钱。
>
> 果园前期投入需要一些资金，于是牛魔王向猪八戒借了10万元用来购买果树苗。念于昔日感情，猪八戒爽快地借给了他，并且免除了利息。牛魔王千恩万谢，说：“三年后，一定返还！”
>
> 三年来，牛魔王一家三口开山辟地、植树造林、风餐露宿、披星戴月。皇天不负有心人，火焰山果园终于有了收成，他赚了一笔钱。
>
> 铁扇公主对牛魔王说：“牛王，你借猪大哥的钱也快到期了，你去把

钱还了吧。"

牛魔王说："好！"

腊月初一，天还没亮，趁着月色，牛魔王骑着青牛牌摩托车就出发了。

路过流沙河，牛魔王看到沙僧开了一间酒坊，于是就买了两桶。

到了高老庄，好友相见分外高兴，猪八戒为牛魔王摆宴接风。

酒足饭饱之后，牛魔王说："我要把借你的 10 万元还给你。"于是牛魔王掏出了手机，发现猴王银行一次最多只能转 5 万元，于是他就先转了 5 万，猪八戒说收到。

第二次再转的时候，牛魔王发现卡里余额只剩 4.3 万元，就对猪八戒说："不好意思，卡里钱差点儿，只好先给你转 4.3 万元。"猪八戒说可以，剩下的就算了吧。

此时牛魔王的酒劲已经上来了，他说："今天无论如何也要把……把账还清。5 万加 4.3 万是 9.3 万，还差你 700，我马上让老婆转过来。"

于是，牛魔王给铁扇公主打电话："老婆，我这钱不够还了，我……我路上买酒花了 700，你抓紧给我转过来。"

牛魔王的手机嘀嗒一响，700 元到账了。牛魔王一看，铁扇公主是从微信把钱转过来的，于是就对猪八戒说："加个微信吧，我通过微信转给你，可好？"猪八戒说好。

微信转账后，牛魔王说："借你的钱，全清了。"

猪八戒说："9.3 万加 700 正好 10 万，清了。来，再喝一碗！"

牛魔王这时舌头已经打转了，说："不能再喝了，再喝我就酒驾了。走了，走了。"于是他摇摇晃晃地推着摩托就回家了……

这个小品里的数学知识与课堂学习内容有关联，可以拓宽学生的一些认识。学生会从中发现有一些错误，其中的数学错误资源属于知识上的拓宽，其他错误资源，有属于科学上的，有属于人文上的，都是为了拓宽资优生的视野，而且这种拓宽是全方位的，不局限在数学领域中。甚至可以续编这个小品，这能较好地锻炼学生各方面的思维能力。

拔高是能力要求，即在原有目标能力要求的基础上进行适度提高。可以选择一些高于基础水平的变式题目，以满足数学资优生的关键能力要求。这些拔高的题也可以分层，例如学习完平行四边形面积之后，教师给出两道拔高题如下：

挑战 1：

河道中有一个养鱼的正方形网箱，水面周长是 16 米。一次洪水过后，这个正方形网箱的水面被流水挤压成了一个平行四边形，经过测量和计算，发现水面的面积减少了 6 平方米，问这个平行四边形的高是多少米？

挑战 2：

在一条等宽的河道中，从上游漂来了两块有一个点连在一起的草垫（如图阴影部分）。只能测量河道一边草垫的长度，发现它们相等，能不能准确分清两块草垫浮在水面的大小？你的依据是什么？

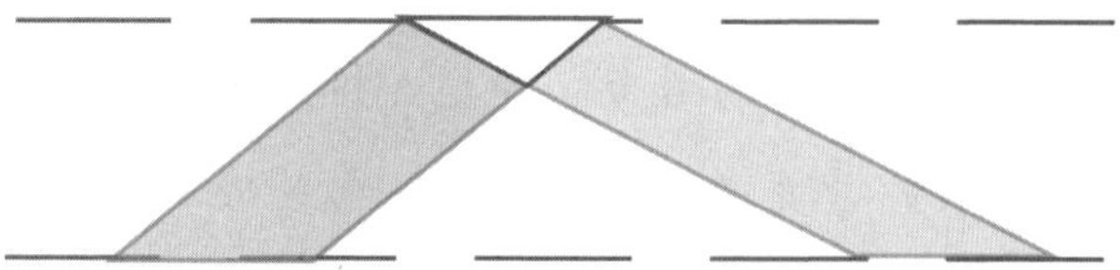

在挑战 1 中，当图形周长一定时，围成不同的形状，面积是不等的。本题除了用到了平行四边形面积的知识外，还用到了正方形周长与面积的知识，因此需要综合运用新旧知识，考查的是学生的综合分析、综合应用能力。这样就比单一求解平行四边形面积或底、高要求的能力高一些。

在挑战 2 中，虽然没有计算，但对学生的识图能力、观察能力、分析能力、图形割补与代换能力是一个挑战，能力要求更高一些。但此题的解决方案仍然涉及平行四边形面积这个基础知识。

增厚是数学核心素养要求，即在原有的三维目标的基础上，考虑数学学科核心素养，增加一些可以提升学生创新能力、人文责任和数学思想的练习题。这类题的要求就比较高。例如，在学习完用割补法来推导平行四边形面积后，教师给学生这样一道题：

快餐店切了一块手抓饼，是一个不规则的三角形。如何通过不同的割补方法求出这块饼的面积？如果你是顾客，你希望店家切成几份？如果你是店家，你会在切割上给顾客怎样的建议？

此题本质上是要求学生用割补法来研究三角形面积。由于这是一道思维发散题，一般的学生只能想到一两种解题方法，而数学资优生可以想到多种解题方法：

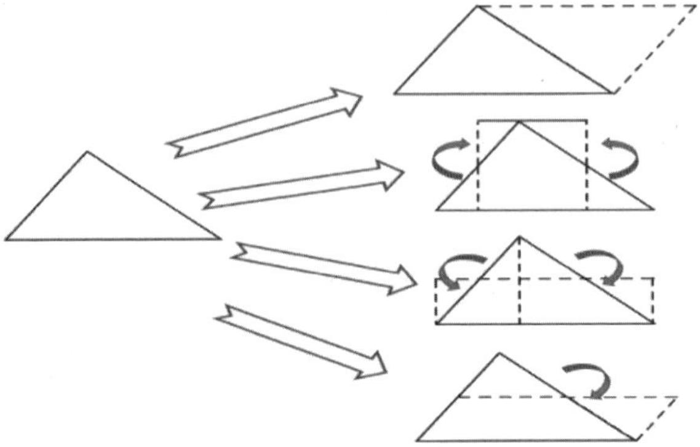

$S_{\triangle}=a\times h\div 2$

$S_{\triangle}=\frac{1}{2}a\times h$

$S_{\triangle}=a\times\frac{1}{2}h$

$S_{\triangle}=a\times\frac{1}{2}h$

此例中数学知识和能力的考查已经是一种知识综合运用的考查，但后面的两问则需要从数学美感、切割简便、包装成本、个性表达等方面来考虑，这就是数学综合素养的要求。经过这样的长期练习后，学生的核心素养厚度就会增加。

四是优化学程。教学过程要考虑数学资优生的发展。如何既照顾到中间群体，又照顾到两头？分层教学是常用的方法。分层教学中如何观照数学资优生？简单来讲，就是在教学的各个环节中给资优生留下足够的发挥空间。导入环节可以让资优生“穿针引线”，因为当大家还看得一头雾水的时候，资优生通常能够透过现象看本质，抓住情境的核心，提炼出数学问题。新授的时候，遇到思维滞塞、山穷水尽之时，可以询问资优生的看法或想法，说不定峰回路转、柳暗花明；练习的时候，更要给资优生提供新鲜的学习材料，供他们拓宽眼界、提升能力、增加数学核心素养的厚度和强度。例如，在教学分小数时，当学生动手创造了两位小数和三位小数之后，许多数学教师就把完整数系和十进制一提而过。事实上，此处学程可以优化。以下举一例说明：

数形结合，构建数的体系

1. 动态演示，构建完整的数系

课件动态演示：

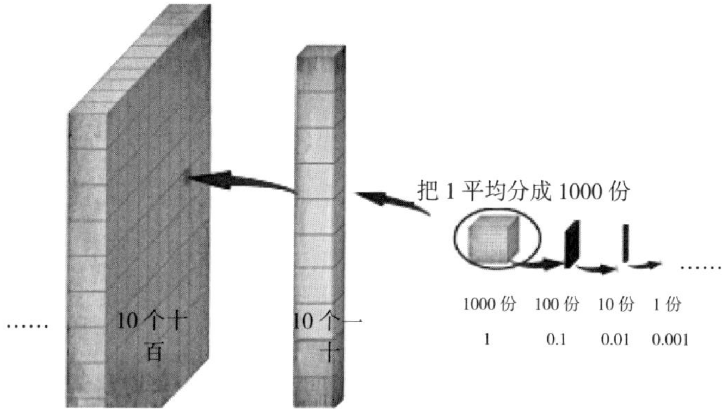

（1）谈话：看完视频，你想说些什么？

（2）交流：我们发现小数的这些“数数”的单位 0.1、0.01、0.001 等，就是把“1”不断地均分，而整数的“数数”单位个、十、百等，就是把 1 不断地乘 10 累积起来，而且“1”可以不断地均分和累积下去。（板书：累积　均分）

【设计意图】小数的本质是整数的反向延续，都是十进制数，是以“1”作为基本单位，向大小两个方向延伸，就得到了整数和小数。为了让学生更直观地理解小数与整数之间的关系，教师借助动画把正方体作为单位“1”向右延伸，把“1”均分成 10 份，其中一份就是 0.1，再把 0.1 均分成 10 份，其中一份就是 0.01，再向左依次累积，10 个一就是 1 个十，10 个十是一个百……学生对小数以“1”为基本单位向大小两个方向延伸的认识是需要逐渐了解和积累的，特别是向小方向延伸下去，这个过程是非常抽象的，理解起来是困难的。所以教师先借助猎物结绳计数，让学生直观地感知“累积”与“均分”的过程，再借助正方体模型动画演示“均分”与“累积”，从熟知的事物到具体的模型，从直观到抽象，使学生在原有的思维水平上得到延伸和拓展。

2. 结绳计数，理解十进位值制

（1）提问：在不断地“数数”中，从“整数”数到了“小数”，我们从结绳上看一看数了多少呢？如果继续像这样计数，岂不要打很大很大的结和很小很小的结吗？

抛出问题后，教师让学生思考一会，然后动态演示“把结绳竖起来”。

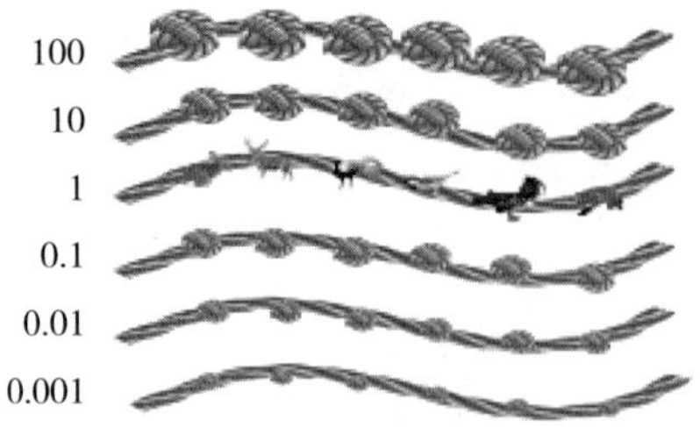

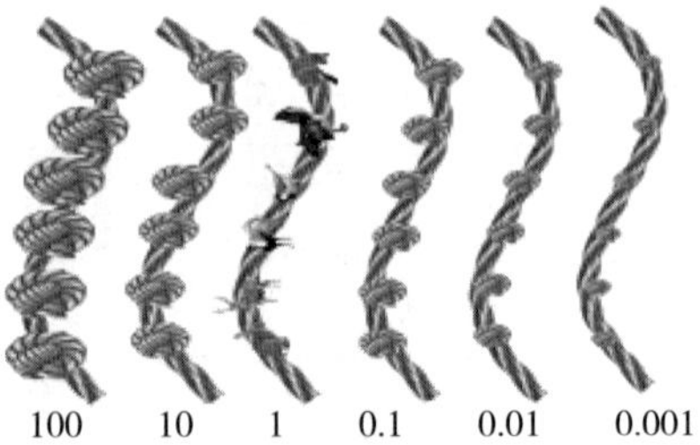

生 1：竖起来有点像计数器。

生 2：竖起来就不用大小结来区分了，它们都有各自的数位了。

（2）追问：这每根结绳上的 6 分别表示的意思相同吗？谁能解释一下每一个 6？

在学生汇报交流每一个 6 各自表示什么意思的同时，教师引导学生思考：6 个 1 在个位上、6 个 10 在十位上、6 个 100 在百位上，那么 6 个 0.1、6 个 0.01 等在什么数位上呢？交流的同时在每根结绳的下面标上数位，并且把结绳变直。

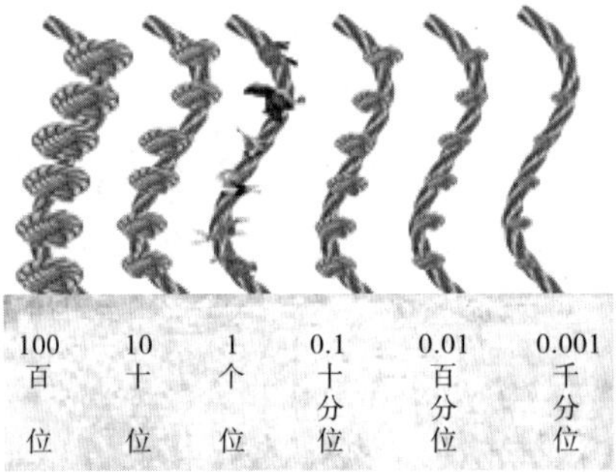

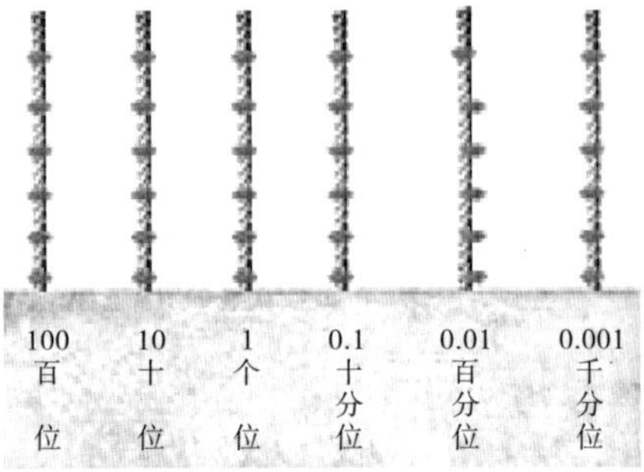

（3）小结：有了数位真好，同样的数在不同的数位上表示的大小不一样，再也不需要用大小结来区分了！同时我们发现满十进一、退一当十。这就是我国发明的“十进位值制”。

【设计意图】如何让学生对抽象的十进制和位值制思想的感知更直观、更具体？计数器是解决这一问题的极好载体。在了解了相关数学史的基础上再创造，教师从一开始让学生在不同的结绳上用不同的结来表示不同的 6，当把打满结的 6 根结绳竖起来时，学生想到了计数器。666.666 在结绳上以大小不一的结呈现出来，当它转换成计数器后，学生意识到只要有不同的数位，同样的结、同样的数字在不同的数位上表示的意义是不同的。从横着的结绳计数到竖着的结绳计数，从大小不一的结到同样大小的结，这样类似于变魔术一样的动画演示意在更直观、更具体地借助“计数器”这个有形的十进制工具，突出位值制的重要性，并且对小学阶段数位进行完整的梳理，使整数部分和小数部分形成一个完整的数位顺序表，让学生对十进制计数法有了更清晰的认识。

——节选自朱国军《本源性教学，让小数更有意义》(收入本书时有改动)

五是优润学法。用平庸的方法只会教出来平庸的学生，用智慧的方法才可以教出智慧的学生，这说的就是方法的重要性。同样一个知识点，不同的教师有不同的教法。哪种教法好，众说纷纭：有人说，从“少教多学，精讲多练”的角度来看，谁讲得精要，谁的教法就好；有人说，从效率的角度来看，谁能把学生教会，谁的教法就好；有人说，从教育美学的角度来看，更具艺术性的教法更好；有人说，从学为主体的角度来看，谁在教学生学，并且学生学会了数学知识和数学方法，谁的教法就好……

教是为了不教。新课改一个基本的理念就是转变教学观，从“教为中心”逐步向“学为中心”过渡，落实教学改革的战略重心转移。所以，研究教法的核心应该是研究学法。

数学资优生学法培养遵循“润物无声”的原则，讲究艺术性，追求创新性，成就综合性。万不可把教师的思维全盘托给学生，用教师的思维取代学生的思维。那种把教师的思路和解法直白地告诉数学资优生，是最不恰当的做法，无异于扼杀天才、误人子弟。因为这样培养出来的是善于刷题的应试资优生，而不是真正意义上的资优生。让数学资优生的学法精进而有灵性，应该是给他们无限的可能性，让他们自己去探究。在数学教学中，教师要注重引导学生充分感知，注重引导学生多向思考，注重引导学生深度探究。例如：

教学“梯形的面积”（苏教版《数学五年级上册》）时，由于学生已经学习了平行四边形的面积、三角形的面积等内容，因此教师要拓展证据的广度，不仅可以引导学生将梯形转化成平行四边形，而且可以引导学生将梯形转化成三角形、长方形等；可以变换证据推理的角度，比如引导学生采用各种方式方法进行推理，如剪拼法、倍拼法、分割法等；可以提高证据推理的深度，如不仅引导学生积极猜想，而且引导学生通过实验验证，并将转化前后的图形进行比较，等等。在运用证据进行推理的过程中，证据材料侧重于积累，其主要表征证据“是什么”的广度问题；论证方式侧重于思考、探究，其主要表征证据“怎样推”的问题；证据反思侧重于反馈、评价，其主要表征证据“为什么这样推”的问题。解决好证据材料、论证方式以及论证反馈、评价等问题，学生的数学学习就能真正走向实证。

通过证据的定位，学生会对数学学习有一个科学、合理的预期，学生的数学学习“学而有向”“学而有据”“学而有理”。基于证据准备的视角，教师可以设计具有挑战性的问题，可以提供可操作的工具，从而对证据进行广角扫描。对于学生的证据，教师应当充分地尊重，引导学生“用证据说话”“用证据学习”。只要学生有证据，就应当鼓励学生据理力争，鼓励学生不唯书、不唯上、不唯师，从而让学生能展开有理有据的思考、探究。

——节选自朱国军《证据推理让学生的数学学习走向深刻》

重视证据，这是数学自身的魅力。这需要学生体会，同时教师要引导学生反思学法，体会数学学法之妙、之美。

分层教学不同于分组教学。在分组的时候，大多数教师都会采用异质分组，但对资优生的分层教学来说，同质分组更利于在同一个层次和平台上讨论问题。例如上例中，这道题可探究的内容远不止这些，有的资优生还发现了“盈虚”，如果能够有同伴就此讨论中国古代文化与数学思想，岂非乐哉？把资优生分成一个组，一定要先建立他们的成长型思维模式，特别是其中的对待他人成功的态度要正确，这是一个关键枢纽。从中也可以进一步证实：成长型思维模式对数学资优生的培养乃至数学分层学习和同伴学习有至关重要的作用。

六是优育学绩。数学资优生一个显著的特征就是数学成绩好，这个成绩在日常学习中被窄化为分数。岂知数学成绩不该被分数取代，而正确的成绩观应该指向数学核心素养。数学核心素养就是新课标中的“三会”，即会用数学的眼光观察现实世界，会用数学的思维思考现实世界，会用数学的语言表达现实世界，具体表现为数感、量感、符号意识、运算能力、几何直观、空间观念、推理意识、数据意识、模型意识、应用意识、创新意识。这些方面可以通过练习与测试这种定量测量方法鉴别出来，也可以通过课堂表现和平时活动进行定性考查。但是评价不是目的，而是育人的手段。正如课标中所讲：“发挥评价的育人导向作用，坚持以评促学、以评促教。”

以评促学，对数学资优生来说，就是要坚持以定性评价为主。这就需要数学教师在教学活动中发现资优生核心素养方面的价值闪光点并对其进行表扬，发现核心素养方面的短板并对其进行提醒和弥补。核心素养中的经验意识等，可以在数学课堂中的虚拟情境中感受到，但更多的要在生活和数学活动中进行体验，这时候也要重视对资优生的评价。评价用好了，才能培养出在核心素养和成长型思维模式方面均较突出的数学资优生。

（二）在课外拓展

数学资优生的培养光靠课堂是不够的，利用课外第二课堂对资优生进行培训是一些学校的做法。如何用好第二课堂这块阵地？不能东一榔头西一棒子，要有系统性，才能促其可持续发展。课外培养需要建立三个体系：一是数学资优生的梯队建设及选拔体系，二是数学校本课程体系，三是竞赛体系。

数学资优生的课外辅导以打开创新思路为主，不能以刷题为主。打开思路就是要敢于突破传统的思维框架。一个经典案例就是“4 线连 9 点”（如图 5-1 所示）。如果仅限在 9 点之内想办法，就会被“框”住了，是没办法解决这个问题的。因此，只有把线延长，突破九宫点，才可能解决这个问题。

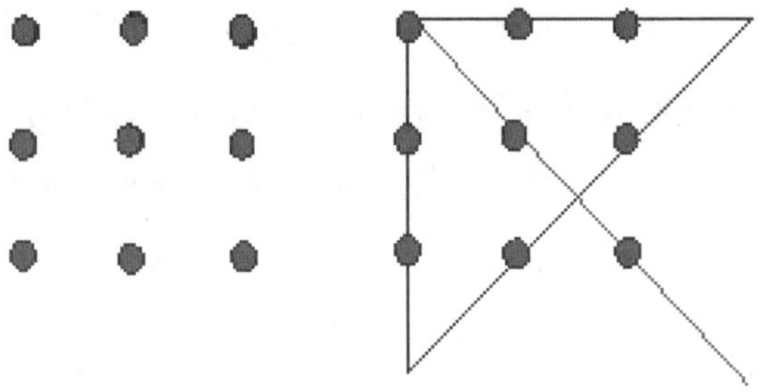

图5-1 “4线连9点”案例

所以说，“4 线连 9 点”已经不是一道单纯的数学题了，它通常被用来进行创新思维训练，从而告诉人们要打破常规。

类似的迁移训练题还有：

如图，两个小正方形组成一个长方形，对角线长度是 5 厘米，求长方形的面积？

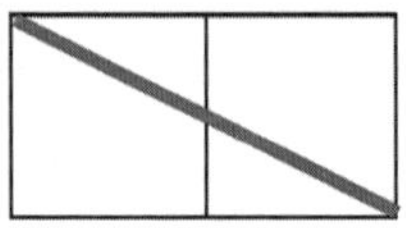

初看之下，觉得这道题只能用方程解，而解出的数值还不一定是有理数，因此有人断定，这道题小学生解不出来。而如果像上题一样，敢于突破，问题就可以转化为小学生可以理解的方式：

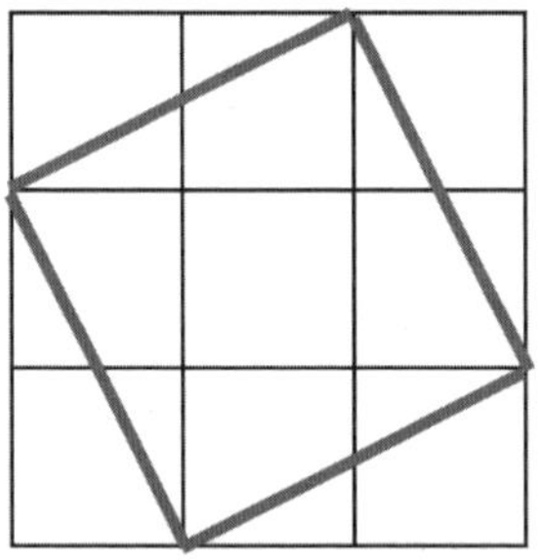

数学资优生的课外辅导如何授之以渔？可以从系统科学启蒙和批判性思维锻炼入手，不要局限于给予某一类题的方法指导，而是要给他们呈现大局观，这样他们将来才可能集大成。当下的一些数学集训队以竞赛为目的，基本上是急功近利的，这无异于杀鸡取卵、饮鸩止渴。

系统科学启蒙可以从元认知开始，让学生了解大脑是如何学习的，并参照成长型思维模式培养方法，然后结合万物起源，使他们从宏观到微观地对自然界有一个初步的整体认知。而后再渗透从哲学、数学和科学层面看待世界的观念，从旧三论到新三论，从三观到认知心理学，充分利用现有资源进行跨界教学，整合各学科、各领域的精华思想，为培养尖端人才打好底色。

给数学资优生渗透批判性思维，也是成长型思维模式的要求，即要求他们敢于挑战权威。但是，不要为了挑战而批判，批判不是反对别人的观点，而是要质疑观点和结论得来的过程有没有经过实证。数学学科如果能给学生这样一种思想，学生就会重视证据和论证方法，数学学习的大方向就不会错。

梯队建设和选拔是数学资优生培养的机制前提。数学资优生的选拔不能简单地以数学考试分数为主要评判标准，因为建立在应试观念上的选拔是片面而没有前途的。因此，选拔要考虑全面。南京师范大学附属中学江宁分校在资优生选拔方面做了深入的探索，他们形成了“两阶段四模块”的选拔程序。“两阶段”是指初试和复试；“四模块”是指初试中的笔试和多元智能测试，以及复试中的面试和体能调试。（如图 5-2 所示）

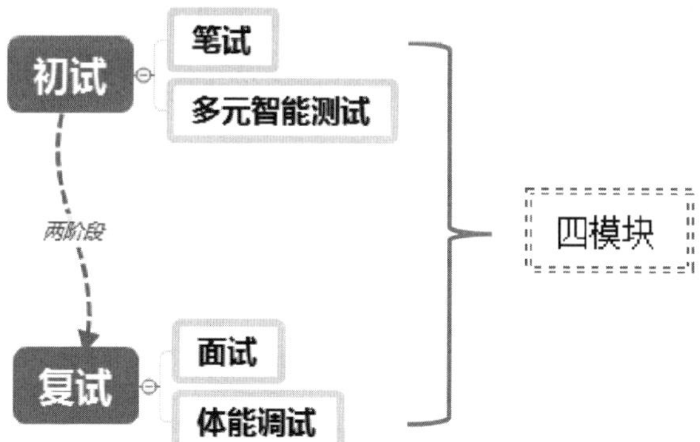

图5-2　“两阶段四模块”的选拔程序

在内容上，注重学科兴趣、人文素养、数理思维、创新潜能、心理素养和基本技能 6 个方面的有机统一。（如图 5-3 所示）

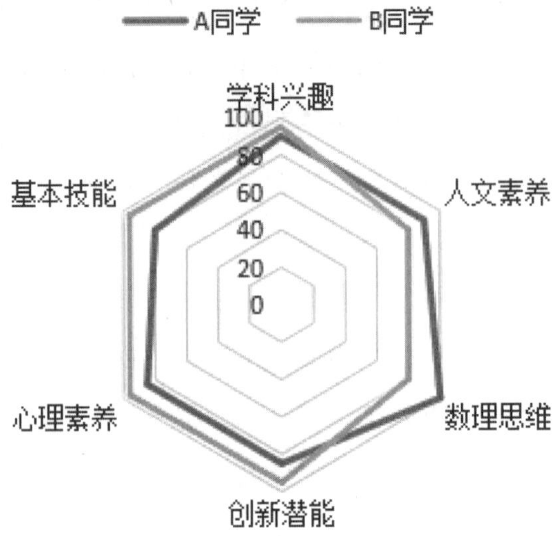

图5-3 数学资优生的选拔内容

这种选拔和鉴别体系在内容上注重全面发展，不片面生长，符合全面育人的教育思想；突出核心素养，不唯分是论，符合数学学科核心素养的要求。在选拔形式上，笔试、面试层层过关，心理、体能调试道道通卡，符合多元智能理论。

高品质课程是数学资优生发展的可靠保障。数学资优生的培养必须要有不间断跟踪培养的课程平台，为其提供课程保障。在数学资优生培养的过程中，要开发系统的校本课程，要实现课程体系的结构化、课程内容的系列化、课程形式的多样化和学校管理的集约化。开发数学与成长型思维模式相互融合的校本课程，让数学资优生通过选择寻找到最适合自己的课程，从而使其得到充分而个性化的发展。通过有保障的途径实施校本课程，以促进数学资优生学科核心素养和成长型思维模式的发展，从而实现让“让优秀者更优秀”的教育目标。南京师范大学附属中学江宁分校在数学资优生的课程开发方面经验丰富，成绩斐然。他们整合了必修与选修课程、国家与校本课程，以及不同学段和不同学科的课程，形成了资优生培养的必修与选修课程（如图 5-4 所示）。必修课程有生涯规划课程、心理适应课程、品德养成课程、经典阅读课程和适性学业课程；选修课程有语言与文学课程、数理逻辑类课程、科学与技术课程、体育与艺术课程、人文综合类课程。为此，学校还编印了数学校本讲义，包括小学一年级至高二年级的《好玩的数学》等。

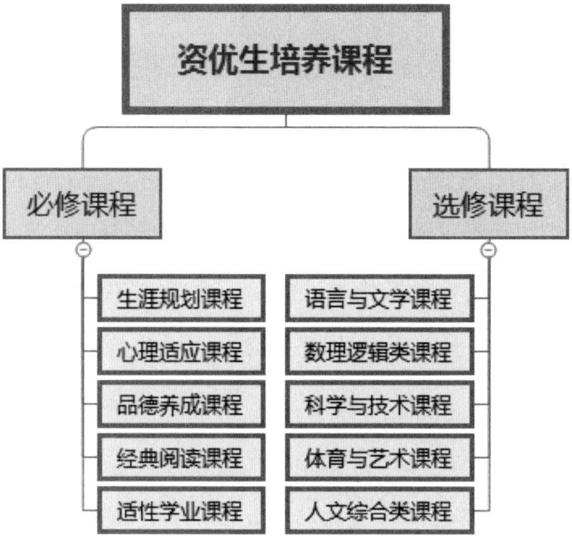

图5-4 资优生培养课程

高效竞赛与跟踪评价是数学资优生可持续发展的澎湃动力。首先要建立数学学科相对稳定的竞赛教练团队，聘请一批具有较高学科素养和敬业奉献精神的教师在竞赛教学中担任教练。条件允许的话，可与相关大学或兄弟学校共享教练团队资源，聘请专家、教授等为学生开设讲座，拓展学生的学科视野。学校还应该建立一整套完备的竞赛质量保障体系，从条件保障、组织架构、课程设置、组织实施等各个方面保证学科竞赛得以有序实施。各年段应建立连贯的学生综合发展评价体系，通过多元智能测量和成长型思维模式测量等多种途径，发现和识别学生在数学方面上的特长。在评价方面，采用科学知识与心智测试相结合、数理思维与成长型思维模式测试相结合、日常积累与创新思维相结合的方式来评价学生，从根本上打破“一把尺子度量”和“唯分数论”的评价模式，引导学生个性化、综合性地发展。

总而言之，数学资优生的课外培养既要关注学科核心素养，又要关注成长型思维模式；既要有结构化的校本课程，又要有系列化的保障措施。

四、数学学困生成长型思维模式培养策略

数学学困生成长型思维模式培养要结合学生的知识基础和行为习惯综合推进。数学学困生的转化是一项长期而艰巨的工作，但是许多案例研究发现，把数学学困生的培养与成长型思维模式相结合，可以事半功倍。在《成长型思维训练》一书的序言中，中国科学院心理研究所博士后黄臻老师举的一个真实案例就很有代表性：

晓晨是名来自北京中关村某小学的三年级小学生，她曾参加我们科研团队在中科院心理所的成长型思维教育实验。每遇到不会做的题目，她曾经会非常焦虑，然后生气，最后总要大哭一场，一闹就是一个小时，全家都被这负面情绪交响曲吓出了“数学恐惧症”。在接受培训之后，她全新看待自己，不再被困难吓倒，而是主动应用有关技能，让自己的学习过程焕然一新。晓晨告诉妈妈，“每个人都能变得更聪明，而思考难题正是把自己变强的机会”，“只要努力，每个人都能学会”。结果不仅是她整个思维和学习状态发生了转变，更让她自己惊喜的是，数学成绩从全班倒数第四，在一个学期之内跃升到前五名。

事实上，在数学学困生里，有相当一部分是出于种种原因被贴上“差生”的标签而产生心理障碍的。一旦心理问题被解决，并形成正确的价值观，他们的数学成绩会提高得很快。在日常教学中，这样的案例屡见不鲜，几乎每个数学教师都可能会碰到。

（一）成长型思维模式培养与数学基础知识补救相结合

在数学学习中，学生出于态度不端等原因，其数学基础夯实不牢或某部分数学知识断层脱节，从而形成数学知识结构性缺陷，长此以往失去对数学学习的兴趣甚至厌学，最终因此而变为学困生。给这部分学困生进行辅导时要先从思维模式入手，待他们的思维模式转变过来后，再对其实行有针对性的知识补救措施。

摒弃固定型思维模式。固定型思维模式的人认为人的才智是天生的，

并且永远不会改变。他们坚持认为有些人就是聪明，有些人就是不聪明，不聪明的人就是不适合学习数学。对他们进行成长型思维模式教育，先要让他们摒弃固定型思维模式。如何摒弃固定型思维模式？分三步走：认识、分析、行动。

认识固定型思维模式，了解它的表现特征，以及它带给人们的负面强化作用。认识到这些思维模式是应该被摒弃的，它不仅不会对成长有所帮助，甚至会遏制人的成长和进步。错误的思维模式一定会得到错误的结论，改变是解决问题的唯一出路。固定型思维模式会让我们故步自封、作茧自缚：它一次次地规避挑战，让我们丧失了勇气；它一次次地知难而退，让我们坐失良机；它一次次地放弃努力，让我们拥抱焦虑；它一次次地嘲笑他人成功，让我们品尝苦果；它一次次地抵触反馈，让我们拒绝反思。正是这种不良的思维模式，把我们的学习和生活搞成一团糟。因此，我们要快刀斩乱麻，义无反顾地把它抛弃。

认识到固定型思维模式的特征和危害之后，我们要学会用它来分析自己在生活中的言行，一点一滴地对照检查，看看自己在学习行为和思想中有没有固定型思维模式的影子。有人说，我们长着两只眼睛，是为了用一只眼睛看他人，一只眼睛看自己。但事实上，看他人易，观自己难。所以我们更要时刻反省自身，并对照思维模式的五要素，看看我们的态度是不是在规避挑战，看看我们的选择是不是在放弃困难，看看我们的行为是不是在远离努力，看看我们的语言是不是在抵触评价与反馈，看看我们的内心是不是觉得他人成功是对自己的威胁。

想要摒弃固定型思维模式，最难的不是判断，而是行动。要跟固定型思维模式决裂，需要有坚强的信心和决心，也需要掌握一些策略和技巧。自我暗示是简单易学的好方法。语言暗示，即反反复复强调“我不怕困难”“我能变得强大”“坚持就是胜利”。行为暗示，即遇到问题不逃避，敢于面对一切，有向前迎接的状态。表情暗示，即面对挑战时表现出无所畏惧的神情。态度暗示，即无论是面对挑战还是困难，都能积极表态，亮出态度。总之，行动就是从现在开始，面对每件事都不再畏缩，都来个 180 度转变。经过这样的长期训练后，思维模式就会有大反转。

思维训练与知识弥补合二为一。知识的学习属于认知领域，而思维模式的改变则属于非认知领域。但在数学学困生的转化路上，二者可以相互融合，相得益彰。

尝试挑战，从新旧知识衔接入手，查漏补缺。学习“分数加减法”这部分内容时，学困生通常不会通分，很显然他们要补通分的旧知。在补这部分旧知的过程中，学困生又对公倍数没有概念，所以他们需要先弥补最小公倍数这个知识断层。但是“补”要讲究方法，要以“方法”为突破口。例如，提供他们一些求最小公倍数的方法，但不要求他们掌握所有的方法，只为了让他们从中挑出一种他们最容易理解和接受的方法，也就是最适合自己的方法。下面列举几种方法：

（1）最常用的是短除法，教师可以示范给学生看，并告诉他们这种方法叫作短除法。例如 $\begin{array}{r|rr} 2 & 6 & 10 \\ \hline & 3 & 5 \end{array}$，除到两个商只有公因数 1 为止，把所有的除数和商相乘就得到两数的最小公倍数，即 2×3×5=30，30 就是 6 和 10 的最小公倍数。

（2）最原始的方法是列举法。例如同样是求 6 和 10 的最小公倍数：6 的倍数有 6、12、18、24、30、36、42、48、54、60……10 的倍数有 10、20、30、40、50、60……这样一直列举下去，找出两个数列中相同的倍数有 30 和 60，因为 30 最先出现也最小，所以它就是 6 和 10 的最小公倍数。

（3）最复杂的方法是分解因数法。例如求 12 和 90 的最小公倍数：12=2×2×3，90=2×3×3×5。各自因数中，相同的只取一个，即 12 取“2×3=6”，90 取“2×3×5=30”，再把这两个数相乘，即 6×30=180，180 就是 12 和 90 的最小公倍数。

（4）最简单的方法是，当两个数互质时，可以直接相乘。例如 6 和 5，它们的最小公倍数就是两数的积 30。

学生如果觉得列举法最容易懂，就用列举法来求，但要告诉他列举时中间不能遗漏，否则就会出错。

学习克难，从知识的关键点入手，提升理解力。例如，学习“比较小数的大小”时，其起点是数位，关键点就是小数点。先比较小数点前面的数，看哪个大，前面的数较大的话，那么这个小数就大，不需要再看小数点后面的数；如果小数点前面的数一样大，那么就看小数点后面的数，谁的数位高谁大，当数位一样时，看相同数位上的数字大小，高位上的数字大的，这个小数就大，不需要再看低位上的数。这个方法说起来简单，但对学困生来说需要一步一步地慢慢理解，因此要鼓励他们坚持这个判断步骤，慢慢就会熟能生巧。

鼓励坚持，从解题步骤清晰入手，理清思路。在做稍复杂的解决问题类题目时，学困生往往思路混乱，瞎做一通。如下题：

爸爸给自己家买了 3 盒乒乓球，给了百货店老板 20 元，老板找回 2 元。第二天，爸爸在同一家店给单位买了同样的 10 盒乒乓球，付了 100 元，老板要找回多少钱？

这道题涉及的数字很多，有的学困生直接写：2×3=6，6×10=60，100-60=40，答案就是找回 40 元。

要想帮助学困生理清思路，一定要帮助他们搞清题目中的已知量和未知量。教师可以从生活实际出发，问他们“爸爸买了几次乒乓球？”“我们先来看第一次。已知什么？不知道什么？可以根据已知求出什么？”

“20-2=18（元）”是爸爸花出去的钱，同时也是 3 盒乒乓球的钱。一个算式可以表达两个意思。“18÷3=6（元）”是每盒乒乓球的价格。

做到这里可以先停一下，讨论一下第二次买球与第一次买球有哪些相同的地方。资优生可能会一下子抓住问题的关键，发现两次购买的乒乓球单价相同，而忽略商店、品牌相同，但学困生可能会先关注人、地、物、钱等因素，不能意识到单价（默认没涨价的前提下）是两次购物的交点。怎么办呢？教师可以暗示性地问他们：“根据第一次购物的信息，求出了哪些未知量？”只要他们能说出付的钱数和乒乓球的单价就行，能联系第二次购物的信息最好。若他们不懂这些暗示性语言，则让他们进入第二次购物的情境。从问题出发，帮助他们弄清并思考：付了100元，要想知道找回多少钱，必须要先知道什么？（花出去多少钱？或10盒球共多少钱？）要想知道10盒球共多少钱，必须知道什么条件？（每盒球多少钱？）这样一步一步地帮他们理清思路，再让他们写算式。对学困生来说，最好写分步算式，而且要按购物次数和顺序写。

学生做好后，教师仍然要引导反思，帮助他们弄清题目中的所有细节，比如两次购物的相同点和交点，以加深他们对题目的理解。同时，这也是提高学困生数学阅读能力和理解能力的重要举措。

接受反馈，从重视错题入手，弄清算理。学困生对错题很敏感，看到错题就很沮丧。所以教师要从成长型思维模式方向先给以介入和干预，让他们改变对错题的认识，彻底地理解错题不意味着难堪，错题是很好的学习资源，可以帮助他们“弹跳”和“起飞”。有了这个意识后，才可以分析错题原因，并且要把错题原因分析与成长型思维模式训练结合起来，当他们能够自主地分析原因并订正后，需要给予他们正面的反馈，告诉他们成长了，以及成长的点在哪里，给他们指明前进和努力的方向。

他山之石，从别人的经验入手，勤学好问。对于学困生来说，中间层次学生就是成功者，学困生对他人成功的态度主要看他们对待中间层次学生的态度，这也符合维果茨基的最近发展区理论。所以，让中间层次学生来帮助学困生，有时辅导效果会更好。这种“兵教兵”式的帮扶，属于同伴学习。同伴学习可以采用小组同伴学习，也可以采用“一对一”同伴学习，后者组合得好，收到的效果会更好。在实施“一对一”同伴学习的时候，关键是结对，一方面要让同伴变成伙伴，伙伴变为朋友，合作增进友谊；另一方面要关注前面这个“兵”是否具有固定型思维模式倾向，也就是说要“自身正”。一个固定型思维模式的人，教出来的通常也是固定型思维模式者，难以成为成长型思维模式的人。

（二）成长型思维模式培养与学生行为习惯改进相结合

数学学困生的学习习惯通常都存在问题，需要改善。如何把学习习惯的改进与成长型思维模式的培养相结合呢？

事实上，除了语言，行为习惯也是思维模式的外显特征。行为习惯是长期养成的肢体语言，是一个人生活、学习和工作中下意识的举动。本书在前面章节讲成长型思维模式课堂观察的时候就有明确的观察视角和观察方法。

发扬成长型思维模式。根据研究团队的观察和测量，学困生的成长型思维模式的能量值并不为0，有的甚至还超过临界值。也就是说，学困生身上也有学习闪光点，也有成长型思维模式的影子。我们需要做的是，把学生的成长型思维模式增强，把固定型思维模式减弱，并最终让成长型思维模式能量值超过临界值，固定型思维模式能量值低于临界值，让成长型思维模式处于压倒性位置，确保在一段时间内保持相对稳定，以促进其成长。

要理解数学学困生的困境。多年来在学习上的屡战屡败让他们小小年纪就承受了许多烦恼和压力，痛苦的学习经历让他们丧失了勇气。时间长了，他们就麻木了，会自暴自弃，破罐子破摔。学困生的困境岂止数学学习困境，还有精神困境。比起他们的学业成绩，他们的精神生活才更需要我们关注。所以，不管是帮助他们改变习惯、弥补短板，还是帮助他们改善思维模式，首先要做的，就是了解他们的思想状况，走进他们的精神世界，并做深入细致的心理剖析，然后才能对症下药，帮助他们打破精神枷锁，走出心理囚笼，让他们充分地释放所有的压力和痛楚，卸下所有的精神包袱和心理负担，给他们生存的空间和应得的尊严。他们能真真切切地体验到一种学涯重生的蜕变，从此可以自由地奔跑、自由地思考。还他们原本的学习生态，这才是数学学困生转化的关键所在。对数学学困生来说，接受心理疏导是转化的第一步，这一步走好了，事半功倍，否则后面花再大的力气，也会收效甚微。

数学学困生成长型思维模式培养仍然需要从成长型思维模式五要素抓起，但是要降低门槛，让他们小步走，或者退一步，允许他们退步。这不仅仅体现了宽容的态度，也是一种策略，那就是以退为进。

面对挑战的时候，数学学困生绝不会像数学资优生那样兴奋、激动、敢打敢拼。数学学困生的心理疏导要从专业和业余两条途径双管齐下。专业疏导就是请心理教师诊断并做定期的介入干预，业余疏导就是数学教师用成长型思维模式训练方法，从元认识开始，一点一点地帮助矫正，并且要家校协同，思想统一、目标一致、方法一致，才有可能奏效。怀着宽容的心态，允许其后退一步。不挑战没关系，等到有底气和勇气的时候再来挑战，未尝不可。在课堂上，师生约定当有挑战时，做到“你不举手，我不点名”。教师布置课后练习时一定要将其分成基础题和拓展题，并把它们都呈现给学困生，要求他们拓展题不敢挑战就不做，但基础题要尽量完成。有时，可以把已经掌握的基础题进行变形，让学困生来挑战一下，以建立他们的学习信心。

面对困难时也是如此，允许学困生知难而退，让他们把难题留给别人，但要把基本的计算题答对。这样他们能完成力所能及的事，教师也不会强人所难，师生间剑拔弩张的气氛就得到缓和。这也是心理疏导的策略。

面对努力时，学困生缺乏毅力、耐心和韧性。数学教师要意识到，正如罗马不是一天建成的，优良的学习品质也不是一时能培养出来的。这样想时，教师就能理解学困生不努力是正常的表现，而些许努力则是进步的表现，需要及时表扬与鼓励。昨天作业错了 3 题，今天作业错了 4 题，但退一步想，今天作业都做了，还不错。昨天课外作业做了 2 题，今天课外作业做了 3 题，这就是进步，这就是努力的表现。努力的过程是曲折的，提升的路线是螺旋的，这些都符合学生的年龄特征和成长规律。

面对他人成功时，只跟自己比，不跟他人比；今天跟昨天比，现在跟过去比，三年级跟二年级比，总会有灵光一现的时刻。不比不等于放弃学习他人优秀的学法和优良的学习品质。看到好的地方，还是要虚心学习。

面对反馈时，教师要帮助学困生认识到反馈就是对自身学习过程和结果的评价。评价有表扬和批评，也有中性的，所以反馈也有正面、负面和中性的。不管是哪一种，都应虚心接受，不强求做到无则加勉，但一定要做到有则改之，这样才是成长的样子，这样也是心理强大的表现。心病还需要心药医。时刻关注学困生的心理健康，始终是转化的首要举措。

总的来说，学困生的成长型思维模式要求要降低，提升幅度要变小，改变进度也可放缓，急功近利反而会弄巧成拙、欲速不达。

思维模式与行为习惯共成长。数学学困生行为习惯的改善要与成长型思维模式训练深度融合，不可一项工作“两张皮”，各搞各的。

不同数学学困生的不良习惯也不尽相同，要针对不同的行为习惯采取不同的融合策略。与数学学习成绩有直接关联的不良习惯有：课堂分心溜号、做题粗心大意、书写潦草混乱、作业拖拉延迟。

针对学生课堂容易走神的问题，教师要强化努力坚韧、积极参与互动的理念。课堂分心、走神、溜号都属于听讲不专注，是注意力不持久的表现。改变这样的习惯，需要“课内毛病课外治”，在课外进行注意力专注训练，并把它与持久意志力训练结合一起。这样的训练项目有很多，例如数豆子、下棋、写毛笔字等。教师应鼓励学生在课堂上多举手、多发言、多参与互动，并多提问他们。这类学困生通常是不会认真听其他学生的发言的，所以教师可以请其他学生或他们的好朋友在课后问他们：“我今天在课堂上说了什么？”多次的追问会对他们改进不良习惯有一个促进作用。另外，教师要精心备课，努力提升课堂环节的观赏性和艺术性，并能时刻为不同层次的学习提供分层问题，以刺激学生的学习神经，提升学生的学习兴趣。这是根本策略。

针对学生做题马虎粗心的问题，教师要强化反馈力量、建立错题档案的理念。做题丢三落四、马马虎虎的不良习惯是心态浮躁的表现，是意志力不强的典型特征。最好的策略就是要求他们准备错题本，针对每道错题先建立“镜像”，再写出出错原因。原因分析要写得细致，不能只简单地写“粗心”“马虎”，要细到把做题时的心态也写出来。例如：

错题	原因分析	订正
错题 1： 315−48= 315 + 48 363	两个错误： 1. 把减法当加法做，把减号看成加号。 2. 横式没写得数。	315−48=267 315 −48 267
错题 2： 66−28+22 =66−（28+22） =66−50 =16	如果没学简便计算，按照从前到后的计算顺序是没有问题的。但学了简便计算后，总想简便计算，碰巧“28+22=50”，于是想都没想就把它们先算了。只想到凑数，没想到计算顺序。	66−28+22 =38+22 =60 或 66−28+22 =（66+22）−28 =88−28 =60
错题 3： 46÷5=8……6	没有深刻理解“余数”这一数学概念，致使做完也不会去反思余数是不是比除数大。 主要原因是听讲时不认真，对概念一知半解。	46÷5=9……1 比较大小
错题 4： 判断题 7/100 米 =7% 米（√）	把百分数和分数混为一谈，没有弄清百分数的含义是表示两个数的倍数关系，而不是表示一个具体的数量。	7/100 米 =7% 米（×） 倍数
错题 5： 图中有（9）个角，有（1）个直角。 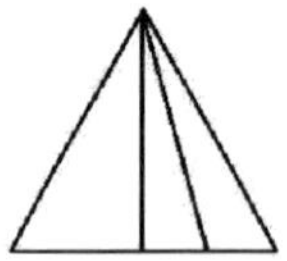	观察能力弱了一点，同时对角的概念理解也不倒位，导致只数单个的角，不数组合的角。 对直角也是只见其一，不见其二。	图中有（12）个角，有（2）个直角。 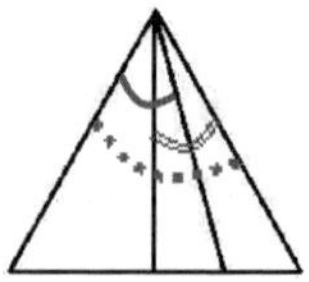

针对学生书写潦草混乱的问题，教师要强化克难毅力、自我严格要求的理念。学困生的字通常都写不好，歪三扭四、乱七八糟。他们在计算题书写时，每个字都“缺胳膊少腿”，每一行都倾斜错乱；在做解决问题类题目时，书写“声东击西”“深一脚浅一脚”，写的算式像迷宫，

需要到处找才看得明白。其实这是他们逻辑推理混乱的反映。他们不单单数学算式写不好，语文及其他学科作业的书写也是如此。所以，除了要求他们练字以外，还要让他们把这个项目当作一个“困难”来对待，并且要想办法解决这个困难。这里顺便提一句，写不好字不是学困生的专利，个别资优生也有这个毛病，那是他们的思维反应速度过快导致的。

针对学生作业拖拉敷衍的问题，教师要强化挑战决心、加强时间管理的理念。有些学困生做作业时磨磨蹭蹭，一会儿找东西，一会儿喝水，即使坐在书桌前也是东张西望。做作业拖拖拉拉是拖延症的表现。很多人都有拖延症，这个毛病很难根除，需要学会时间管理。把它放在成长型思维模式的框架内，我们敢不敢向拖延症“开战”，把它当成一项有挑战意义的事来做？在课堂上，学困生需要教师和同伴监管，不能养成一做作业就削铅笔的坏习惯。如果他们每次都这样，要告诉他们铅笔要在课前削好，或者让家长、教师帮忙削好，要么就让他们用自动铅笔，不给他们削铅笔的机会。真的无笔可用时，可以“饿”他们一次，就是让他们不做这次作业了，认真看看别人是怎么做作业的，这样比让他们一直坐在桌前磨蹭、拖延要好。敢于向拖延症“宣战”，就是要让他们表一表决心，并大声地喊出来，或者写出来，让周围的人都知道他们的计划和决心，以形成监督效应，这样通常会有效果。坚持 1 个月后，他们的拖延症毛病通常会被彻底改掉，当然也不排除会有反复现象，因此表扬和监督仍然要随时出现，以确保他们做作业不再拖拉。

数学资优生和数学学困生是处于学生层次两极的学生，对他们的观照，既要有数学核心素养层面的分层，也要有人文心理的关怀。在培养成长型思维模式框架内，应做到知、能、技并举，术、法、道合一。

第六章　数学教师成长型思维模式培养

通过对教师群体样本的测量发现，教师的成长型思维模式能量值远低于学生群体，而固定型思维模式能量值则远高于学生群体。随着年龄的增长，在没有外界干预的状态下，成长型思维模式倾向度与年龄是成反比的，教师也不例外。因此，对教师群体进行成长型思维模式“返老还童”般的培养不能仅限于课堂，还应该有专项的成长型思维模式进阶课程做保障。

一、改变对大脑的认知——在学习中成长

脑科学的发展揭示了人类认知的过程，但是非相关专业的人对大脑的认知通常仅停留在中学生物学相关单元阶段。因此，有必要科普一下相关知识。成长型思维模式专项培训中的第一课，通常都是讲大脑和元认知。

（一）脑科学与认知发展

中学生物学知识告诉我们，人类的绝大多数活动都是由大脑控制的，大脑皮层分区控制着语言、图像、思维、空间、运动、想象、记忆等等。要理解成长型思维模式的发生机制，仅有这些知识储备是不够的。

1. 大脑是怎样学习的

在成长型思维模式养成过程中，第一关就是面对挑战。科学家发现，人在面对挑战的时候，大脑会分泌一种叫作髓磷脂的物质，以加强大脑的信号强度。这也是成长型思维模式的生理学基础。

学习的过程自然不会只有挑战，还有克难和努力等。科学家进一步研究发现，人在学习时，大脑比较活跃的是3个关键部位和物质，即神经元、突触和髓磷脂。[①]

① 白月桥：《课程教学的脑理根据》，载《早期教育（教师版）》2009年第Z1期。

大脑的神经信号传递主要靠神经元和神经，不论是输入信息还是输出信息，我们通过眼睛、耳朵、皮肤等感觉器官摄入的信息就是通过神经元来传递的。

当神经信号经过突触时，就意味着从一个神经元传递到另一个神经元，此时会产生一些信号的存储、重加工甚至创新的过程，这就是学习的过程。

髓磷脂在其中所起的作用相当于涡轮增压，可以提高信号传递速度，也就是提高学习效率。

2. 如何促进髓磷脂分泌

如何在学习的时候促进髓磷脂分泌？相关研究告诉我们，要注意以下四点。

按照艾宾浩斯（Hermann Ebbinghaus）遗忘曲线原理进行复习。每复习一次，相关的信息就会被提取一次，每一次的提取都会刺激髓磷脂分泌。多次提取就是在告诉大脑，这部分知识很重要，需要长期留存，这样大脑就会记住这些知识。

就数学题型来说，填空题比选择题、判断题更容易锻炼提取过程。因为填空题需要提取准确的关键词，而判断题有 50% 的猜对概率，选择题能从几个选项中选择一个适合的答案，它们都不能准确地反映出学习者掌握学习概念的全面情况。

比如百分数的概念，3 种题型的例子如下：

填空题：____表示一个数是另一个数的百分之几，也叫百分率或百分比。

判断题：百分数就是百分之几的数。（　）

选择题：（　）表示一个数是另一个数的百分之几，也叫百分率或百分比。

A. 分数　　B. 小数　　C. 百分数

新旧结合，温故知新。在学习新知识时，先用相关的旧知来铺垫，这几乎是数学教学的范例。但在复习的时候，不能只复习昨天学的知识。科学研究发现，复习时新旧知识相隔的距离越远越好。旧知识时间久远，意味着它将要被大脑遗忘，因此需要冷不丁地刺激一下。例如学习百分数，不能只复习百分之几的分数这个概念，因为两者的距离稍微近了些。如果能把分数、真分数、带分数，甚至小数也拿来复习一下，那么这种交叉学习的效果就会更有效。

小步幅、缓坡度地分段学习。一节课要传授的知识概念不能太多。俗话说："贪多嚼不烂。"宜把新知分成有坡度的结构，让学生一块一块地学习，像上台阶一样，中间有一个间隔和停顿。随着学生对这部分内容的熟练程度增强，教师的教学节奏可以由慢变快。

友善用脑，劳逸结合。大脑长时间地工作也会疲劳，需要休息，但休息有主动和被动之分。常见的被动休息就是累了就停、困了就睡，而主动休息需要了解一些健脑操操作要领。最简单的做法就是"吸氧"，即深呼吸就可以增加氧气的吸入量。室外空气一般比室内空气的含氧量要高一些，这就是课间要求学生出去活动一下的原因。我们在遇到困难、苦思无解的时候，可以闭上眼睛，深呼吸几次。当我们睁开眼睛的时候，可能就会看到之前我们没注意的一些细节，于是豁然开朗，问题得以迎刃而解。许多人都有这样的工作和学习体验。

（二）元认知

元认知概念最早由美国儿童心理学家弗拉维尔（John H. Flavell）提出。

如同思维模式是关于思维的思维，元认知是对认知的认知。按照这个命名逻辑，思维模式也可以叫元思维。思维模式和元认知有什么关系呢？学术界大多数人认为，固定型思维模式和成长型思维模式所产生的不同结果也被列入元认知的讨论范畴。

具体地说，元认知是一种能力，是个体对自己认知过程的认知和调节这个过程的能力，可以简单地将它理解为一种反思能力，只不过反思的不是对错，而是知识获取的过程。和反思不同的是，元认知在反思之后还有一个觉察和行动的过程，即行动力。

数学课堂结尾通常会有一个小结环节。大多数教师会引导学生这样小结：今天这节课我们学了什么？学生会说，今天这节课我们认识了小数，知道了小数的组成，学会了小数的读写，等等。具有元认知和成长型思维模式的教师还会进一步引导学生：我们是怎样得到这些数学知识的？这就是高阶思维，它要求学生反思概念学习的过程。不断地进行这样的训练后，学生的元认知能力就会不断地提升。当然，如果从来不进行这样的反思，元认知能力就会停滞不前，或者停留在蒙昧的状态。对此，教师要有清楚的认识。

如何提升师生的元认知能力？

引领学生先认知大脑。要了解大脑的结构组成部分以及各部分的功能。（如表 6–1 所示）

表 6–1　大脑各部分的功能

脑结构名称	功能
大脑	负责感知、记忆，全身神经网络和信息的管理、决策，相当于司令部。
小脑	在后脑勺部位，主要管运动。
脑干	管心跳和呼吸。上连大小脑，下连脊髓，是信息通道，起到承上启下的作用。
脊髓	人体简单活动中枢，相当于前沿指挥所。
神经	遍布全身，负责收集信息和执行大脑命令，相当于电话线。
大脑左半球	负责语言、书写、计算、思维、理智、判断等。
大脑右半球	负责记忆、图像、空间、美术、音乐、情感、思想等。
海马体	主要负责长时记忆的存储。
杏仁体	主要负责情感控制。

这些知识能为学生理解大脑是如何工作和学习做准备。

引领学生认识大脑的可塑性，帮助他们理解成长型思维模式。大脑的可塑性就是大脑可以像肌肉一样进行锻炼，并增强机能。成长型思维模式的人坚信大脑是可以训练的；固定型思维模式的人顽固地认为能力是天生的，是固定不变的，对大脑的机能一无所知。要想成为成长型思维模式的人，首先要认识大脑是怎么工作和学习的。

这部分内容的学习可以通过看视频和案例两种途径来实现。视频是一些专业的讲解视频，起到理解的作用。案例最好用身边的案例，比如某个学生的数学成绩一开始并不好，后来通过不断努力，其数学学习得到了很大的提升。这就是大脑可塑性的最好说明。教师可以借助这些资源让学生坚信，大脑是可以训练的，聪明不是天生的，是可以通过努力实现的。

引领学生认识元认知，并积极应用。常用的策略有：

用模型反思。每次授课完后，教师都要引导学生反思下面两个问题：这节课我学到了什么？我是怎样获得这些知识的？特别是第二个问题，不容易被想起。

课堂上示范。言传身教须身先士卒，数学教师在课堂上要经常性地用元认知的思路来示范。比如，课末总结时可以这样说："今天我们学习了三角形的知识，知道了三角形有三个顶点、三个角和三条边，我们是通过画一个三角形的方法来获得这些知识的。我们还知道三角形具有稳定性。为了理解这个知识点，我们费了好大劲，用大大小小的三角形试了好多次都是如此，这就是动手操作。动手操作是一种非常实用的方法，希望我们在以后的数学学习中多多使用这种方法。数学的学习就是这样，我们积极地参与、思考、操作，就能获得让我们难忘的知识。在这个过程中，我们也认知到了知识获取的过程。这就是成长。"

记学习日志。学习日志主要用于记录自己一天的学习内容、学习心得。曾子曰："吾日三省吾身。"陶行知提出的"每天三问"就是对"曾子三省"的诠释。第一问："今天我的学问有没有进步？"第二问："今天我的学习有没有进步？"第三问："今天我的道德有没有进步？"学习日志除了记这些心得外，还要记学习方法的进步、思维的进步、元认知方面的进步。以下是某个学生上完一节数学课后的日志记录：

日期：2022 年 5 月 17 日

上午第二节：数学课

学习内容：平移和旋转

通过这节课的学习，我知道了：

1. 平移就是图形在一个平面内的整体移动，移动的方向有上下左右。

2. 平移包含移动距离和方向两个要素。

3. 旋转就是围绕一个点在一个平面内转动，旋转的方向有顺时针和逆时针两个方向。

4. 旋转包含旋转的方向和角度两个要素。

我会做：

1. 平移的三种类型题。认定一个点，找准方向，数准格子是关键。

2. 旋转的四种类型题。一定要找到旋转中心点。

我还知道这些数学知识是怎样获得的：

1. 平移是通过数格子来理解和操作的。

2. 旋转是通过找准旋转点后，再看旋转角度这种方法来理解和操作的。

我的学习心得：

1. 课堂上只要认真听老师讲，就能学会。

2. 操作的时候只要认真细心，就不会错。

（三）思维模式的建构与重构

数学教师应当具有成长型思维模式。怎样知道自己的思维模式属于哪一种？

首先，用专业的测量工具测量一下，看看自己的思维模式能量值是多少，从而判断自己的思维模式是成长型还是固定型。如果偏向成长型思维模式，那么恭喜你；如果偏向固定型思维模式，则需要重新建构自己的思维模式。

其次，根据自己的思维模式坐标，确定自己的思维模式类型，然后扬长避短，进行改进。比如，如果在第一象限，即固定型思维模式和成长型思维模式能量值都高，那么首先要做的就是降低固定型思维模式能量值，然后再进一步地提升成长型思维模式能量值，把自己的思维模式提升到第二象限的理想区，并稳定一段时间。

最后，根据自己的成长型思维模式雷达图重构自己的思维模式。雷达图可以很明确地指出成长型思维模式五要素的长板和短板。图 6–1 是两位数学教师的成长型思维模式雷达图。从图中可以看出，张老师在面对困难和面对反馈这两方面上存在短板，需要进行针对性的训练；李老师在面对挑战、面对困难和面对他人成功三个方面上都有提升的空间。

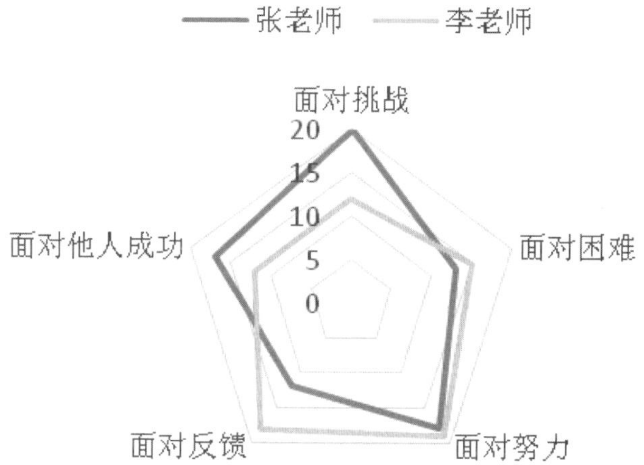

图6–1　两位数学教师的成长型思维模式雷达图

通过长期的专项训练，教师的成长型思维模式雷达图就能趋向饱满而完美。

（四）用数学题进行训练

数学教师一定会做数学题，这是数学教师最基本的要求之一。数学教师坚持做数学题可以解决下面三个问题。

做课堂上要讲解和学生要练习的题，可以发现题目是否有问题。写出详细的解题过程，可以解决课堂上思维突然卡壳的情况，给这种偶发情况做个预案，做到万无一失，同时也可以防止所有学生在课堂上都出错而没有被发现的特殊情况。当然反过来，学生也能发现教师的错误。

做各个年级试卷上的题，可以全盘掌握各年级教材的重难点。小学数学教师一定要对一至六年级的教材有一个全面的了解，因为许多知识不是在一个学期全部教完的，而是在不同年级都可能涉及一点。例如同样是三角形知识，在二年级可能只是简单认识，在三年级就要学习三角形周长，在四年级则要学习三角形面积。每个年级学习的内容都不一样，要求也不一样。这样教师在处理教材资源时就能把握其中的知识深浅，知道拓展到什么程度适合，不至于“超纲越线”。许多学校在每学期都会组织数学教师进行解题大赛，这是一个非常好的做法。

做本年级的试卷，好处更多。首先，把学生要考的数学试卷先做一遍，可以提早发现试卷中的问题，及时告知学生注意，避免学生在这些题上花费大量的宝贵时间。其次，可以判断试卷的难度，从而对学生答题成绩有一个大致的估算。这样的估算可以帮教师找到平时教学中的疏漏之处和训练不到位的地方，有利于后期教学时“亡羊补牢”。再次，可以了解出卷人的教学思想导向。有的出卷人偏重题量，强调多练；有的出卷人重视能力，强调灵活；有的出卷人照抄教材上面的原题，试题太简单；有的出卷人喜欢创新，能够很好地把握试卷的信度与效度，可以很好地检测出学生的真实水平。教师通过做题，可以对这份试卷的质量做一个客观的评价，也可以学习到好的数学试题是怎样被开发出来的，从而提升自己的出题、出卷能力。所以，检验一个数学教师的数学基本功，可以让他做一份试卷；检验一个数学教师对教材重难点的理解程度，可以让他出一份试卷。只有多做试卷，才能出好试卷。

做难度较大的拓展题，可以提升解题能力。一般来说，做难度较大的拓展题通常都要综合运用相关数学知识才能找到解决的路径，这对数学教师的系统思维、综合能力是一种考验。做难度较大的拓展题还可以解决分层作业中资优生课外作业荒的问题。给资优生布置作业，如果教师预先没有“试水”，就会出现两种情况：题目难度太浅，资优生做得无聊；题目难度太深，超出学生“跳一跳够得着”的最近发展区。两者都收不到应然效果。

数学教师做题的过程，事实上就是成长型思维模式锻炼的过程。敢于寻找难题，就说明敢于挑战，不逃避现实。啃难题的过程反映了面对困难的态度。攻克难题的过程就是努力的过程，有时容易，有时辛苦，但总会苦尽甘来。数学教师做数学题也会出错，也有面对批评时候，但需要虚心接受。做同样一份试卷，他人得满分，自己却功亏一篑，这就有面对他人成功时的态度选择。所以，数学教师做数学题、数学卷是一个有效的自我提升过程，于成长型思维模式的发展百利而无一害，值得倡导。

二、成长型思维模式视域下的数学教师语言修养——在实践中成长

本书第四章讨论过在课堂培养学生成长型思维模式时改变学生语言表达的问题。同样，要培养教师的成长型思维模式，其语言表达习惯也要改变。

（一）改反问句为疑问句

当学生犯错时，固定型思维模式的教师常常会抱怨：“你怎么又错了？我都教了你 8 遍了！”“你怎么能先算加减，后算乘除呢？！”“难道你跟带分数有仇吗？每次见到都会无视前面的整数部分！”

反问句通常带有强烈的情感色彩，大多数都含有责备意味，因此听起来非常刺耳。用这种带有责备意味的句式来向学生传达信息，通常会收到负面的反馈，不仅不能达到预期效果，还会适得其反。所以，教师要慎用反问句，除非本身的教学风格比较幽默。比如：“三角形内有一个随机的点 P，这个 P 点儿怎么能这么任性和调皮呢？”“我们来看看这道题中行程问题的两个数量。汽车的时速是 80 千米，电动车的时速是 20 千米，问两车几小时后相遇。难道不是用 80 除以 20 吗？正好能除尽，等于 4 个小时。多么可爱的一道题！”

反问句通常都是表达肯定的意思。例如：

“你怎么又错了？我都教了你 8 遍了！”它要表达意思是：我都教了 8 遍，你还是不会，还是做错。

“你怎么能先算加减，后算乘除呢？！”它要表达意思是：不应该

先算加减，应该先乘除后加减，暗含“四则混合计算规则你学没学过？”的质疑。

“难道你跟带分数有仇吗？每次见到都会无视前面的整数部分！”它要表达意思是：你一定跟带分数是冤家，不是冤家不聚首，遇到冤家你就错，根本看不到带分数前面的整数部分。

所以说，用反问句来表达通常会让学生感到不舒服，还不如直接用陈述句来表达，虽然直白，但学生听起来感觉会好些。当然，比较好的解决方式是把反问句改为疑问句。

将“你怎么又错了？我都教了你 8 遍了！”改为疑问句可以这样讲：“你看这道题哪个地方错了？能看出来吗？是不是把数量关系搞反了？”这样的疑问句就带有强烈的导向性，直接把问题的焦点导向错处。

将“你怎么能先算加减，后算乘除呢？！”改为疑问句可以这样讲：“我们来一起复习一下四则混合运算法则，好不好？如果一个算式只有加减，怎么运算？如果只有乘除呢？如果加减乘除都有，先算什么？后算什么？”这样说就能顺势让学生复习了下四则混合运算规则，也相当给学生又强化了一遍这部分的知识。先帮助学生把思路理清楚，再来做题，结果可能就不一样了。

将“难道你跟带分数有仇吗？每次见到都会无视前面的整数部分！”改为疑问句可以这样讲：“你是不是好久没见着带分数了？是因为太想见了，所以就忘了一些‘礼节’？来，你说说带分数的特征是什么？说不出来我就不让你们相见。带分数参加计算时，我们要先做什么处理？”一连串的疑问句打消了学生的顾虑和恐惧，让学生开始专注于解决问题，而不会分心于其他事情。

数学教师在表达上一定要用好疑问句，无论是设计课堂问题串时，还是进行个体辅导时。疑问句语调较平和，可以拉近师生距离，缓解紧张气氛；疑问句带有导向性，可以明示或暗示问题的焦点，引导学生关注问题本身而不是情绪；疑问句中的坡度设置可以降低学生思考的难度。

所以，数学教师在表达上要多用疑问句，少用反问句，这样才会向成长型思维模式迈进关键的一步。因为语言是思维的外壳，句式的改变往往意味着思维方式的改变。

（二）改否定句为肯定句

直接的否定，其实就是批评。比如："你总是做不对！""你没有仔细审题，把数字都看错了！""请不要在写错的时候反复擦掉！"

与其描述事实，不如用反馈的方法来表达。因为批评通常是评价现象性质的，在标准面前，它"毫不客气"。成长型思维模式倾向度强的人对批评会有一个正确的认识，但固定型思维模式倾向度强的人就会对其有抵触。如何把批评变为反馈呢？只需要把否定句变为肯定句，这是一个小小的技巧。

将"你总是做不对！"改为肯定句可以这样讲："实事求是地讲，这道题错了。错在数位没有对齐，再做一遍吧。"肯定的语气，表明错了就是错了，但同时指出了问题所在，方便学生聚焦问题，有的放矢。

将"你没有仔细审题，把数字都看错了！"改为肯定句可以这样讲："你审题时把数字看错了，虽然后面的计算顺序没错，但前面错了，导致结果错了。"这样的反馈不仅反馈了事实，还反馈了出错原因。学生知道哪儿错了，才更容易改正过来。

将"请不要在写错的时候反复擦掉！"改为肯定句可以这样讲："写错的时候，先停一下，想一想错的地方。以后做题要想好了再写，做题时要沉着、冷静。"直接告诉他怎样做才是对的，而不是一味地强调对方的错误和缺点。

教师在反馈的时候，多用表示肯定意思的陈述句，这既不容易让学生对其产生歧义，同时也非常明确地点出了问题所在和错误之处。之后再进行原因分析时，学生更容易理解和接受，修正起来效率也会更高。

（三）改批评为鼓励

对小学生来说，没有比在学习和生活过程中犯错再常见的成长经历了。学生的成长总是伴随着犯错，也就是说，成长的道路从来就不是笔直的，谁都会走弯路。面对学生的错误，批评不是不可以，但要讲究艺术。改批评为鼓励就是一种艺术。

当教师想批评学生时，要鼓励他们往正确的方向努力。比如：

批评 1：“你居然能把数字都抄错了，你能不能上点儿心？真是马虎成性！”

鼓励 1：“你这道题只是把数字抄错了，计算顺序和步骤都正确。如果你能把数字抄对，这道题对你来说一定没有任何难度。下次一定要细心点，好吗？”

批评 2：“你懂不懂什么叫旋转？你能同时绕着两个点转吗？来，你同时绕着左手和右手转一圈给我看看。脑子能不能转转？”

鼓励 2：“图形旋转时，只能绕着一个点旋转。旋转时可以理解为其他的点旋转，而中心点不转，做题时就要找出这个不转的中心点。不是所有看到的点都是旋转中心点，这个菱形的指南针中间有一个点，可以绕这个点旋转。但这道题有一个‘坑’，你发现了吗？它是绕着南极点转了 90 度。其实你也发现了，只是没有细想，对吗？下次看到‘坑’就要躲开，相信你能做到！当然，这道题如果理解为旋转加平移，你这样做是没有问题的。”

批评 3：“你看看你这道错得多离谱，把追及问题当成了相遇问题。你是个路盲吧，分不清方向吗？”

鼓励 3：“相向而行是不是两人沿着同一个方向行进？对的，你看你知道这个词的意思。那么相对而行呢？你看你也知道。是不是审题的时候没有仔细看，想当然了是吧？下次我们要把题中的关键词圈出来，好不好？你能做到的，来试一试。”

同样是指出学生的错误，用反馈的方法来表达就不太容易带情感倾向和价值判断，也易于被学生接受。同样是发现学生的缺点，用鼓励的方法来表达就更容易帮助学生改正。换一种语气就是给学生一个希望，换一种订正方式就是换一种思维方式。相信学生能自我校正，就是相信学生能成长，就是相信学生能向成长型思维模式发展。教师在这个教育过程中，既成就了学生，也成长了自己，自己的思维模式也会悄然地发生改变，何乐而不为？

三、成长型思维模式视域下的日常教学——在磨课、赛课中成长

“宝剑锋从磨砺出，梅花香自苦寒来。”教师的成长型思维模式训练也要经过漫长而艰苦的过程。

对数学教师来说，提升自己教学能力的突破点应选择在课堂。平时上好每节课是关键。如何上好每节课，要依靠集体的力量，重视磨课。

（一）磨课是教师修炼的基本功

磨课通常指两个人以上，对一节课反复备课并试教的过程。其目的是上好这节课，使其教学方法最优化，效果最大化。

磨课的形式主要有师徒磨课、名师磨课、骨干磨课、备课组磨课、教研组磨课、校际联片磨课等等。最有效的磨课不追求人数庞大，而追求出精品课。因此，前三种磨课形式是常见而实用的。其他磨课形式通常由于时间限制，会流于形式。组内大多是评课，虽然评课也是磨课的一种，但缺少磨的韧性和较真态度。要想真正磨好一节课，三五个人足矣，其中一定要有名师或教学骨干引领。事实上，三个臭皮匠是很难磨出“草船借箭”的谋略和气势的。

磨课的内容通常比较重视教学环节和细节。

1. 磨环节

磨环节就是讨论教学设计的步骤，使其更合理，更顺畅，更能为学生所理解、消化和创新。对教学环节的整体与局部不断地进行修订，是磨教学设计的典型特征。

第一，磨导入的新颖和恰当。好的导入预示着课堂成功了一半，因此许多教师都非常重视课的导入。数学课的导入方法很多，有以激发学生兴趣为主的讲故事、播视频、唱儿歌、猜谜、变魔术、演示实验、脑筋

急转弯等，有以情境的创设为主的生活实例、游戏体验、虚拟现实场景等，有以知识衔接为主的重温旧知、重做旧题、重新操作等，有以基础训练为主的视算、听算、直接写出得数、背诵乘法口诀、齐诵数学常规、玩思维小游戏等，有以创新为主的头脑风暴、一题多解等，有以思维训练为主的速算、巧算、思维魔方等。

数学课的导入不是为了导入而导入，不是为了新奇而导入。导入的根本目的是引出这节课要探究的问题，聚焦学生的思维。所以，数学课的导入形式并不重要，重要的是导入设计的情境是不是一个好的数学情境，能不能把学生的思维指向一个有趣的点。举一个例子，教学“圆的直径和半径”时有好多导入的方法，比如创设切饼、切蛋糕、折纸的情境或活动，或者让学生画一画穿过圆心的线，等等。有一位数学教师是这样设计情境的：

光头强承包了一块鱼塘，他请来挖掘机队很快就把鱼塘挖好了。放入水之后，水面恰好是一个标准的圆形。他放进了一些鱼苗，等待着鱼儿快快长大。可是过了几天，有一些鱼苗浮到水面上，你知道是什么原因吗？

他想在鱼塘中心加装一台增氧机。他把增氧机买回来之后，你知道他又遇到了什么问题？

你能知道圆形鱼塘的圆心在哪里吗？

这就是一个非常好的情境创设，能让学生自己发现问题，同时把生活问题转化成数学问题，即“圆心在哪里”。学生的思维因此便很快得到了聚焦。同时，这个数学知识点跟后面要学的圆的直径和半径密切相关。能抓住相关概念的核心进行切入，这样的导入设计就非常巧妙。

第二，磨复习的关联和铺垫。复习这个环节的内容应该是上节课所学的知识，但更应该是与本节课所学新知有关联的知识。这里的关联是指知识、技能上的联系，前后知识应该是由浅入深，技能应该是由简到繁。比如学习 20 减几，就需要复习 10 减几的退位和不退位减法的知识，还需要复习十几减几的退位和不退位减法的知识，既要复习内容，也要复习方法。

但是复习环节不能只考虑知识、技能的前后联系，还要考虑复习是教学的一个环节。从承上启下的衔接角度来看，复习更多地承担了铺垫的任务。在“小数的意义”的复习环节中，有教师不是让学生做两道题，而是设计了两个问题：

1. 为什么有了整数还要有分数小数？

（1）提问：我们通过研究，已经知道小数“是什么”，那么我们再来研究两个“为什么”。有了整数为什么还要发明分数和小数呢？（板书：是什么　为什么）

（2）交流：不足一只猎物时，我们不好用“1”做单位来数，就想到了 0.1 和 $\frac{1}{10}$。

（3）播放视频：了解刘徽当初研究小数时是怎么想的。

PPT 演示：公元 3 世纪，我国数学家刘徽在《九章算术注》中提到，忽为最小的长度单位，忽以下没有明确单位的数用微数表示，把整数个位以下无法标出名称的部分称为“微数”。

（4）小结：看来真如你们所说，我们不便于用单位 1 来计数的时候，就想到了分数或者小数。古时候我们把它称为“微数”，小数就是“小单位的数”（板书：不足单位 1　小单位）

【设计意图】分数、小数的出现主要是为了计量比“单位 1”更小的量。“小数的意义”教学切忌因教小数而教小数，把分数和小数的产生割裂开来教。所以此环节让学生意识到当度量不能得到整数结果的时候，可以用分数和小数来表示，这体现了分数、小数产生的必然性，同时也适当沟通了分数和小数之间的关系。

2. 为什么有了分数还要有小数？

（1）提问：既然小数和分数表示的意义一样，那不足用单位 1 来表示的时候，我们直接用分数表示，为什么还要在很多年后又发明小数呢？

教师让学生先思考一会，再动态演示拨珠。

（2）操作（PPT）：你能在计数器上直接拨出 $\frac{1}{10}$ 吗？你能在计数器上直接拨出 0.05 吗？你能在计数器上直接拨出 $\frac{1}{2}$ 吗？

你能在计数器上直接拨出$\frac{1}{10}$吗？你能在计数器上直接拨出$\frac{1}{2}$吗？　你能在计数器上直接拨出$\frac{1}{2}$吗？

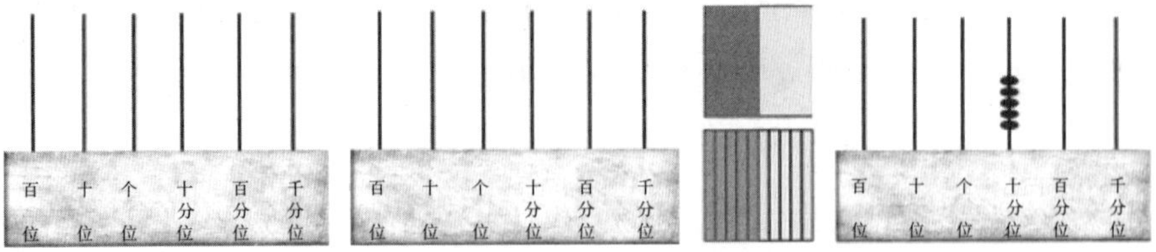

（3）交流：只有把$\frac{1}{2}$变成十分之几才能在计数器上拨出来。在十分位上拨 5 颗珠子，十分之五就是 0.5。

小结：看来只有十分之几、百分之几、零点几、零点零几等才能在计数器上拨出来。$\frac{1}{2}$、$\frac{1}{5}$、$\frac{4}{5}$等都要转化成十分之几或零点几，才可以在计数器上拨出来。每一个分数也想在十进制计数器上有自己相应的位置。分数也想满十进一，但它没办法，只能靠小数来转换。

这才是很久很久以前出现了分数之后，又在很多年后发明小数的真正原因。小数为分数和十进制搭起了桥梁。比如，$\frac{1}{2}$、$\frac{1}{5}$、$\frac{4}{5}$等通过转换成十分之几或零点几，就能在计数器上拨出来了，也能满十进一、退一当十。向左满十进一，不断地表示无穷大的数；向右退一为十、退一为百、退一为千……也是因为有了小数，整数的十进制计数法才得以反向延伸。

所以我们称（PPT）：小数是数系发展史上重要发明。

【设计意图】小数的产生有两个前提：一是十进制记数法的使用，二是分数概念的完善。小数的出现标志着十进制记数法从整数扩展到分数，使分数与整数在形式上获得了统一，反映的是十进位值制计数向相反方向延伸。十进位值制反向延伸对于小学生来说还是很抽象的，只有要求他们在计数器上拨$\frac{1}{2}$、$\frac{1}{5}$，没有办法拨出这些分数时便会意识到除了十分之一、百分之一、千分之一等外，其他分数都无法延续整数的十进制，要靠小数来为“分数”与“十进制”搭起桥梁，只有借助小数才能使分数和整数在形式上获得统一。小数区别于分数的独特价值也就脱颖而出。

——节选自朱国军《本源性教学，让小数更有意义》（收入本书时有改动）

第三，磨新授的紧凑和流畅。新授环节是课堂教学的主要环节，也是教学设计的重头戏，各环节需要经过严密磨合。从课堂高效的角度要求，各环节应该紧凑而流畅。

紧凑是指各环节内容关联度高、衔接紧密，没有无关的内容和多余的时间。在上例中，当学生写出一位小数后，教师马上要求学生创造两位小数：

1. 动手创造两位小数

（1）谈话：我们都知道数与形是好朋友。刚才我们借助结绳认识了零点几的一位小数，我们继续借助形来加深我们的理解。如果这个正方形的大小用“1”来表示（板书：1），老师把这个正方形的边长都平均分成了10份，你能通过画一画、涂一涂，创造出和刚才不一样的小数吗？

（2）学生动手操作，教师收集具有代表性的作品，然后进行交流汇报。

（3）小结（让学生拿着作品从0.1、0.2、0.3一直往下数）：数中发现了0.01= $\frac{1}{100}$，还发现了10个0.01就是0.1，100个0.01就是1。（板书：100个0.01=1）

【设计意图】“数”与“形”是数学研究的两个基本对象。“数无形时少直觉，形少数时难入微”形象生动地指明了“数形结合”思想的价值。认识两位小数是本节课的重点，是对一位小数认识的深入，又“孕育”着三位小数的产生。本环节借助正方形纸让学生通过画一画、涂一涂、数一数，把正方形平均分成了100份，取其中的一份或若干份来认识两位小数。这里的正方形是思维的载体，借助平均分的过程形象地显示出两位小数的形成过程，学生也直观地理解两位小数与一位小数之间的关系。

2. 迁移探究三位小数

（1）谈话：刚才我们把这个“1”平均分成10份、100份，认识了不同的小数。下面请你们借助正方体来认识更多的小数。

（2）交流：如果把正方体平均分成1000份，那一份就是0.001，也就是$\frac{1}{1000}$。

（3）追问：0.123表示什么意思呢？0.999呢？0.999再“遇到”0.001会怎么样呢？

（4）操作：要求学生在结绳上表示出0.06和0.006。

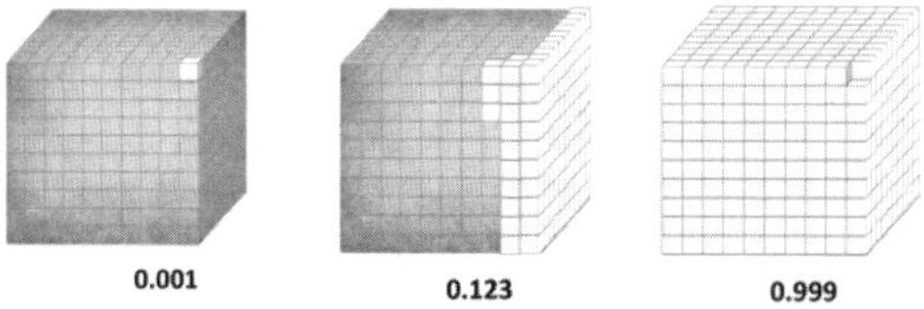

【设计意图】对于三位小数意义的理解是建立在一位小数和两位小数的基础上。本环节从前面的内容引到后面的内容，让学生在归纳总结出一位小数、两位小数与分数的关系基础上，自主探究三位小数的意义，也让学生体验了线、面、体这些直观模型。从整数到一位小数，再到两位小数、三位小数，学生在可视化的图像中直观地经历了一个不断细分的过程，从而很好地感悟了小数的意义。

——节选自朱国军《本源性教学，让小数更有意义》（收入本书时有改动）

两位小数和三位小数的教学连在一起，就显得很紧凑，它们共同揭示了小数的性质。

流畅是指教学设计执行起来顺畅、干脆、不拖泥带水。从上面的案例可以看到，由引导学生用画一画、折一折、摆一摆、说一说等一系列方法来初步感受其中的“变与不变”，到对其中的变化规律有了一些感性的、初步的认识，整个过程一气呵成、非常流畅。反之，如果只用一种方法，就开始总结分数的基本性质，就显得有些单薄和生硬，这样教学起来就会让人觉得不够紧凑和流畅。

第四，磨练习的层次和密度。在练习环节中，要考虑习题的层次性，以满足不同学习层次的学生，这样处理也保证了练习的密度。在同样的时间内，鼓励快的学生多练习。例如教学“分数的基本性质”，教师安排了如下练习：

1. 写数

小组每人写一个分数，猜猜小组成员的分数哪个最大？哪个最小？怎么知道谁猜对了？

2. 改数

将小组成员写的分数改写成分母相同的分数。

第 1 题是基本练习，但又有变式，难度适中。“写数”让学生通过在数轴上写相等的分数，感受“值同形不同的分数在数轴上的位置一样”的简约和极限思想。

第2题“改数”为将来学习约分埋下伏笔，让学生思考如何将异分母分数转化成同分母分数，更便于分数大小的比较、分数的加减运算。这题的练习难度不算很大，但练习的意义和价值较大。

这种分层练习一方面考虑了不同学生的学习水平，另一方面考虑了数学知识的递进程度。这样的练习设计就是“磨”出来的。

第五，磨拓展的提升和导向。课堂中不一定有拓展环节，但要考虑到学生可能超常发挥，因此教师在教学设计的时候要有准备。如学习完梯形面积后，教师设计了如下拓展题：

1. 求梯形的面积：上底是10，下底是20，左边长8，右边长是6。

2. 如下图：在梯形ABCD中，E、F分别是AD和BC的中点。已知梯形下底是上底的2倍，中间四边形的面积是54，求梯形面积。

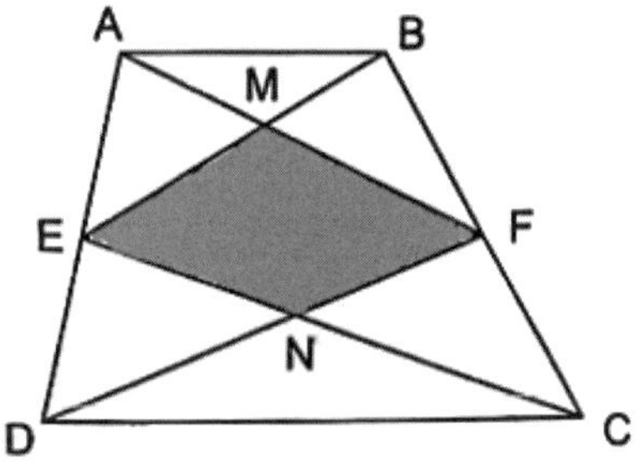

练习的目的不应该只停留在技能的掌握上，而更应该注重学生通过练习获得一定的感悟、联想和提升。拓展的导向就是引领学生向更高的数学领域攀登，向课外更广阔的数学天空翱翔！

第六，磨结构的优化和创新。把一节课的每个环节磨好了，还得再看看每个环节的衔接性，以及整个结构是否做到最优化了。

一看能否做到首尾兼顾，就是课的开始和结尾环节都有，而且均衡。平常课中有太多的虎头蛇尾式的情况，即教师非常注重开头的导入，舍得在这个环节花时间、花力气，当然导入的效果也不错，但到了收尾阶段，由于没有把控好前面环节的时间，或者因为自身的认识和修为不够，便草草收场或者干脆就不说小结，从而使整节课的效果差了那么一点点儿。每节数学课都应该是一节完整的课，应该有始有终、有头有尾，否则就会显得虎头蛇尾、头重脚轻。好比一个人的穿着，头戴爆款的头巾，靓丽夺目，而脚上套着两个皱巴巴的破塑料袋，顿失美感。

首尾兼顾的另外一层意思就是要首尾呼应。有一些非常好的导入，创设的情境也适合，引出的问题也聚焦，但教师为了给学生留悬念，吊吊学生“胃口”，在导入时并没有解决提出的问题。到了本节课的中心概念出来之后，或者学生已经掌握了方法之后，教师还是没有想要解决课始提出的问题，直到课结束了依然不去解决。这是非常令人遗憾的事情。比如在一节数学课上，学习内容是“平面的基本性质”，教师用这样一个情境来导入：

布店有一根竹尺，长度是一尺。两边被磨损得凹凸不平（如下图）。但布店老板还在使用它，而且还能用它在布上画出一根不少于一尺的线段，他是怎么做到的？

面对这样的题目，学生由于缺少相关的生活经验，一时半会束手无策。教师看到“火候”也差不多了，就说：“我们今天来学习一个新的知识，看看我们学完后，能不能解决这个问题。”

随着教学环节的层层推进，平面的基本性质也被层层剖开，练习也层层深入且被不断地拓展。在最后总结时，师生合作也很到位。此时，恰好下课铃响，教师宣布下课，至于课始的尺子问题，也许教师真的忘了，也许学生配合式、选择性地忘了。总之，再没有人提到用那根“倒霉”的尺子是怎么画出直线的。

其实这个导入素材引发的问题如果得到了解决，不仅可以让学生进一步地强化“平面内一定可以画出线段、射线”这个知识点，还可以让学生认识到“平面和边缘”是两个概念。平面的边缘不一定是直的，长方形餐桌面是平面，圆形餐桌面也是平面。素材中的尺子上下两条边是破损的，不是直的，但正反两个面都是平面，利用平面是可以画出直线的。这个地方不单单能训练想象力，也渗透了平面是可以立起来的思想，为学生将来学习立体几何做了一些铺垫。

二看能否做到承上启下。为了把数学难度降低，教师通常采用的是分解难点这个方法，给学生搭建一个“小台阶”。不同台阶就是教学的一个个环节，环节内部自成体系、训练点十足，而环节和环节之间的过渡就起承上启下的作用。在教学“认识 20 以内的两位数”时，教师通常设置两个环节：第一个环节是复习 10 以内的一位数和得数是 10 的加法，第二个环节是认识十几的数。如何衔接这两个环节呢？教师在两个环节之间增加了一个小活动，给每个小组两块橡皮，让学生把组内的铅笔（控制在 10 支以上 20 支以内）插在橡皮上，使得一眼就能看清小组一共有多少支铅笔。有的小组是随机插的，7 支和 8 支、6 支和 5 支、4 支和 9 支都有，有的小组是先把一块橡皮插满 10 支笔，剩下的笔插在另外一块橡皮上，这样一眼就能看清小组的铅笔总数。通过对比，学生自然就能进行优化。这样一个活动就是一个承上启下的过渡活动，比起直接从一位数跳到两位数的教学要自然许多。增加的这一个过渡环节就是磨出来的。

磨课时一定要有大局观，不能“只见树木，不见森林”。整体考虑，就是系统思维，就是成长型思维模式在推进。注意到各环节的衔接性，其实只是整体磨课的一角。

三看能否做到“核”“能”并举。对教材知识结构进行系统化是一线数学教师所擅长的，但他们往往忽视对学生能力乃至数学方法、思想进行系统化。说到底还是因为教师的教学观没有得到彻底的转变。修订后的数学新课标更加强调数学学科核心素养和关键能力。这里所说的“核”即核心素养，“能”即关键能力。这是一个非常广阔的数学视野，此处仅用一个课堂片段来简单说明一下（教学内容是“奇妙的割补”）：

师：平行四边形面积等于底乘高！你们还记得当初是怎么研究出平行四边形面积公式吗？

生 1（上台演示）：我就想怎样把平行四边形转化成长方形。我沿着这条高剪下一个三角形，拼到这一边，就变成长方形。形状变了，但面积没有变。长方形的长就是平行四边形的底，长方形的宽就是平行四边形的高，所以平行四边形面积等于底乘高。

师：好！当初你们是把平行四边形转化成学过的长方形来研究的。不错，刚才汇报的方法是沿着这条高剪下来。还有其他的剪拼方法同样能把平行四边形转化成长方形吗？

生 2：我沿着平行四边形中间的这条高剪下来，就剪成两个梯形，也可以拼成长方形。

生 3：我是想把这儿多的剪下来，把它补到上面，上面多的补到下面。

师：好，你来说，我来现场操作试试看！这样也能转化成长方形？是随便找个点剪吗？

生 3：不是。先在平行四边形左右两边的中点画垂直线段，沿着这个垂直线段剪下来，这样剪下来才能和上面一模一样。

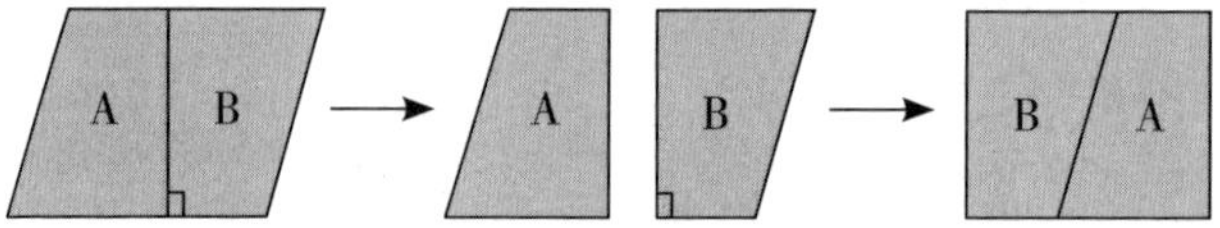

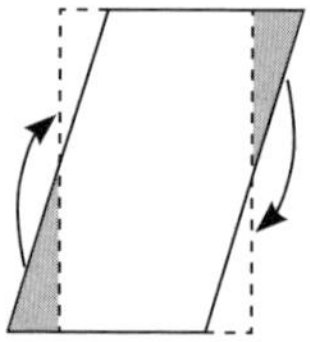

师：看来，剪拼还有一些小学问！老师告诉你们，古代的数学家刘徽把这样的“剪拼”方法称为“割补术”。我们一起来了解。播放视频：

刘徽（约 225—约 295），我国魏晋时期人，著有《九章算式注》和《海岛算经》，被称作“中国古代数学泰斗”，也被称作“中国数学史上的牛顿”，有着相当重要的历史地位。他在《九章算式注》中提到的“割补术”解决了一个又一个的数学难题，系统地给出了各种图形面积公式的证明，因而“割补术” 成为刘徽最重要的成就之一。

师：看完了对刘徽以及割补术的简单介绍后，再结合平行四边形面积公式的推导，你对割补有新的认识吗？

生 1：其实割补术听起来复杂，实际上就是利用“剪拼”的方法把平行四边形转化成长方形。

生 2：割补还真奇妙，一个图形有多种割补的方法！

生 3：把不知道的图形转化为我们学过的图形。

师：瞧瞧！学有所悟，老师为你们竖起大拇指。当我们遇到新知识无从下手时，把新知识借助割补的方法转化为旧知识来解决，就会轻而易举了！（板书：未知图形→已知图形）

——节选自朱国军《浸润数学思想　提升数学素养》(收入本书时有改动)

此处可以看到，知识要求就是计算长方形面积，但它在这节课中并不是重点，重点是这个知识推导的过程，也就是数学方法。数学教师要有渗透数学思想方法的意识，更要讲究方法的方法。上述教学不仅让学生了解转化的数学思想，还让他们知道了是通过割补的方法来转化的。同时，他们从多种转化方法中又发现解决问题的方法都是把未知图形转化成已知图形、新知识转化成旧知识。这就是关于方法的方法，是数学学习中的关键能力。由此，学生获得了知识，习得了方法，提升了能力，留下了思想，朴素的探索经历促进了数学素养的真正提升。这就是数学学习的一种整体效果和综合效应。

四看能否做到“少教多学”。“少教多学”的教学思想基于生本课堂的教学理念，它要求教师少讲、精讲，要求学生多学、会学。实际教学中要贯彻“以学定教、精讲多练”的施教原则。“少教多学”不是不教，不是不讲，而是在关键处教，在紧要处讲。如果要强调学生合作学习、自主探究，磨课时就一定要把“少教多学”的教育思想融入课堂中来。

在上例中，教师设置了如下练习，就很好地反映了“少教多学”的思想：

1. 回忆三角形

师：还记得三角形的面积是如何计算的？当时你们是怎么研究出来的？

生 1：我们用两个完全一样的三角形拼成平行四边形，求出这个同底等高的平行四边形面积再除以 2。

生 2：三角形面积 = 底 × 高 ÷2。

师：好好！学了长方形面积公式我们能推出平行四边形面积公式，学了平行四边形面积公式我们又能推出三角形面积公式，旧知识不断地推出新知识，新知识又不断地变成旧知识。知识就是这样慢慢地积累出来的！

2. 动手操作

师：那么认识了割补后，你还能通过割补的方法来研究一下三角形面积的计算方法吗？先说说看，你打算怎么研究？

生：我打算通过割补看能否将它转化成平行四边形或长方形。

师：有想法还得实践，动手试试看。

学生进行动手操作。

师：我发现有孩子将它转化成长方形，还有孩子将它转化成平行四边形，真了不起！我请研究好的孩子来展示给大家看看。

生：我还可以这样割补，把它转化成平行四边形。

3. 沟通联系

师：那么三角形面积公式是什么呢？和黑板上写的"三角形面积＝底×（高÷2）"一样吗？为什么会有不一样的三角形面积公式呢？

生3：生1研究出的公式三角形面积＝底÷2×高，和生2研究的公式三角形面积＝底×（高÷2），以及我们以前研究的公式三角形面积＝底×高÷2，其实是一样的。

生4：我赞成他的观点，只是研究的方法不一样。

生5：原来我们研究三角形面积公式还有这么多方法！

生6：以前我们只知道一种。

师：对呀，以前我们是把两个完全一样的三角形拼成学过的平行四边形来研究，今天我们是把它割补成学过的长方形或平行四边形来研究。看似研究方法不一样，其实……

生：其实本质是一样的，都是转化成学过的图形来研究。

学生再一次在比较中深化"转化"的思想

师：真好！真好！透过现象看本质！

——节选自朱国军《浸润数学思想　提升数学素养》（收入本书时有改动）

课堂上的“少教多学”也可以减少学生的课后学习负担，非常值得倡导。因此，从“双减”的角度来看，教师也应该认真地磨课，让学生在课堂上多学，高效地学。在课内“加压”，才有可能在课外把“减负、减压”落到实处。

五看能否做到共同成长。学生、教师和课风组成的三位一体，有着共同的目标、共同的追求，那就是成长，用成长型思维模式来主导课堂，实现同构共生、互惠共赢。下面来看看上例中课尾部分的课堂实录：

师：好了，课接近尾声了，今天你有哪些新的收获？

生 1：我学会了割补。

生 2：我知道三角形和梯形还可以通过其他更多的方法来推导面积计算公式。

生 3：我发现了梯形可以转化成很多图形。

生 4：我们以后遇到新知识要学会转化成旧知识。

师：既然平行四边形、三角形、梯形都能很好地运用割补，那么圆是否也能割补呢？平面图形可以，立体图形是否也可以呢？让我们带着问题走进我们的微课小视频。

教师播放视频。

师：此时给你视觉冲击力最大的是什么呢？你最想说些什么呢？

生 1：圆柱竟然也能割补。

生 2：割补的神奇。

生 3：知识之间都是有联系的，你能把它联系起来就是能力。

师：孩子们你们知道吗？割补这个好方法在小学可以帮助我们解决图形的一些问题。到了中学，割补的作用可大了，那时有更神奇的割补等待着我们探索！

师：最后，送给你们三个字——思、行、悟，即遇到新知识要学会“思考”，然后寻找好的方法来“行动”，最后从好的方法中“感悟”数学的美、数学的妙、数学的奇。这样你会越来越喜欢数学。（黑板右上角竖着板书：思　行　悟）

——节选自朱国军《浸润数学思想　提升数学素养》（收入本书时有改动）

学生在这节课中无疑是收获最大的一方，既收获了知识，还收获了能力。教师在这个过程中也有收获，这个收获就是送给学生的三个字——思、行、悟。

在整个教学过程中，教师也在不停地思考，既思考知识之间的联系，也思考如何把知识的亮点呈现给学生；既思考数学方法的融通，也思考数学思想的渗透。从一开始的割补术，到数学方法的总结，再到数学思想的提炼，真正实现了“术—法—道”的完美展现和体认。教师的视野和格局也得到了一次升华，这就是教师的成长。

师生成长的另外一个方向就是成长型思维模式，他们在这个方向上是完全统一的，因为无论在挑战还是在努力解决问题的过程中，双方都表现出无畏和专注。成长型思维模式在课堂的每个环节都能显露出来。

师生共同营造和演绎的课风，在本节课也呈现出成长型思维模式的特点——不断克难、不断挑战，形成多轮的良性循环，这是不可多得的优秀课堂文化。对这个班级的课风来说，又是一次很好的成长。

成长型思维模式视域下的课堂成长共同体在本节课中把系统结构和成长风格演绎得淋漓尽致。不谋全局者，不足谋一域。整体决定部分，即要求教师在磨课堂各环节的时候，一定要服从这节课的系统思维和整体风格。磨环节不忘整体结构，磨系统不忘局部环节，做到综合磨课，才有可能出现整体效果大于各环节之和的效应。

2. 磨细节

俗话说，细节决定成败。磨细节就是讨论教学步骤中一些碎片，使其在展现的时候更具艺术性。磨课堂教学细节，可以从以下 6 点入手。

第一，磨知识重点的呈现。教学重点是从知识的角度提出来的，它是学生本节课要重点掌握的，因此也是教师组织教学时要重点呈现的。

知识点的呈现有好多形式，可以由教师讲出来，也可以由学生讲出来，近年来的课堂还出现由人工智能虚拟数学家讲出来的。在讲授式的课堂中，知识点一般是由教师照本宣科地讲出来的，比如分数的基本性质、三角形的特征。在自主探究式的课堂中，概念是由学生一步步地探究出来的。比如在“认识角”的教学中，“认识角的共同特征”是本节课的重点，如何用探究的方法来教学呢？以下举一例说明：

1. 复习直线、线段和射线

比较它们有什么不同，是否有共同的特点。

2. 寻找生活中的角

（1）说一说生活中有哪些有角的物体。

（2）看一看教师提供的图片中哪些地方有角。

3. 抽象出数学中的角

（1）画一画：把你刚才看到的角画出来，每个人画一个就好。

（2）说一说你是用什么来画的、怎样画的。

（3）你怎么知道你画出来的一定是角？

4. 探究角的共同特征

小组合作学习任务：

（1）把每个人画的角放在一起，首先研究一下每个人画的是不是角。如果不是，理由是什么？

（2）把小组所有的角放在一起，看看这些角有什么共同特点。要用数学语言来表达。

（3）如果研究有困难，可以参照下面的提示单：

	张同学画的角	李同学画的角	王同学画的角
有几个顶点			
有几条射线			

小组总结角的共同特征：角有______，有______，有______。

像这样简单的知识重点，若学生通过自主探究有可能自己发现的，就让学生来发现，教师需要做的就是表扬他们的发现。

对于最后的结论，教师也可以引导学生根据表格内容自己说出来，而不是全由教师“包办代替”，这样才能真正发挥学生的主动性和能动性。由学生自己说出来，他们才印象深刻。教师要做的就是强调一遍，如果学生有不规范的地方，指导他们修正一下就可以了。

最后，教师还要引导学生认识到，这个重点知识是他们自己探究发现的。这个过程也就是前面提到的反思学习过程。它能帮助学生增强元认知的同时，还有利于学生发现数学学习方法。这就是“授人以鱼，不如授人以渔”。

第二，磨教学难点的突破。教学难点是从学生学的角度提出来的，它是学生学习过程中可能会遇到的思维瓶颈预设。

对难点的突破策略非常多：几何类知识一般采用直观演示或动手操作；低年级数学难点多通过游戏来突破；生活化的题可以联系生活，化抽象为形象，化繁为简；同类平行知识可以巧用迁移，触类旁通……

对于高年级难度较大的知识，一定要运用坡度，抓住关键，逐级突破。比如较复杂的百分数解决问题教学，其经典内容中有浓度类的题：

冷冻厂通常用氯化钾溶液来做制冷剂，浓度越高，制冷效果越好。现有浓度为 10% 的氯化钾溶液 1 吨，需要加多少千克的氯化钾，才能使浓度上升到 20%.

此题的难点就是理解浓度的概念。题中涉及两个浓度，学生对此理解起来有一定的困难。

怎样突破这个难点？那就是抓住“不变量”——水并没有增加。

怎样抓“不变量”？比较两个浓度：

	加氯化钾之前	加氯化钾之后
浓度变化	$\frac{原有氯化钾质量}{原溶液质量}=10\%$	$\frac{现有氯化钾质量}{现溶液质量}=20\%$

通过对比，发现这四个量都是变量，没有不变量，所以需要再增加坡度台阶。

再比较：原溶液质量 = 原氯化钾质量 + 水质量，现溶液质量 = 现氯化钾质量 + 水质量。

这样就很容易发现，不变量是水的质量，所以需要先把水的质量求出来，那么此题的关键难点就解决了。

那种只让学生记浓度稀释公式的教法，可以解决简单的浓度问题，但一旦题目有变化，学生通常会出错，而且是大面积地出错。所以，根本的解决之道还是要让学生抓关键点，找不变量。

第三，磨节奏快慢的控制。经常打乒乓球和羽毛球的人都知道，这些球类比赛有节奏的变化之妙。比赛中的一些转折点，都是突然之间有了一个节奏的变化，要么突然节奏加快，要么突然收拍让球回到近网，从而破坏对手的步伐节奏和防守节奏。

数学课堂也有节奏之美。教师在设计各环节活动的时候，会有一个预估的课堂节奏。问题和知识简单时，课堂节奏明快。比如，有些数学教师在课始让学生做视算题时有速度要求，即让学生扫一眼就马上报出得数，节奏快得让人难以适应。但由于学生习惯了这样的节奏，在单位时间内，别的课堂只能练 20 道题，而他的课堂可以练 50 道题。课堂练习效率不言而喻。

概念教学时则需要学生慢慢品味，因此这时的课堂节奏就不能太快，快则会让学生囫囵吞枣。

实际教学中如何控制教学节奏？应该说，一节课的节奏是师生长期默契合作的结果，教师可以控制一些环节的节奏，但真正控制课堂节奏的是学生。同样的数学教师，他用同样的教学设计在不同的班级进行施教时，其自我感觉是不一样的。这其中就有一个节奏的变化。有的教师能适应，并做出改变；有的教师则不能适应，还用原有的节奏往前走，结果要么跟不上学生的节奏，要么把学生抛开。能适应并做出改变的是成长型思维模式的教师，不能适应的则是固定型思维模式的教师。

要磨一节课的节奏，需要研究学情，了解学生的学习基础和学习习惯，然后因材施教，采用不同的教法，这样才有可能出效果。配合学生的理解节奏，就是最好的课堂节奏。

磨节奏时要多准备几个预案，即使课堂上出现不同的理解情况，也能够及时调整，以适应学生的节奏。

磨节奏主要是时间的精算，算不好时间，会出现赶节奏或拖节奏的现象，显得别扭。

第四，磨关键语言的精炼。数学教师的专业素养在课堂上直接体现在他的语言表达上：一是他能不能用数学语言来表达，二是能不能在关键的地方用关键问题来引导。

关键问题可以是一个问题，也可以是设计好的问题串。关键问题是指能刺激学生深思的问题。这样的问题有时用一句话表达就够了，多则容易扰乱学生的思维。比如，上面浓度问题中的“不变量是什么？”就是关键问题，一个足矣。能想清楚这个问题，整道题就有思路，就会柳暗花明。在反思的时候，关键问题就是“为什么要找不变量？”，这个问题就能让学生费半天口舌才能解释清楚这个问题，甚至说不清。这些都是关键问题。

问题串是几个问题连在一起问，它有层次性和设计感。问题串如果没有经过设计，就会是随机的、零碎的、混乱的。若问题很多、很稀碎，没有一个是关键点，学生自然会对此一头雾水。下面举一例说明：

> 比如，教学“除数不是整十数的三位数除以两位数除法”时，教师抛出一个个细碎的问题：“除数不是整十数怎么办？”“前两位够除，商上在哪？”“所试的商是和心里想的整十相乘还是和真正的除数相乘？”学生在教师的引导下“亦步亦趋”，教师也“绑架”了学生的思维。
>
> ——节选自朱国军《倡导深度学习　助力思维进阶》

磨问题串要围绕关键问题去设计，要能启发学生不断深入地思考，以接近解决问题的核心。比如在学生学习了分数的基本性质后，有教师设计了下面一组问题，我们剖析一下这组问题的设计目的，从中也可以体会关键语言的重要性：

问题串	设计目的
比一比30秒内你能任意找出多少个相等的分数？	给出任务，进一步理解分数的基本性质。练习有效率要求。
为什么写得这么快呢？	教师在巡视中发现有的学生找到了规律，明知故问，以引导学生思考和表达。
是不是变与不变起了作用呢？	引导学生分享方法。探究重在体验，贵在实践。
又是怎样变才会最终不变呢？	关键问题1，思维聚焦。把课堂教学聚焦在学生的认知难点“分数的分子、分母怎么变，分数的大小才会不变”这个问题上。
（把学生写的分数展示在大屏上）这些相等的分数之间会有什么规律呢？它们怎样变才会引起最终不变呢？	关键问题2，引导学生深度思考，向深度学习迈进一步。设计了3个不同层次的思维探究：先写相等的分数，学生要思考这些分数是否相等；再想这些分数是怎么变来的；最后发现规律。层层推进，深入浅出，效果立竿见影。
你发现了什么？（学生发现了下面两个规律）	开始小结，训练学生用数学语言来表达。学生之前积累的经验感悟得以充分释放，已经能意会其中的规律，对变化规律的概括自然水到渠成。
你是怎么发现的？	反思学习过程，元认知体认。这又是深度学习。

a. 从左向右，$\frac{1}{2}$的分子和分母同时乘以2得到了$\frac{2}{4}$，$\frac{2}{4}$的分子和分母同时乘以2得到了$\frac{4}{8}$，分数的分子和分母都同时乘以2，分数的大小不变。

b. 从右向左，$\frac{4}{8}$的分子和分母同时除以2得到了$\frac{2}{4}$，$\frac{2}{4}$的分子和分母同时除以2得到了$\frac{1}{2}$，分数的分子和分母都同时除以2，分数的大小不变。

第五，磨习题选择的精要。学生课堂上的练习大多以数学教材上的习题为主，这些习题都是编者精心设计出来的，都是基础的练习，是保底的练习。

对学习进度较快的学生来说，教师需要精选习题进行补充。如何精选？一要有结构性，二要有层次性。结构性是就学习内容的覆盖面和知识内部关联度来说的，层次性是就不同学生练习需要来说的。下面看一个例子：

在“奇妙的割补”教学后，教师设计了这样一道题：

师：好了，学会了割补，学会了转化，看看你们能否活学活用呢？这里有个房子的侧面平面图，只告诉你这两条边的长度，你能求出这个平面图形的面积吗？

生：……（略）

师：孩子们听明白他的意思了吗？看了动画你会更明白！

教师播放动画。

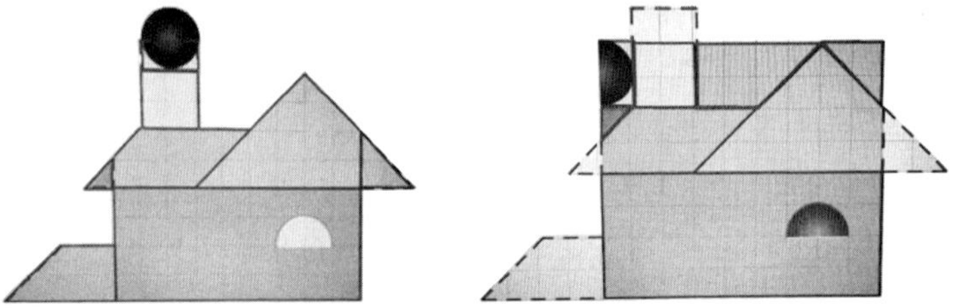

师：看似复杂的组合图形，就这么一割一补，转眼就变成了长方形。寻求出好的方法会让你有意想不到的惊喜。

——节选自朱国军《浸润数学思想　提升数学素养》（收入本书时有改动）

这样的习题再一次让学生从中感受了割补的神奇、数学的奇妙，同时还让他们意识到创新思维能力的重要性。这样的习题设计既能全面复习本节课所学，又能让不同层次的学生有不同的拓展与提升。所以题不在多，而在于精。

第六，磨随机生成的可能。课堂讲究预设，也鼓励生成。任何课堂都有生成的可能。课堂生成可能是随机的、偶然的，也有可能是长期开放性思维鼓励的必然。在对细节琢磨的过程中，教师要对生成有预测并有预案。如果对于随机生成的新知识或新方法，教师在课堂有限的时间内不能判断其真假对错，是很尴尬的场面。

优秀的数学教师都能把课堂随机出现的问题转化为教育资源，使课堂出彩。

在学习“时分秒”这部分内容时，学生们刚刚学完它们之间的进率，即 1 小时 =60 分，1 分 =60 秒，突然有个学生手举得高高，教师点了他的名。他提出了一个问题：时分秒之间的进率为什么是 60 而不是 10、100 或 1000？

在学生的印象中，学习内容涉及了很多十进制、千进制，像 1 米 =10 分米，1 元 =100 分，1 吨 =1000 千克，等等。在他们的意识里，整十、整百在参与计算的时候也很好算。所以，学生的这个问题表面看起来突兀，实则是在思考的基础上提出来的。如果教师没有相关准备，说不定就被学生问住了。幸好教师在课前备课的时候专门查了下数学史，于是胸有成竹刚要开口回答这个学生的问题时，又看到一个学生举起了手，便问：“你知道答案吗？”那个刚举手的学生点点头。于是课堂风向一转，似乎“花开两朵，各表一枝”。

对于第一个举手的学生，教师反馈道：“第一个同学敢于提出我们教材上没有的问题，这是勇气，是敢于挑战，是一种批判精神，也是在思考的基础上提出了质疑，非常值得肯定。希望同学们向他学习。”

对于第二个举手的学生，教师反馈道：“是呀，1 小时为什么不等于 100 分钟呢？我们来听听这个同学的回答。”应该说，第二个学生博览群书、见多识广，他真的把相关数学史娓娓道来，跟教师查找的答案差不多。

于是，在他回答完后，教师也及时表扬了他：“原来时间的来历与天文学有关，我们真是大开眼界。事实上，数学和天文学原本就有密切的联系。为这个同学的博学鼓掌！”

“进率设置为 60 还有一个好处，就是因数很多。我们先来看看 60 有哪些因数。”教师说完后，课堂又沿着原来的轨道方向推进。

教师不能每次都指望学生来救场和解围，所以在备课的时候，就应该考虑周全，准备充分，以防“生成”变成“意外”。

（二）赛课是教师成长的阶梯

为了鼓励广大教师不断地提升课堂教学水平，各学校或上级主管部门都会举行各种形式的赛课活动。赛课，是教师专业化成长的必由之路，能获得几等奖不重要，重要的是这个过程，因为在这个过程中，会有好多人帮助自己得到提升。而教师会发现，经历了这样一个漫长的过程，自己的课堂驾驭能力有了质的飞跃。

1. 未来的你会感谢现在努力的你——自己帮助自己

人在成长的路上会得到许多贵人的相助，例如家长、教师、同事、领导，甚至陌生人。但是真正让自己坚持攀登高峰、永不言弃，成功或成仁的，一定不是外人而是自己。如果我们自己都不愿意帮助自己，还有谁愿意帮助我们呢？摔倒了，如果自己都懒得爬起来，别人再扶也没有用，就像那个扶不起的阿斗。保持一颗永远年轻的心，专注而矢志，内心强大，才有源源不断的动力和滔滔不绝的激情。这样的人，未来不会差到哪里。正如奥斯特洛夫斯基所说：“当他回首往事的时候，他不因虚度年华而悔恨，也不因碌碌无为而羞愧。”这样的人生不负青春，不负韶华，何悔之有？

每一个数学教师都应该有为数学教育奋斗终身的信念和理想。既然选定了数学教育，就应该无怨无悔地向前走。不一定都成为大家、名师，但得对得起自己的学生，不误人子弟，能够让学生接触到正宗的数学思想，并让这个思想指引他们在各学科学习中昂扬奋斗，在工作中做出成绩。这是数学教师的高风亮节，是数学教师的职业信仰，值得用一辈子守望和努力。

自己帮自己，不能光励志，最重要的是行动。如何行动？看书—思考—践行—反思—再行再思，如此反复。要做一个行者，去历练、去参悟、去积累、去提升，这些经历和体验真的没人能替我们感受，只有靠自己。一个充满正能量的积极人生，会让我们倍感欣慰。回头一看，拥有成长型思维模式，真的是人生一笔宝贵的精神财富。

2. 有你真好——同事的帮助

工作中，总有一些热心的同事在我们遇到困难、挑战、挫折、障碍、批评、懈怠、彷徨、消沉的时候，会无条件、不计得失地帮助我们。教学上也是这样。同行不是冤家，也不是对立的竞争关系。良好的同事人际关系应该是合作共赢的关系。

同事能够给我们提供哪些帮助？

首先，同事可以带我们入行。教师这个职业，虽然可以通过师范院校或专业机构培养，但对于执业经验，多年来还是靠口传心授。如果拜一位经验丰富的老教师为师父，则可以很快地进入这个业内的核心地带，比如学会如何快速地过备课、上课的关，如何与学生和家长打交道，如何开始职业规划，等等。

其次，跟着同事可以现学现卖。新教师走上讲台，3 年内会经历“高原期”。一开始不会上课，但看了同事的课后，开始有模有样地学习如何设计导入和复习环节，亦步亦趋地学着提问学生和讲授知识。过了一段时间后，就开始有了上课的感觉了，觉得自己会上课了。就像学游泳一样，由恐惧、扑腾到有了“游”的感觉。这个时候，基本上可以在小组内开研究课，或进行亮相课的公开教学了。

最后，公开课时同事能给我们一些有益的建议，特别是经验丰富的同事。每次执教公开课的时候，他们给出的一些建议总能让我们轻易地避开一些教学“陷阱”，顺利地达成教学目标。可是，再过一段时间后，我们会发现自己虽然每天还在向同事学习，但课堂教学并没有得到多少提升，甚至觉得自己又不会上课了。这就是职业生涯的第一个“高原现象”。如何突破？逼着自己尝试参加赛课，这可能是一条捷径。

3. 拒绝“内卷”——组长和骨干的帮助

备课组长、教研组长和教学骨干也是同事，不过他们是同事中专业修养较强和事业追求更高的一群人。如果要参加赛课，最先帮助我们提升的就是这群人。不管是什么级别的赛课，对课堂的要求就是两个字：精致。

精致就是趋于完美，这很难做到。正是因为很难做到，所以做的过程才是一种考验和锤炼，它对教师课堂教学能力的拔节效应非常显著。经过了这个阶段的磨炼，就会有一种认识：教和教不一样，有的只是教知识，而有的是教思维。下面举一例说明：

常规教学是在给定的数中找出3的倍数，再去观察猜测这些数的特征，然后再自己举例验证自己的发现是否正确，最终总结出“3的倍数特征”。

通过上面这种蜻蜓点水式的学习，学生能够知道“3的倍数特征”。而试想，如果我们不是教学研究者，我们不去深入地研究“3的倍数特征”，我们就凭小时候老师教的那么点知识，会知道为什么“3的倍数特征”和“2、5的倍数特征”不同吗？为什么“3的倍数特征”需要各个数位上的数相加的和是3的倍数，这个数才能被3整除呢？带着这样的思考去教，教学过程和风向就变了。

师：你知道为什么“2、5的倍数特征”只要看个位，而“3的倍数特征”要看各个位上的数的总和呢？

教师不妨在学生探索出“3的倍数特征”后追问“为什么‘3的倍数特征’要关注各个数位上的数？”，然后借助“小棒图”引导学生慢慢地分析数的组成，比如157分成1个百、5个十、7个一。不管什么情况，1个百和5个十始终能被2和5整除，延伸到几个十、几个百、几个千也一定能被2或5整除，所以只要看个位。而“3”就没那么简单了，1个百除以3余1，5个十除以3余2，1和2再和个位的7合起来不能被3整除，所以要看各个数位上的数。教师借助直观图引导学生发现隐藏在知识后面的道理，学生一声惊叹，恍然大悟，

当教师试探性地问学生“你知道‘3的倍数特征’吗？”，这只属于浅层的学习。不论是布鲁姆认知六层次目标水平还是课程标准目标水平，这样的浅层学习都处于“识记”（认识）和“理解”水平，它们的思维处于低级层面。所以还要让学生在浅层学习的基础上，透过“3的倍数特征”的表面现象，通过数的组成和摆小棒等，发现“3的倍数特征”的本质问题，才知其然而知其所以然。这才是深度学习，才能促动低级思维进阶到高级思维。

——节选自朱国军《倡导深度学习　助力思维进阶》（收入本书时有改动）

如上，同样是教学“3 的倍数特征”，不同的教法会让学生有不一样的收获。

4. 你是我一生的幸运——教研员和名师的帮助

如果有机会在赛课的时候冲到了较高的级别，我们就有可能会得到各级教研员和名师的帮助。这时候用一个词来形容这种状态一点都不过分，那就是“三生有幸”。因为在实际工作中能够得到教研员直接指点一次可能就很幸运了，而如果再得到名师，比如特级和学科带头人的指点，就更不容易了。所以校内有名师，是一种幸福的职业资源，也只有用上这个资源才算是幸福。

教研员和名师对我们课堂教学的指点与前几类帮助不同。由于他们的视野和认知超出大多数教师，所以他们的建议通常都是具有突破性的、创造性的，甚至前瞻性的，至少一定是紧跟学科教学发展主流方向的。

怎样向名师请教？下面来谈一谈。

四、学习名师思维模式——在教科研中成长

名师是榜样，同时也是资源。向榜样学习，就包含用好这个资源。

（一）从上好课开始

名师都是从一线课堂中摸爬滚打过来的，他们都有着深厚的课堂教学功底。向名师学习，首先从上好课开始。

怎样的课算一节好课？一节好课的标准是什么？对此众说纷纭，但以华东师范大学叶澜教授的看法最有代表性。“一堂好课没有绝对的标准，可是有一些基本的要求。”叶澜教授认为，“这些基本要求概括为‘五实’，即：有意义，即扎实；有效率，即充实；生成性，即丰实；常态性，即平实；有待完善，即真实”。

从成长的角度来看，能够充分展现课堂成长共同体特点，充分发挥课堂成长共同体优势的课，一定是一节好课。这与“五实”的表达是有相似之处的。下面不妨从成长型思维模式的角度来看看“五实”课堂呈现出的另外一番场景。

敢于挑战，要展现扎实功底。敢于挑战的课堂，一定是生机勃勃。面对挑战，是规避还是迎接？要迎接的话，不是靠口头，而是要有底气，这个底气就是师生的基本功功底。一节好课既要把教师的教学基本功展现出来，也要把学生的学习习惯和学习品质展现出来，并且展现出来的是令人羡慕而赞不绝口的精神风貌。

勇于克难，要展现平实心态。勇于克难的情境，一定是跃跃欲试。面对困难，是知难而退还是知难而进？是放弃还是坚持？若是知难而进、坚持不懈，就需要有勇气，更需要有平和的心态。我难人亦难，我不畏难；我易人亦易，我不大意。这就是朴实的态度。一节好课要展现出这种可遇的困难，以及师生在面对困难时的积极处理态度。

精于努力，要展现充实韧性。精于努力的课堂，一定是专注而热烈。面对努力，师生都愿意付出，都为了解决问题而出谋划策，每个人的课堂生命都是充实的。围绕学习活动的开展而努力，这种努力是持续而有韧性的。

乐于评价，要展现丰实成效。乐于评价和反馈的课堂，一定是理性而智慧的。面对评价和反馈，人人参与，乐于接纳，这是师生对成长的渴望与希冀。在这样的课堂，成效不仅仅包括成绩，效果不仅仅呈现出对问题的解决，“反思”“评价”“反馈”装满了“成长档案袋”。

善于吸纳，要展现真实课风。善于吸纳的课堂，一定是宽容而兼容的。他人成功不是威胁，而是身边最好的榜样资源之一，可以随时借此激励自我。每个人都有缺点，但我们应关注他的优点；每节课都有瑕疵，但这不妨碍我们对知识的追求。如同固定型思维模式和成长型思维模式，每个人、每节课都有“爱恨交织”和“此消彼长”，师生就是在这样真实的情境中一次次地受挫，一次次地螺旋上升而获得成长。一节课有高潮，必然有低谷；思维有亮点，必然有顿挫。真实课堂的“锅碗瓢盆”，一样可以奏出成长的交响乐！

上好课的前提是先规范，即教师要先练就“唱念做打”的基本功，才能把控“起承转合”的课堂节奏。

除了学习专家制定的好课标准外，遇到名师时我们也要向他们请教如何上好课。要抓住 3 个关键问题与名师交流。

如何处理教材？名师在处理教材的时候敢于取舍，敢于大刀阔斧地增删，这出于两个原因。一是名师对教材体系了如指掌，他们保留核心的数学大概念，删除一些细枝末节，可以使教学内容更具结构性和系统性。二是名师处理教材的思路像写一篇文章，所有材料都是围绕中心展开的，他们对与课堂教学中心有关的内容进行细加工，对与课堂教学主线有关的活动进行细琢磨。这样经过处理的教材就更适合学生学习。这就是独立二次开发能力。下面举一例说明：

> 比如在教学“分数的基本性质”时，有些教师带着学生探究完“分数的基本性质”之后，很少把“分数的基本性质”延伸到“比的基本性质”。更离谱的是，有些教师还不知道联系起以前学过的“商不变的性质”，这样的问题就更严重了。名师就善于把已学的知识、刚学的知识、未来要学的知识串联起来，由点到线再到面，不仅让学生透过现象看本质，还可以训练学生的思维逻辑力，形成自我思维体系。
>
> ——节选自朱国军《倡导深度学习　助力思维进阶》(收入本书时有改动)

如何让一节课有灵魂？名师的数学学科素养比较高，其数学教育教学及研究能力也都比较强，因此在思考一节课的时候，他们站的高度通常高于其他教人。他们的视角独特，视域宏大，设计出来的课自然有大的气场和气概。这就是把数学大思想通过小事件巧妙地展现出来。这样的课就是我们通常所说的“有灵魂的课”，让人过目不忘、回味无穷。

如何抓住学生的思维，并把学生思维的发展脉络与知识生长路线合二为一？名师上课时都非常注重学生思维的发展：巧创情境，创造思维生长点；润物无声，疏通思维的堵塞点；搭建台阶，助力思维的升级点；深入浅出，试探思维的拓展点。在这些思维训练点上，名师似乎都有相应的教学内容和教学设计呈现出来，而且恰到好处。这就是名师的教学功力。下面举一例说明：

杜威认为，一次完整的思维包含着两种运动：一种是用于发现的归纳性运动，另一种是用于检验的演绎性运动，是归纳与演绎的双向互动，实现了学生思维“点—线—面”的辐射式发展。皮亚杰认为，随着学习者学的知识越来越多，认清所学知识之间的联系，主动构建认知图式的过程。因此我们教师要认真研究教材，把握编者的设计意图，联系前后知识关联，让学生去比较、去分析、去归纳……

例如，在教学“梯形的面积”时，当学生经过割补探究出梯形的面积计算公式后，教师可以追问学生：“我们已经学过哪些平面图形呢？它们的面积计算公式是什么？这些平面图形的面积计算公式之间有什么联系呢？”教师引导学生发现可以把长方形看成上底与下底相等的梯形，梯形与长方形面积公式之间有想通的地方，长方形面积公式可以根据梯形面积公式推导出来，即 $(a+a)\times b\div 2=2a\times b\div 2=ab$。学生联想到：正方形、平行四边形、三角形面积公式都可以借助梯形面积计算推出来。

教师接着提问“圆的面积公式是否也可以这样呢？”，把知识延伸开来，给予学生遐想的空间。最后教师抛出问题直追本质：“为什么梯形的面积公式被称为图形中的通用公式呢？”教师可以借助几何画板动态演示梯形的变化，让学生从中清楚地发现当上底变成一个“点”时就是三角形了，再让学生想象一下如果上下底运动到相等时又是什么图形。在动静结合中，学生再一次发现原来所有平面图形就像一家人，它们之间都是有联系的。教师最后又“刁难”学生：“既然梯形的面积公式是通用的，为什么不是所有图形都用这个公式计算面积呢？”在追问中，学生意识到数学的共性与个性、复杂性与简洁性。

在此环节中，教师引导学生沟通了新旧知识之间的联系，让单个知识聚合成结构化、系统化的知识整体。如果把探究并得出梯形的面积公式并且灵活运用公式认为是基础知识的习得，那么这只是浅层的学习，只实现了思维的点状提升。接着，教师要求学生研究各个平面图形的面积公式之间的关系，让学生发现梯形的面积公式通用于其他几个平面图形的面积计算。在这一个环节中，学生的学习逐步走向深入，可以说达到了思维的线上串通。最后，教师追问："圆的面积公式也可以借助梯形的面积公式推导吗？那为什么梯形的面积公式可以通用呢？"这样的提问从"是什么"到"为什么"层层推进，达到了对知识的深度理解，可以说这是思维面上的延展。整个过程从基础知识的"点"走向基于知识脉络的"线"和"面"，让学生从"理解""运用"到"分析""评价"，经历了深度学习，体现了思维的深刻性，让学生的数学学习呈现了生长态势。

——节选自朱国军《倡导深度学习　助力思维进阶》（收入本书时有改动）

（二）从案例研究入手

教师上好课，除了要在备课和上课上下功夫外，还要学习名师，在研究上下功夫。环顾四周会发现，几乎所有名师都是科研的行家里手，这是因为他们善于思考、善于学习、善于实践，这些品质恰恰是教科研的基础。当然，他们也想把自己的教育思想与他人分享。

数学教科研，当从案例始。案例研究是最好的研究，小到一个片段，中到一个数学活动，大到一节课，都是案例，都有研究的价值，不管是自己的还是他人的。

如何进行案例研究？最简单的方法就是看名师是如何进行案例研究的。下面来看数学特级教师朱国军的一个研究案例：

未曾预约的精彩

——"三角形内角和"案例分析

【摘要】教师在对三角形内角和这一部分内容进行教学的过程中，较好地捕捉到了课堂上的生成资源，并将其作为摇动、推动、唤醒学生的动力，从而激活了学生进一步探究的欲望，让课堂充满了灵动。课堂进一步走向深入，演绎不期而遇的精彩！

【关键词】生成；探究；精彩

【案例主题】教师如何敏锐地捕捉课堂生成资源，引领学生成就课堂上"未曾预约的精彩"。

【案例背景】

在一次全国赛课活动中，我执教了“三角形内角和”，想以此课中的生成问题作为案例进行分析反思。

【案例分析】

德国哲学家雅斯贝尔斯说：“教育的本质是一棵树摇动另一棵树，一朵云推动另一朵云，一个灵魂唤醒另一个灵魂。”在哲人的诗中，学生是灵动的生命体，只需摇动、推动、唤醒。而课堂教学是千变万化的，个性张扬的学生、不期而至的意外生成正适合成为“摇动、推动、唤醒”的动力。正如叶澜教授所说：“课堂应是向未知方向挺进的旅行，随时都有可能发现意外的通道和美丽的图景，而不是一切都必须遵循固定线路而没有激情的行程。”下面以“三角形内角和”片段为例，谈谈教师如何敏锐地捕捉到课堂生成资源，引领学生成就课堂上“未曾预约的精彩”。

【片段1】

师：请用量的方法验证的同学先来汇报。哪个先来？

师：你验证的是哪个三角形？每个角分别多少度？内角和是多少度？

（学生一开始都汇报“180度”。）

师：好！了不起，孩子们个个都是量角高手啊！不过我刚才怎么看到有几个孩子在原有量的数据上不停地修改，能解释一下原因吗？

生1（不好意思）：我发现量的三个角之和怎么也凑不出180度，所以我就修改测量数据了！

生2：我也是。

生3：我也是……

师：哈哈！原来大家都隐藏了真实的测量数据！

生：因为我感觉三角形内角和就是180度，而我测量出的三个角的度数相加不是180度，肯定是我测量有问题。所以我就悄悄地改数据，想办法凑成180度！

师：孩子们，正确的答案其思考过程可能是错误的，错误的结果其思考过程或许是对的。按理说，量出正好是180度是挺难的一件事，量得有一点误差那才是正常的！

（学生重新汇报数据：180度、179度、190度、178度……）

思考：教师要及时地根据课堂上获得的信息，善于抓住契机，充分利用好“意外事件”中具有一定教学价值的动态资源，及时调整教学方案。每一次的量角活动中都会有为了凑成 180 度而涂改数据或量两个角度数最后算一个角度数的学生。当课堂上学生都汇报三角形内角和是 180 度时，这就意味着可能存在虚假操作。此时如果教师漠视测量数据，直接在黑板上呈现学生汇报的所有结果都是 180 度，那么学生的动手操作研究就显得缺乏真实性，没有科学研究的严谨性。而我此时直面课堂生成的问题，引出新的问题：“不过我刚才怎么看到有几个孩子在原有量的数据上不停地修改，能解释一下原因吗？”针对学生的回答进行理性的“纠正”，让学生感受到“正确的答案其思考过程可能是错误的，错误的结果其思考过程或许是对的”。动手操作存在误差是正常的。显然，这样的过程展示了原生态的学习，直面误差，激活了学生进一步探究的欲望，让学生在懂得“实验科学性”的同时，也体会到“思维的严谨性”。

【片段 2】

师：用量的方法并不能使我们完全信服三角形的内角和正好是 180 度，有没有哪位同学用更精确的方法来验证？

生：老师，我还是用量的方法，不过我是用铅笔量的，我这个就不用考虑测量误差。笔尖原来朝着右边的，“量”了三个角之后，朝着左边了。由此，我就想到了铅笔刚好转个头，正好是平角！也就是说，这三个角的度数之和是 180°。

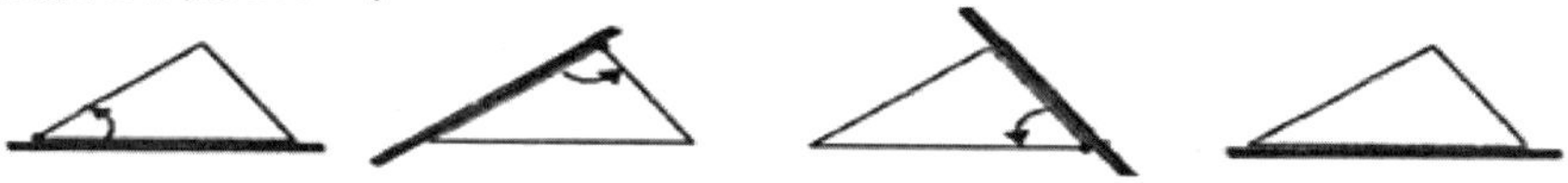

师（出乎意料）：好孩子！有创意！我们请他演示给大家一遍（学生上台演示）。你们看明白了吗？感兴趣的孩子可以在课后试一试！

教室里一阵骚动，每个学生都迫不及待地想试一试。

思考：想不到的生成定能演绎课堂别样的精彩！这个学生的灵感源于第一次集体测量的误差。当教师引导学生直面“用量角器测量”的误差时，此时水到渠成地引发这个学生将测量方法改头换面，以新颖的、大家都想不到的旋转笔头回避数据的方法展示给大家。此时此刻，学生个个小脑袋飞转，听课教师也尝试拿笔转一转，都在思考这是怎么回事。课堂充满了灵动。

【片段 3】

师：刚才我们用量拼、撕拼、折拼的方法来验证，那这些方法有没有什么相同的地方呢？

生：方法不同，但最后都是把三个角合起来。

师：是的，都是把三角形的三个内角合起来转化成平角。

生：老师，这三种方法都是把三角形的三个内角合起来转化成平角。但我想，之前量拼有误差，撕拼和折拼也会有一些误差呀！我们在拼的时候也会存在缝隙，那么这也不能准确地说明内角和是180度啊！

师：对于这个同学的观点，你们怎么看？

生：我一开始没想到，但他说了，我也赞成。

师：你是一个敢于发表独特见解的孩子！我为你点赞。是的，这些方法都属于操作实验。只要是人为操作，那么就不可避免有误差。既然动手操作有优点也有缺点，你有不动手操作实验也能验证的方法吗？

生：我想出来了！这两个一模一样的有直角的三角形能拼成长方形，因为长方形的四个角都是直角，内角和是360度，所以这个三角形的内角和是360度的一半。

思考：无论是教师还是学生，他们提出的有价值的问题都能激发探究知识的兴趣和热情，有助于释放每一个学生潜能和才干的好方法。折的方法是教师本着在量和撕之后“顺学而教”的，但是课堂却不断地产生“生成”。当一个个难题被抛出来后，学生出乎意料地说：“撕拼和折拼也会有一些误差呀！”针对学生的质疑，我巧妙地处理，利用课堂预设外的生成，肯定了学生的观点，再把问题抛回给学生，让大家一起思考：“既然动手操作有优点也有缺点，你有不动手操作实验也能验证的方法吗？”鼓励学生用不同的路径去获取新知，并给予恰当的引导，让学生的灵性真正得以释放，使这种“生成”拓展为促进学生学习的重要资源，从而有效地促进了学生知识技能与情感态度的协调发展。此时，课堂将走向更深入的境界，演绎更多精彩！

苏霍姆林斯基说：“教育的技巧并不在于能预见到课堂的所有细节，而在于根据当时的具体情况，巧妙地在学生不知不觉之中做出相应的变动。”本节课中的很多生成都是不可预见的。但是由本节课想到，如果我们教师能在亮点处引领、在冷场处引领、在迷茫处引领、在错误处引领，就能“化腐朽为神奇”，让动态生成成为小学数学课堂的主旋律，这样就一定能真正步入教学的胜境，与精彩不期而遇。

【参考文献】

［1］卡尔·雅斯贝尔斯．什么是教育［M］．北京：生活·读书·新知三联书店，2021.

［2］吴正宪．听吴正宪老师上课［M］．上海：华东师范大学出版社，2012.

［3］陈余荣．让“动态生成”成为小学数学课堂的主旋律——例谈数学课堂教学中生成的化解艺术［J］．中国校外教育：中旬，2012（3）：117.

这个案例把案例研究一些规则完美地展现出来了，从案例的格式规范到案例的研究方法，从案例的叙述与展开到案例的分析与思考，应有尽有，值得认真研究和学习。

（三）学习写数学教育论文

名师告诉我们，数学教育论文是专业论文，它在撰写上有一些数学学科特征。

第一，观点要能够揭示数学教学新规律。有些论文题目就反映观点，这就是标题点明主题。比如：

（1）《儿童视域下“错”与“误”的价值生长》开宗明义，其文题就彰显论点。（作者姚建法，机构江苏省常州市新北区新华实验小学，刊名《基础教育课程》，2019 年第 15 期）

（2）《以概念构图重构小学数学课堂样态——基于可视化学习的课堂新探索》观点很明确，主标题是论点，副标题是补充说明。（作者葛敏辉，机构浙江省东阳市吴宁第五小学，刊名《上海教育科研》，2021 年第 11 期）

（3）《游戏情境让小学数学课堂更高效》说明主题是数学课堂的高效教学，实现途径是游戏情境，并且通过多种游戏情境来证实主要观点。（作者勇乐文，机构江苏省苏州市吴门教育集团沧浪新城第一实验小学校，刊名《中国教育学刊》，2021 年第 6 期）

再比如：

（1）《小学数学优质课堂的教学语言特征研究》。（作者黄友初、陈杰芳、尚宇飞，机构上海师范大学教育学院、江苏省昆山市千灯中心小学，刊名《课程·教材·教法》，2021年第4期）

（2）《情理共生教学的探索与实践》。（作者丁维虎，机构江苏省南京市长城小学，刊名《上海教育科研》，2018年第5期）

（3）《“思维可视化”在小学数学教学中的实践与思考》。（作者李玲、王宝霞、付惠，机构山西省太原市迎泽区教育局教研室、山西省太原市迎泽区第二实验小学，刊名《教育理论与实践》，2021年第35期）

这些文章的一个共同特征就是标题即表明主题且观点有新意，让人一看就想仔细瞧瞧。

第二，方法要能够创新数学学习新策略。数学学科的魅力就在于充满了无限的可能性，数学教育也是，正所谓教无定法。一线数学教师每天辛勤地工作，有可能产生新的解法和教法，有可能生成新的解决问题的策略。把这些新想法写出来，对他人是有借鉴意义的。例如：

（1）《小学数学通过绘画创造情境的可能性》。教学情境的创设方法有很多，本文所言的绘画法无疑是一种新的方法。（作者张勇，机构江苏省海安市角斜镇老坝港小学，刊名《人民教育》，2021年第22期）

（2）《从倍比关系看分数类解决问题的教学》，其创新在于从倍比关系这个角度来审视分数类的实际问题。（作者汪松浩，机构湖南第一师范学院第一附属小学，刊名《教学与管理》，2017年第14期）

（3）《百以内加减法算理教学的“变与不变”》。低年级的算理教学是数学学习的重点，需要通过不同的策略来突出。本文紧紧抓住“变与不变”来做文章，这是个很好的实践方法，同时也为高年级学习较复杂的分数与百分数类解决问题中的“不变量”埋下伏笔，一箭双雕，不失为一种有远见的创新谋略，值得认真学习。（作者叶开益，机构浙江省湖州市爱山小学教育集团，刊名《教学与管理》，2020年第35期）

再比如：

（1）《小学数学课堂教学目标分解的道与技》。（作者刘勇，机构江苏省南京市扬子第三小学，刊名《教学与管理》，2021 年第 2 期）

（2）《小学数学课堂教学中积极性沉默的特征及实施》。（作者庄海翔，机构江苏省连云港市建国路小学，刊名《教学与管理》，2020 年第 35 期）

（3）《建构数学深度学习三大“真学支架”》。（作者赵玉梅，机构江苏省南通高新区小学，刊名《教学与管理》，2020 年第 8 期）

这些文章都是写新教学方法或教育策略的，值得研读、学习。下面是一篇论文的片段，从中可以看出一些教学新方法、新思维。

在教学“小数的近似数”时，教师提前让学生预习，课始让学生汇报学会了什么、还有哪些不明白。在交流汇报中，教师发现大部分学生只能浅层次地汇报求小数近似数的方法，机械地把整数求近似数知识的原理迁移到小数中来，而对于近似数知识中隐藏的道理却表现出一脸茫然。此时，教师鼓励学生抛出自己已经明白或者不明白的问题。有学生提出，他在学习整数近似数时就搞不清楚为什么要与“5”比，到了精确到十分位时，更不明白为什么要与十分位的“5”比了。针对学生抛出的问题，教师可以利用“以形助数”这个好方法，借助数轴让学生发现 1.496 精确到十分位时只

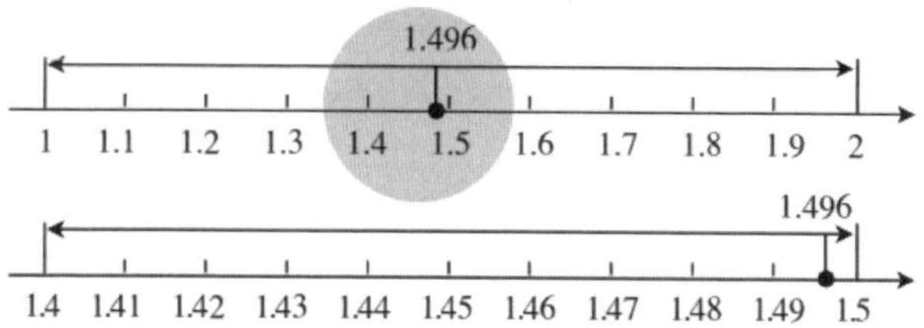

在 1.4 和 1.5 之间，再把 1.4 和 1.5 之间的一段放大。学生看后清楚地发现，1.4 和 1.5 之间的中间数是 1.45，而 1.496 接近 1.5，所以约等于 1.5。教师接着让学生思考：“你会精确到十分位，你还会精确到百分位吗？”当尝试求出精确到百分位的精确值时，部分学生举起了小手，问题便接踵而来：“1.50”和“1.5”是相等的吗？“1.50”的 0 可以去掉吗？为什么一个精确到十分位，一个精确到百分位，但它们的数值却一样呢？学生抛出的问题是有价值的，他们的研究也越来越深入。此时，教师可以继续借助数轴。因为问题是学

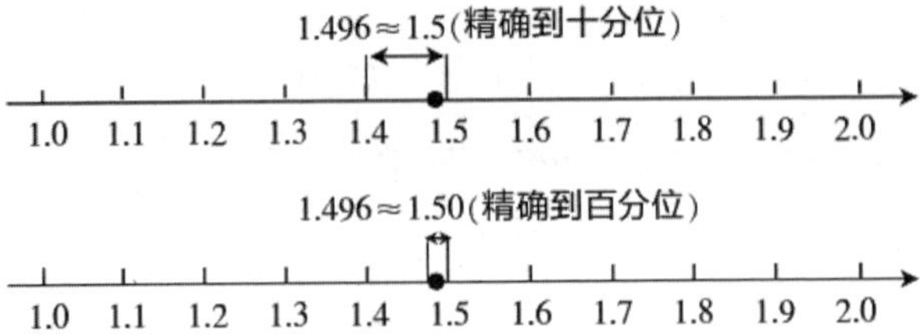

生发现和提出的，所以还得让学生自己去解决。学生从图中可以发现，近似数 1.5 和近似数 1.50 的取值范围不同，也就是说，1.5 和 1.50 的精确度不同。这样在汇报中，学生不是人云亦云地记住了结论，而是在交流中产生了灵感，不断地生成新的问题，再发现问题，提出问题，然后解决问题，学习由此不断地走向深入，思维也走向了深刻。

——节选自朱国军《倡导深度学习　助力思维进阶》（收入本书时有改动）

这个例子中的“以形助数”就是新的教学方法。由此可推，以后面对类似的知识内容教学时，教师都可以采用这样的策略。

第三，经验要能够提供数学探索新路径。经验总结型的论文最为常见，它们往往讨论的是实际教学中的新发现：

（1）它可能是我们一节课的教学经验，比如《让儿童在“自我调节”中学习数学》（作者马建，机构江苏省南通市通州区石港小学，刊名《教学与管理》，2019 年第 8 期）、《数学教学精准追问时机的选择》（作者汪国祥，机构浙江省绍兴市蕺山小学教育集团，刊名《教学与管理》，2019 年第 20 期）、《小学数学结构化学习学历案及其设计》（作者顾新佳、刘娟娟，机构江苏省南京晓庄学院附属小学，刊名《教学与管理》，2020 年第 32 期）等。

（2）它可能是某一种数学关键能力的培养心得，比如《小学生数学识图、画图与析图能力培养》（作者蔡凤梅，机构福建省莆田市城厢区文献小学，刊名《教学与管理》，2020 年第 29 期）、《浅谈小学数学阅读能力的培养》（作者张霞，机构河北省涿州市三义小学，刊名《人民教育》，2020 年第 18 期）、《小学低段学生数据分析能力的培养》（作者白金辉，机构浙江省平湖市行知小学，刊名《教学与管理》，2020 年第 26 期）等。

（3）它可能是某一类题目的教学经验，比如《小学数学例题的合理改编》（作者于飞，机构浙江省海宁市斜桥镇庆云中心小学，刊名《教学与管理》，2019 年第 26 期）、《小学数学单位量教学的目标设置与方法探寻》（作者黄红成，机构江苏省扬州市江都区实验小学，刊名《教学与管理》，2018 年第 124 期）、《“间隔排列规律”教学重构引发的思考》（作者袁仕理，机构福建省柘荣县第三小学，刊名《教学与管理》，2017 年第 35 期）等。

（4）它可能是某一种课型的教学经验，比如《目标导向的小学数学复习课教学》（作者戚洪祥，机构江苏省盐城市串场河小学，刊名《教学与管理》，2019 年第 35 期）、《小学数学问题导引式复习课的实践与反思》（作者陈桂玲、曾继耘，机构山东师范大学附属小学、山东师范大学教育学部，刊名《教育理论与实践》，2019 年第 5 期）等。

（5）它可能是某一单元的教学经验，比如《小学数学结构化学习的单元整体设计》（作者朱俊华，机构江苏省淮安市天津路小学，刊名《教学与管理》，2020 年第 35 期）等。

（6）它可能和数学评价有关，比如《小学数学听评课操作体系构建》（作者张琪、孙晓红，机构山西省太原市教研科研中心、山西省太原市第二实验小学，刊名《当代教育与文化》，2019 年第 1 期）等。

（7）它还可能是作业设计、批改与讲评的经验，比如《小学数学作业要以“质”提“效”》（作者郭圣涛，机构山东省青岛立新小学，刊名《人民教育》，2021 年第 21 期）、《小学数学课堂作业设计的有效性》（作者廖兴坤，机构贵州省安顺经济技术开发区双阳小学，刊名《中国教育学刊》，2020 第 S1 期）、《“三环订正法”在小学数学教学中的运用》（作者徐素珍、储粮，机构浙江省淳安县浪川乡中心小学、浙江省杭州市淳安县实验小学，刊名《上海教育科研》，2017 年第 12 期）等。

这些文章所道出的经验不是一般的常规经验，而是创新型经验，它往往能够提供解决问题的实用路径。

下面是朱国军老师在教学“奇妙的割补”后所写论文的片段，这个片段就很好地体现了教学经验和教学创新：

教学“奇妙的割补”（苏教版《数学五年级上册》“你知道吗？”中的以盈补虚相关内容）时，分为三个层次。首先，复习平行四边面积计算方法以及如何推导出面积公式。教师不满足于书上所说的一种割补方法，鼓励学生想出其他割补方法。学生发现可以把平行四边形分割成直角梯形再组合成长方形，还可以沿着平行四边形左右两边的中点画垂直线段，然后沿着这个垂直线段剪下来旋转一下也能变成长方形。其次，教师打破常规，要求学生用同样的割补方法来研究三角形面积计算公式。学生在原有的学习基础上发现三角形也有多种转化方法，既可以转化成长方形，也可以转化成平行四边形。再次，教师引导学生发现不同的割补有不同的转化方式，而推导出的面

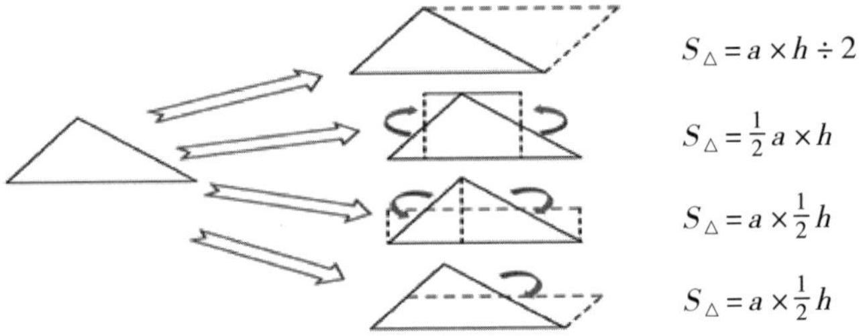

积计算公式虽然形式不一样，但实质是一样的。最后，教师鼓励学生大胆想象梯形又会怎样转化。此时，平行四边形、三角形的多种转化方法为学生提供了广阔的思维空间。他们发现过去只会用一种方法求梯形面积，而现在可以用近十种方法，虽然算式不一样，但却都是求梯形面积。

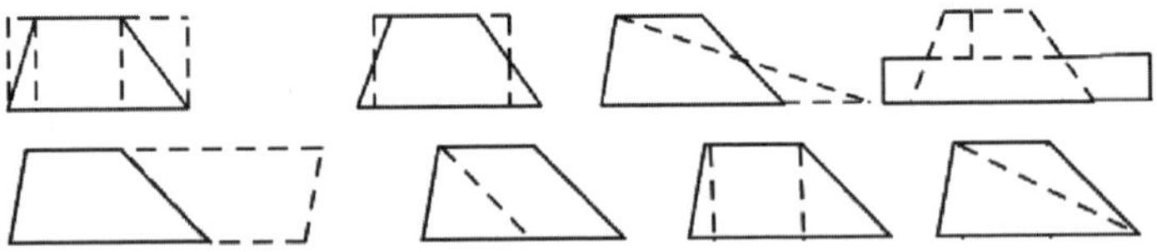

创新来源于求异，创造来源于想象。当教师给予学生“纵横驰骋”“旁逸斜出”的思维空间时，学生才能在想象和理性思考之间“鹰击长空”“鱼翔浅底”。我们可以看到，学生一开始研究平行四边形和三角形面积时节奏是慢慢的，只想到两三种三角形的割补转化方法，但研究到梯形面积的时候，他们的思路就全部打开了，努力地寻找更多不一样的方法。教师不

> 仅让学生发现方法的多样化，还让他们异中求同，从“思维的多样化”向“本质的统一性”过渡。所以，数学课堂一定要引领学生的思维展开交锋，展开碰撞，甚至产生辩论。课堂上，教师的职责就是挑起学生的“思维矛盾”，把学生的思维往宽处逼、往深处逼、往高处逼，逼向绝境，逼到无处可逼，逼到没有退路……这样的数学教学才是真正的数学教学，我们才真正向核心素养发展。
>
> ——节选自朱国军《倡导深度学习　助力思维进阶》(收入本书时有改动)

第四，论据要能够展现数学案例新成就。论文中的分论点需要阐述，比如分论点是“思考无序，缺乏思维能力”。论点的表述都是提炼过的，语言通常短小精悍，因为需要对它进行简单的解释，这就是阐述。这个分论点的阐述如下：

> 我们常常发现学生思考深度不够，看问题常常只看表面，遇到问题无从下手或懒于动笔，忙着求助同学或家长、老师。比如，学生学完了“三位数除以两位数”之后，当做练习遇到“算式谜”时，他们抓耳挠腮，找不到突破口、切入点，即使找到了也会出现思路断层。这一现象说明，学生的思维模式简单，不具备层层递进的思维能力，不能从多角度、多层次、多方式看待问题、发现问题、解决问题。
>
> ——节选自朱国军《倡导深度学习　助力思维进阶》

从中可以看出，阐述中的第一句话是对论点的详细解释，是直白式的阐述。第二句话则是用举例的方式来进一步解释，这样能借助情境案例把问题表达清楚。分论点的论证不能只有解释，还需要论据。名人名言也可以作为论据，比如：

> 论点：追本溯源，让思维由表及里。
>
> 论证：匈牙利著名数学家和数学教育家波利亚指出：“只有理解人类如何获得某些事实或概念的知识，我们才能对人类的孩子应该如何获得这样的知识做出更好的判断。”美国数学家赫斯说：“问题不在于教学的最

好方式是什么，而在于数学到底是什么，如果不正视数学的本质问题，便永远解决不了教学的争议。”所以，教师要深度挖掘教材，追溯知识的本质和内核，关注数学基础知识教学时，不能仅仅满足于探求它是什么，而是要更多地追问这一知识为什么会这样，根据显性知识去设想隐性的思维状态，让思维由表及里，这才是抓住本源性的“深度教学”。

——节选自朱国军《倡导深度学习　助力思维进阶》

数学论文中最有说服力的论据就是数学案例。比如，分论点是“理性分析，让思维由低到高”，用论据来论证的过程如下：

批判性思维是高阶思维之一，也是数学深度学习中连接意义理解和创造性建构的中间桥梁。发展学生批判性思维能力，培养学生批判性思维品质，是数学深度学习的手段和目的。我们教师要精心设计教学，能根据学生课堂上生成的问题进行有深度的提问和推进，积极营造具有开阔思维的学习场域，引导学生多角度思考；需要鼓励学生发出内心真实的声音，进行独立的思考，做出理性的判断。这些是教师培养和发展小学生批判性思维的重要方法。

例如，教学“三角形内角和”时，教师进行了课前前测，发现几乎所有学生都知道三角形内角和是180度。既然学生都知道结论了，教师就直接要求他们想办法验证三角形内角和是180度。学生首选“量”的方法。当把量出来的三个角度数相加发现不是180度时，有部分学生迅速地改数据，还有学生一脸茫然。教师直面学生出现的问题，抛出“难道三角形内角和不是180度？”的疑问，引导学生发现人为测量都会有误差，但要正视这种误差，进而引导他们想出其他的验证方法。学生在动手操作中发现还可以通过撕拼、折拼等方法进行验证，可是他们却又出乎意料地提出“量拼”有误差，“折拼”“撕拼”同样有误差的想法。教师肯定了学生的观点，指明动手操作都会有误差。最后，教师询问学生有没有不用动手操作的验证方法。有学生想到了“推理 ”的好方法，即利用两个一模一样的直角三角形拼成长方形。因为长方形的四个角都是直角，内角和是360度，所以这个三角形内角和是360度的一半，即 $90\times4\div2=180$（度）。还有学生想出把三角形分割成两个直角三角形，内角和即 $180\times2-90\times2=180$（度）。

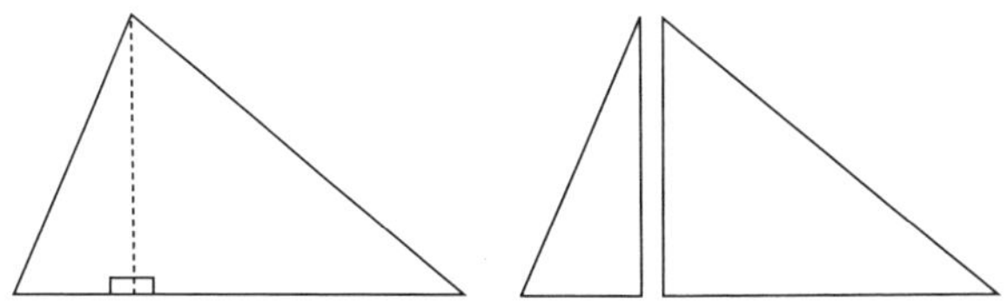

一石激起千层浪。每一次的公开课上都会有为了凑成180度而涂改数据的学生。当课堂上学生都汇报三角形的内角和是180度时，这就意味着可能存在虚假操作。此时教师没有漠视测量数据，而是直面课堂生成的问题，引导学生理性地分析，进而从“量拼”引出“撕拼”“折拼”。当学生学会了理性分析，直接指出“撕拼”“折拼”也有误差时，教师抓住时机，恰如其分地点拨，为学生的思维悄悄地打开了一扇理性之窗，由此水到渠成地过渡到计算推理，再往深度了解其中的逻辑推理。这一过程很好地让学生的思维从形象思维向逻辑抽象思维过渡，使研究步步走向深入，从而使思维得到了很好的进阶。

——节选自朱国军《倡导深度学习　助力思维进阶》（收入本书时有改动）

教师写论文不应只是为了评职称，而更应为了自身的成长和进阶。要想写好论文，一要有真实的体验与反思，二要学会提炼（这个提炼的过程就是通过思考而得到成长的过程），三要多读他人论文。

（四）学做数学教育课题

我们要学习名师，把教育教学问题当作课题来研究。数学教育教学中会有好多问题，当遇到这些问题时不急于都把它们做成课题。解决这些问题的正确思维方式分三步。第一步，先去问身边的同行或名师，看看能不能得到想要的答案，这种方法叫调查法。第二步，如果调查法不能解决问题，那么就要去查找前人或别人做了什么，也就是进行文献研究，这种方法叫文献研究法。大多数的数学教育理论问题和实践问题都能通过文献研究找到答案，这是许多数学教师没有意识到的。如果通过大量的文献研究还是找不到满意的答案，那么这个时候一定要像名师一样，保持我们的职业敏感度，把它当作一个研究的契机。这就是第三步，叫行动研究法。

名师解决问题的能力都比较强，因为他们在面对教育教学问题时大多是通过上面三步解决的。他们阅读的专业书籍多，查阅的数学教育论文多，并且博闻强识。所以，一般的数学教育问题在名师那里都能找到答案。但数学教师的专业化成长要求我们，不能满足于这种小鸟喂食式的无限索取，而应该尽快地学会自己“觅食”，这才是生存之道。专业化可持续发展的必由之路是课题研究。

如何进行数学教育教学课题研究？课题研究可以从个人课题入手，从研究内容和研究方法两方面双管齐下。

哪些内容可以研究？下面以南京市教育科学研究所2021年立项的江宁区小学数学部分个人课题为例，看一看教师们关注哪些研究领域。

（1）从年级的角度来看，每个年级都在课题中有涉及，这说明所有年级的数学教师都可以做研究。同时，年级中还有细分，这是一个新的关注点，可能也是趋势。相关研究课题举例如下：

①小学一年级新生数学学习不适应性的现状及其对策研究（周岗学校吕萱）；

②小学低年级数学作业多元化设计与实施的研究（铜井中心小学严维清）；

③小学中高年级数学学生反思能力的培养与实践研究（东郊小镇小学王洁）；

④核心问题驱动下小学高年级数学学习任务设计的实践研究（江宁开发区学校吴亚琼）。

（2）从数学课型和课堂教学环节的角度来看，每个环节都有人关注和研究。课堂研究仍是当下的研究热点。相关研究课题举例如下：

①微课优化小学低年级数学课堂导入的研究（湖熟中心小学王叶蕾）；

②基于核心问题的支点式深度学习小学数学课堂模式研究（百家湖小学于静怡）；

③小学高年级数学“生生互动”课堂学习活动设计与实施的案例研究（江宁实验小学郭永宁）；

④基于“核心知识导图”小学数学复习课教学有效实施策略的实践探究（诚信小学储艳）；

⑤小学高年级数学试卷讲评策略实践研究（科学园小学王婷）。

（3）从数学学习的路径、策略和方法的角度来看，课题呈现出多元化的倾向。这是数学课堂教学研究的一个分支，广大数学教师对此都非常重视。从相关课题名称可窥一斑：

①借助小学数学“错误资源”进行概念深度教学的实践研究（南京师范大学附属中学江宁分校高华）；

②学习单在小学中高年级数学教学中的运用研究（铜井中心小学周恬恬）；

③借助数学日记，提高小学中年级学困生学习效率的个案研究（江宁中心小学魏婷）；

④小学数学整数简便运算错误分析与纠正策略的研究（禄口第二小学王群）；

⑤错题本在小学高年级数学复习课中的有效使用的策略研究（翠屏山小学任艺）；

⑥基于伪“生活化”现象的小学数学课堂应对策略研究（竹山小学沈国酰）；

⑦“提前学”背景下的数学分层教学的实践研究（竹山小学吴月琴）。

（4）从培养学生核心素养和关键能力的角度来看，教师们不太关注宏观层面的素养与能力，而是关注某一个素养构成因素或某一种能力的培养，比如阅读能力、问题意识等，这比较符合个人课题的特征。相关研究课题举例如下：

①应用“情境生活化习题”提升小学高年级学生数学阅读能力的实践研究（江宁区谷里中心小学朱丽）；

②小学中年级学生数学阅读能力培养的研究（麒麟中心小学卞红梅）；

③小学低年级数学问题意识的培养策略研究（麒麟中心小学尤茜）；

④以“画数学”发展小学数学中年段学生几何直观能力的策略研究（江宁开发区学校刘婷）；

⑤运用数学绘本提高低年级学生问题解决能力的研究（齐武路小学江婷婷）；

⑥指向数学学科核心素养的培养小学低年段学生口算能力的实践研究（潭桥小学范令梅）；

⑦促进小学生数学语言转换的实践研究（科学园小学李洁）。

（5）从数学校本学材开发和跨界融合的角度来看，这类研究比较少，是研究的非主流方向，但也值得关注。相关研究课题举例如下：

①小学低年段数学游戏课程开发与实施的案例研究（上坊新城小学张艳）；

② STEM 教育与小学高年级数学教学融合的研究（上坊中心小学朱芳）。

（6）从评价的角度来看，评价研究的难度限制了数学教师课题研究的想象力和积极性。如何把难度降低？只研究某一类评价，或者只研究评价的某个方面，可以是一个突破口。相关研究课题举例如下：

①表现性评价在小学数学课堂活动中的应用策略研究（东山小学安夏月）；

②小学数学“综合与实践”教学中评价策略的实践研究（江宁实验小学周亚亚）；

③学科核心素养视角下小学数学学业质量评价的研究与设计（东山小学李一婷）；

④小学中高年段数学表现性评价的任务设计研究——以“解决问题

的策略”为例（永泰路小学刘彬）；

⑤小学数学高年段借助“再生作业”促进学生自主纠错实践研究（谷里中心小学方琴）。

（7）从数学思维和深度学习的角度来看，课题内容呈现出倾向思维可视化的趋势。由于数学高阶思维与深度学习关系密切，所以关注学生思维的研究热度一直居高不下。相关研究课题举例如下：

①运用“图示教学法”促进小学高年段学生数学学习思维可视化的案例研究（江宁实验小学段培）；

②运用“思维可视化”提高小学中高年级数学课堂教学效能的实践研究（江宁实验小学奚玉燕）；

③思维导图在小学中段数学整理与练习课中的应用研究（禄口第二小学沈洁）；

④基于儿童思维发展的小学科学教学板书设计策略及实践研究（科学园小学黄敏）；

⑤应用类比归纳提高小学高年级学生数学高阶思维能力的研究（南京师范大学附属中学江宁分校清水亭学校张敏娜）；

⑥小学高年级数学深度学习资源建设的课例研究（晓庄学院滨河实验学校叶碧云）；

⑦深度学习视角下小学数学“解决问题的策略”教学的实践研究（晓庄学院实验小学沈鑫晓）。

（8）从当前流行教育教学理论或理念应用的角度来看，教师们对此的学习积极性高涨，把理论与实践相结合，以检验学习效果。引进当前教育心理学中的新潮理念，也是在给数学学习注入活力。这些研究基本都是应用研究，例如：

①基于变易理论的小学中高年级数学概念教学设计研究（江宁实验小学王思骅）；

②学习历程可视化视角下小学高年级数学“学的活动”设计的策略

研究（潭桥小学戴芬）；

③“循证教学”在小学数学“数与代数”领域的教学实践研究（永泰路小学郝瑞亚）；

④结构化视角下高年段学生数学问题解决力培养的实践研究（晓庄学院滨河实验学校姚应平）；

⑤视角论指导下的小学高年级数学复习课课例研究（东山小学施媛媛）；

⑥基于数据视角下小学数学课堂提问的实践研究（晓庄学院实验小学魏丛利）。

（9）从多媒体技术融合的角度来看，“微校”这一智慧课堂平台倍受数学教师的喜爱。数学学习引进新媒体技术是教学效率提升的一种重要手段，任重道远。相关研究课题举例如下：

①金陵微校平台下小学数学课堂“动态教学”的效度研究（未来科技城小学朱敏博）；

②小学中年段数学表现性评价在“金陵微校”智慧教学课堂中设计与实施的效度研究（未来科技城小学陈旭飞）；

③“挑战单”与“微视频”支撑的小学数学预学模式的实践研究（文靖东路小学葛泽宇）。

（10）从差异化教学和分层教学的角度来看，教师们比较关注学困生，而对另外一个差异化群体较少关注，那就是资优生。幸好本书有专门的章节来谈论这个问题。学困生研究的相关课题有：

①小学中年段学生“数学学习困难”的成因和对策的研究（上元小学王倩）；

②小学高年级流动儿童数学差异性学习的成因及对策研究（上坊中心小学刘贵金）；

③小学高年级数学学困生解决问题错误的原因分析及对策研究（土桥中心小学王融）。

数学研究课题关注较多的领域是研究热点，没有被关注或关注较少的领域是研究冷点，这些点都可以给我们数学教师在做课题研究时提供一个方向上的参考。上面的这些课题集中反映了一个可以立项的选题必须具备以下 3 个特点：

第一，立项课题都具有实用价值，可以解决实际问题。课题来源于问题，问题来源于工作。做课题不是为了做课题而做，而是为了让工作做得更好，以及更好地做工作。

第二，立项课题都具有创新价值，可以产生新思想、新方法，可以创造性地解决问题，提供解决问题的新路径。

第三，立项课题都具有增值价值，可以促进教师的专业化发展，全面提升教师的业务水平。也就是说，做课题的乐趣不仅仅在于课题本身带来的成功，因为它可以激发教师的工作热情，培养正确的思维方式，锤炼教育科研的技能，促进教师多读书、多思考，使得教师在教学质量、教学水平、科研能力等诸方面得到全面提升。

多做课题，养成用课题研究的方式来解决教育教学问题。长此以往，教师的理性思维就会进阶，看问题的角度就会多元，视野和格局也会变大。

常用的数学教育教学课题的研究方法有哪些？把常用的课题研究方法与数学教育有机结合起来，形成数学研究课题的独特气质，有 4 点建议：

一是多用文献研究法，可以解决大多数的理论困惑和现实矛盾。在一线教学中，教师会遇到许多问题，甚至会遇到现实与理论相冲突的困境，从而产生许多困惑或矛盾。向同行请教，可以解决一些问题，但获得的信息大多属于经验层面。这些经验可能有用，可是通常并不知道它为什么有用。这时，进行文献研究是最好的解决方法。通过在学术论文数据库里进行关键词搜索，可以找到有针对性的论文、观点和解决策略，避免无效的碎片化阅读。这就是文献研究与专业阅读之间的区别之一，前者有明确的目的性，并且要求对文献进行综述，后者则对此无硬性要求。

多用经验总结法，可以提取一手的教学体验和教学心得。数学课题用得最多的研究方法就是基于观察的经验总结法。没有经过整理的经验通常不成体系，缺乏系统性、结构性和逻辑性，而课题研究是讲究科学性的，需要把这些零散的经验进行结构化处理，从而形成逻辑严密的结论。例如，对于“小学中高年级数学审题能力培养策略的实践研究”这一课题，平时在教研时，很多教师张口也能说出几个审题的经验，像逐名阅读、圈画关键词、找出条件语句、找动词、先估算等等，但是这些经验都缺乏系统性的表述。而通过研究后，能得出这样的几条结论：

以评促学，用评价的方法引导学生形成良好的审题习惯和自我负责的意识。评价时，既评价结果也评价过程，特别要增加评价审题环节，用评价的导向作用引领学生养成审题习惯。评价的方式有自评、他评和师评。

以图绘审，用画图的方法来培养审题能力。把题目中的一些条件及数量用线段图、思维导图、概念图、集合图、柱形图，甚至几何图的方式画出来，这一方面有助于罗列条件，另一方面有助于厘清数量关系，为问题解决寻找突破口。

以文治理，加强学生的文字理解能力，用提升文科素养的方法来促进理科审题能力的提升。

这些结论的表述就是经过提炼而成的，既有条理也有层次。

多用实验研究法，可以采取形象的数学建模和数据分析的方法。事实上，用数学建模的方法来进行科学研究已经大行其道。在课题研究上，越来越多的数学分析方法被应用，除了有数学建模外，还有数据分析、数学推演等。数学课题更应该多用数学的方法来进行研究。课堂观察不能只停留在定性的观察阶段，而是要想办法进行定量测量并制订量规。像本书所述的成长型思维模式表达就是用数学建模的方法。

德韦克的思维模式理论可以用一个类似天平游标滚动条（如图 6–2 所示）来表示，这个示意图形象地表明了固定型思维模式与成长型思维模式相互对立的关系。如果游标偏向固定型思维模式这一端，就判定测量对象的思维模式为固定型思维模式；如果游标偏向成长型思维模式这一端，就判定测量对象的思维模式为成长型思维模式。这个模型在描述游标偏离矢量上存在缺陷。

图6-2　德韦克的思维模式模型：天平游标滚动条

本书拓展了德韦克的这个理论，把它用笛卡尔坐标（如图 6–3 所示）进行表达。这就是数学建模的方法。

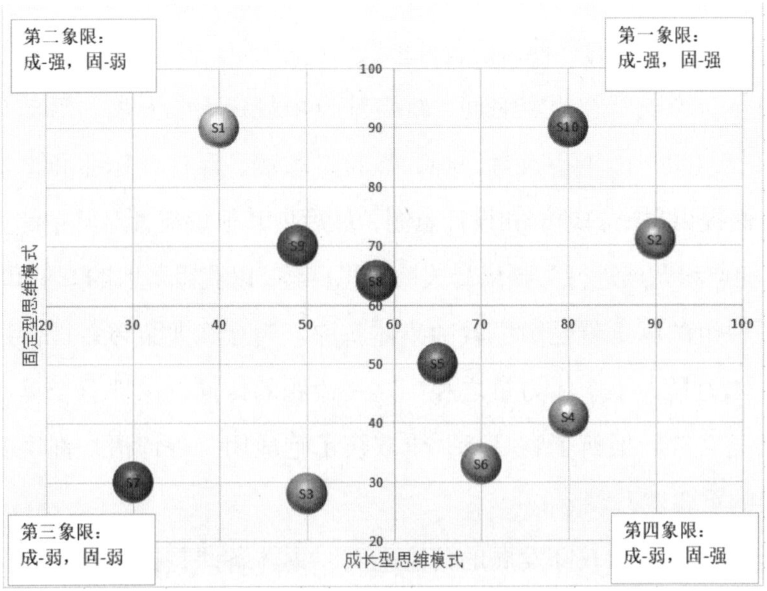

图6-3　学生思维模式分布图

多用行动研究法，可以验证理论的现实意义和应用价值。目前的课题研究中，有一些是直接对某种理论的应用，这就是典型的行动研究。路径和方法已经有了，直接去实践就可以了。几乎所有的课题研究者在课题提出之初都要寻找理论支撑，这是为了说明这个课题的科学性所在。这些理论在这个课题中也有通过实践行动被进一步验证的。行动研究法要特别强调以下 3 点：强调有效性，看行动对实际工作有无成效；强调参与性，看行动对象是否深度参与，是否有真切体验；强调批判性，看行动的过程与结果和理论或理念差距多少，用实践来检验认识，通过批评与反思，再实践、再认识。这就是行动研究的哲学基础。

五、成长型思维模式视域下的集体备课——在专业化发展共同体中成长

许多学校都设有备课组这个组织，特别是大的学校，备课组众多，小的学校会用教研组代行备课组职责。这其实是颇具中国特色的一种教育生态。

集体备课是指一种集体备课行为，相对于个体备课，它通常以备课组这个集体为单位，对课堂和后课堂教学行为进行预备优化，是以求师生发展利益最大化的一种课前备课形式。

集体备课通常在规定时间、规定地点由规定人员开展。活动时由备课组组长组织，由主备人对课标、教材、教法、课件、作业和学生前概念等方面提出自己的理解和设计意图，然后由其他参与者对其中的重点、难点、疑点和亮点进行头脑风暴式的集思广益，以获得可取的意见和建议。

备课组的职责就是组织教师集体备课。为什么要集体备课？这源于对“集体力量大于个体力量之和”这一命题的认同。像“三个臭皮匠顶个诸葛亮”“一根筷子容易折，十双筷子抱成团”等谚语，都说明团队和团结的重要性。

从学校教育和教师发展的角度来看，集体备课是提升学校课堂教学整体水平的助推器，是教师专业化发展前期的必由之路。在教学“五认真”的循环圈中，起点就是备课，而发挥集体的力量来备课，效果一般好于“单打独斗”。

（一）备课组是教师专业化发展共同体

备课组通常由本年级本学科的教师组成，比如三年级数学组。

备课组这一组织具有如下几个特征：

（1）组织的临时性。备课组不是学校的行政部门（如校长室），也不算是职能部门（如教务室、教科室），但它隶属于教务室，可以理解为教务、教导处的派出机构。每学年初组成，人数不定，设备课组组长1人，任期1年，之后备课组又会重组。因为它不固定且无行政职权，所以呈现

出临时性，从而容易导致组织松散，缺少约束。这也是备课组组长组织集体备课难度较大的原因之一。

（2）活动的有序性。虽然组织松散，但由于这个组织对教师备课有帮助，特别是对新教师、年轻教师帮助最大，所以倍受一线教师的喜爱。备课组在学校的要求下，一般每周组织一次集体备课，并有固定的时间、地点、主讲人、主讲内容和管理制度。备课组组长是组织者和主持人，全学期的集体备课内容由他在学期初分配完毕。每次活动都有固定的程式和套路，因此活动基本有序。

（3）目标的一致性。参加集体备课的教师其目标是一致的，那就是通过集体的研讨，形成对教材、教法、作业的一致性意见。从中松义郎的“目标一致”理论（如图 6–4 所示）的角度来看，个人的努力方向只有和组织发展的趋势相一致时，个人的潜能力量才是极大值。

（4）过程的民主性。主讲人在对教材、重难点、教学设计建议和作业设计进行分析后，通常会有一个头脑风暴式的讨论。围绕上述内容，组内教师各抒已见，这充分体现了民主性。

（5）效果的集智性。集体备课产生的成果很多，例如对教材的重难点统一了认识，对疑点统一了意见，对教学过程统一了纲要式的简案，甚至还有统一的课件和统一的作业。

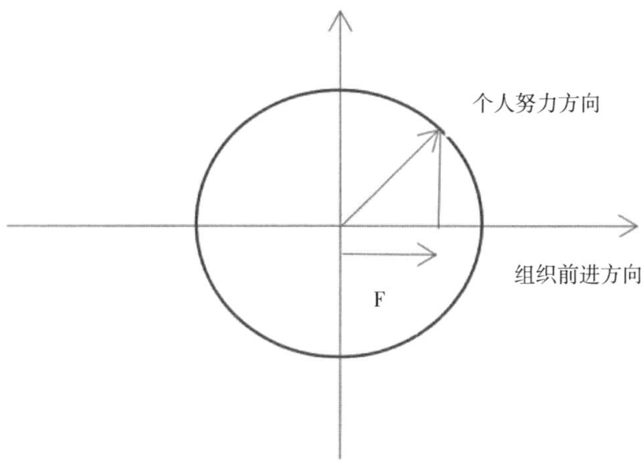

图6–4　中松义郎的“目标一致”理论

集体备课通过集体的力量形成共识，解决了教学前的一些难题，也解决了个体独立备课的一些烦恼。但是，集体备课也容易让教师产生惰性，促使他们滋生“饭来张口，衣来伸手”的消极情绪，同时还会弱化教师个体独立思考的意识和能力。这是需要警惕和预防的。

（二）如何参与集体备课

参加集体备课时，不能将除了主讲人外的其他参与教师理解为仅是听众。如果一次集体备课活动搞成“一言堂”，其他人没有参加讨论、交流和互动，那就不叫集体备课，而是独立备课，自然也不会有什么集大成的集体智慧，只能是一次失败的集体备课。

参与集体备课的教师必须要把自己摆在参与者的位置，并积极主动地发表意见和听取别人的建议，这样集体备课于人于己，才有意义和价值。在实际参与的过程中，教师要做到“六多”：

（1）多听。主备人通常都是非常认真地备一节或一个单元的课，他会比平时多花几倍的时间和精力去准备备课材料。因此，当他在讲的时候，一定要认真地听，听他讲了些什么，以及他是怎样讲的。要听他讲的教材分析中有没有新的挖掘点，要听他对目标分解到具体可执行的层次，要听他对重点和难点的理解，要听他的教学过程设计是如何突出重点、突破难点的，要听他对作业的建议，要听对他对课件使用的讲解。除此之外，真正会听的教师还要能听出他没讲什么，这才是主动的听、积极的听、智慧的听。

除了要会听主备人的讲话外，还要会听参与者的讲话。参与者讲的有可能是补充，也有可能是质疑，还有可能是建议。当然，好多人可能会重复一些观点，也有可能提出不同的见解。参与者要通过听和思，分辨谁说得更有道理。这种能力同样需要长期的训练。

（2）多看。一看教材，有无遗漏和疑问；二看作业，有无分层和盲点；三看教案，有无补充和修正；四看课件，有无增删和分解；五看教具，有无现成和创新；六看表情，有无首肯和批判；七看组长，有无开场和总结。多看就是多收集信息，帮助自己更快、更好地理解集体备课的内容。值得一提的是，数学教师对教具的结构、功能和操作规范要了如指掌。

（3）多记。参与者要带教材、备课本，一方面是为了便于熟悉相关内容，另一方面是为了便于记录。分析教材的时候，把一些重点和注意事项及时地在书上做标记，特别是那些被自己忽略的知识点。要在备课本的二次备课地方及时地把集体智慧记下来，同时也把融合了大家建议的集体教案要点记下来，并将其与自己设计的步骤相对照。这样教师的备课能力才会提升。

（4）多想。参与者参加集体备课时不能只带教材，还要有准备，要带着自己的备课经历走进集体备课。在集体备课时，只带着耳朵、不带大脑的教师收获微乎其微，基本上听完、说完就完事，事后不会留下什么印象。而能够自己先备一遍再去听集体备课的教师，就相当于有了预习，头脑里有了“预习”和“听讲”之间的思维碰撞，这样才会有深刻的思考甚至思想。

（5）多问。集体备课的召集人和组织者通常在主备人讲完后，会就某个重点、难点、疑点、切入点提出可讨论的话题，然后抛给大家。这时，参与者一定要抓住机会，不懂就问，不能不懂装懂、不以为然。多问疑点，直至搞懂，不管是数学专业知识，还是数学教育教学技术，都可一问；多问没讲到的地方，搞清是什么原因；多问为什么，理解数学算理和教学机理。

（6）多议。参与者在听取别人意见的时候，与自身观点相符合时应进行附议和补充，不相符时应勇于质疑和反驳。后者很难做到，但真理越辩越明，百家争鸣能促进新思想的诞生。多与人坦诚以待地交流，多发表真知灼见，多参加不同议题的讨论。这也是成长型思维模式的体现。

（三）我是主备和主讲

备课组组长通常在学期初把本学期的教学内容按单元或课时分配给组内的教师进行集体备课，因此原则上，每个人都有领到集体备课任务的可能性。当然，年轻教师分到的任务会少一些，骨干教师和经验丰富的教师会多承担一些任务。

那么，当轮值为主备人和主讲人的时候，应该如何准备呢？认真而充分地准备备课材料，但讲的时候最好不要面面俱到，若从教材分析到教学设计都事无巨细地讲，会让人听得昏昏欲睡。有经验的主讲人通常在主讲的时候讲“五点”：

（1）讲起点。起点包含两个方面：一是知识的起点，即学这部分数学知识需要哪些知识铺垫，进而讲导入的习题和情境创设；二是学生的起点，要分析学情，讲学生的基础，此处最好进行分层，然后给一个中等进度学习的建议。这样讲起点就能讲得清楚、讲得深入。

起点和弹跳点不同。弹跳点是为拓展和提升而设计的结构性习题或问题，让学生“跳一跳能摸得更高”。起点和切入点不同，切入点是新知识的导入口，是新旧知识的“焊接点”。教学设计过程的导入和过渡通常都要考虑切入点。

（2）讲重点。重点是从教学目标的角度要求学生应知应会的内容，是教学目标中的核心，也是一节课知识体系的中心和重心。讲重点时要结合教学目标，把重点要掌握的程度拎清。教学目标中，“了解”的部分通常不是重点，“学会”“理解”“掌握”等行为动词描述的部分才可能是重点。要结合具体内容来讲重点，要对教学设计中的突出重点部分进行讲解和演示。

（3）讲难点。学生对重点知识理解起来有难度的部分，就是难点。重点通常是唯一而固定的，难点则因人而异。所以，分析难点的时候，就不能不提分层教学、差异化教学，这样才能把难点讲透、讲清、讲具体。在难点突破时，要给学生建议。以下面这道题为例：

小明和小红共有10支铅笔，小明比小红多2支铅笔，他们各有几支铅笔？

单纯地分析数量关系，对低年级学生来说抽象了点儿，他们理解起来可能也会存在困难，因此这是一个难点。如何突破这个难点？建议用画线段图的方法来突破这个难点：

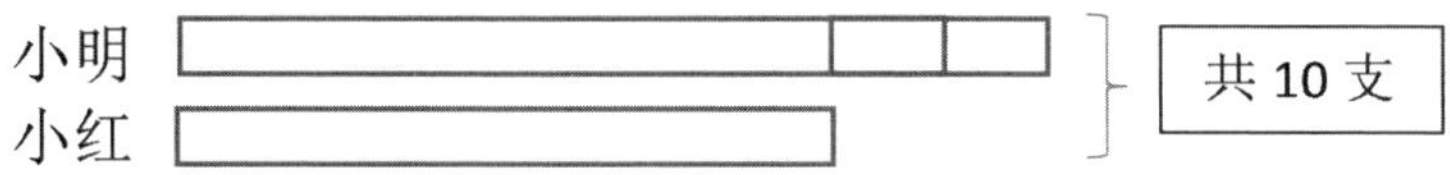

（4）讲疑点。疑点也分知识和教法两个层面。知识的疑点属于数学专业问题，这些问题一般通过讨论和查询都能找到标准答案。而教法的疑点是指对教学参考书上的建议提出质疑，还有对自主设计的环节不敢肯定和在较多的活动中表现出“选择困难”的地方。对这些疑点的分析要具体、细致，要讲出自己疑惑的地方，并进行即时讨论。

（5）讲亮点。亮点通常是课堂上学生的学习和思维上容易出彩的地方，也可以是课堂意外生成的话题，是让师生有超常发挥，表现得可圈可点、令人回味无穷的地方。讲亮点要分析师生心理高潮阶段的具体情绪，要考虑学生可能会有哪些表现，要有思维的进阶和提升，要有数学思想的总结和升华。

把集体备课当作一节公开课来上，同样会出彩，同样会提升教师的备课能力、上课水平，从而促进数学学科素养的综合积累。其中的挑战与克难、努力与反思等过程，又使成长型思维模式得以锻炼和改善。

六、从成长型思维模式角度来看教学相长——在课堂成长共同体中成长

成长型思维模式视域下的课堂，是师生学习共同体，也是师生和课风成长共同体，这是由成长型思维模式的属性决定的。师生主体间性是它的外部表现特征。如何做到教学相长、师生共进？可以从两个方面进行实践：一是在课堂上学会教学，在课堂上学会学习；二是教师与学生一起成长，特别是朝着成长型思维模式方向成长。

（一）在虚拟学习空间磨炼

教师要想提升自己的教学水平，需要在多方面下功夫。目前与课堂有关的几种课堂异化生态值得关注。在课堂上学会教学是教师的必由之

路，同时要关注虚拟学习空间中的微缩课堂生态——说课和演课。

1. 说课

说课其实是由集体备课演化来的，是在快餐式文化对课堂教学的渗透和冲击背景下的产物。说课的唯一好处就是能够在短时间内（通常10分钟以内）把一节课的教学目标、重难点、教学过程等集体备课内容用精炼的语言表达出来。良好的说课要求同时具备4个特征：完整性、创造性、学术性和层次性。

内容上要注重完整。常规的“十说”——说教材、说学情、说目标、说重点、说难点、说教具、说过程、说作业、说板书、说评价——一个都不能少。说的过程可以进行简单的解释说明，但不能照本宣科。比如说目标，要说为什么要这样分解，当然是为了学生啦。“十说”中“说作业”通常会被忽略，这要特别注意。因为说作业体现了一种学生观。虽然说课时没有学生在场，但教师心中一定要有学生。这是判断说课质量优劣的一个内部标准。

另外，还可以说模式、说开发、说得失、说优化。这是因为听说课的对象是同行不是学生，他们需要听一些业界的主流教育教学思想是如何在课堂中体现的，所以要拓展一些。

方法上要注重创新。说课时可以把学生状态假想为最优状态，这样可以放开手脚、大胆设计。在教学方法上一定要出新，比如教学路程问题时，用路况实时视频作为导入环节的素材，以打破原有学习空间的界限，这比看一张图片要有新意。当然也要鼓励学生创新学习方法和解题方法。

学术上要有高度。可以把说课理解为写一篇案例，它每个环节的设计要有理论支撑，这些理论在实践中的应用要给听者解释清楚。表达设计意图时要详略得当，要有理论高度。例如下面是针对导入的解释：

> 最高明的课前谈话应该是渗透教学重难点以及数学思想方法的谈话。“创新来源于求异，创造来源于想象”这句话看似与上课无关，实则与课堂息息相关。这样的思想不仅体现了这节课的“魂”，也让学生终身受益。同时，这样的谈话熔铸了教师运筹帷幄、高瞻远瞩的智慧，是教师对课堂过程通盘考虑、周密安排的集中体现，也展示了教师的教学艺术。
>
> ——节选自朱国军《浸润数学思想　提升数学素养》

层次上要注意两点：一是表达程序上要有层次性，不一定非要按上述“十说”的顺序，但要做到逻辑清晰、结构有致；二是要关注分层教学和分层评价，从目标开始就要分层，教学设计、作业要求、评价都要分层。

说课可以说备课阶段的课，也可以说自己曾经上过的一节课，这主要取决于听众的需求。

2. 演课

演课就是虚拟上课，在教室里面对虚拟的学生真实地上课，只不过省略了一些学生活动等环节，时间上大大短于一节课的 40 分钟，通常 15 分钟左右即可。

与说课不同的是，演课不需要把上面的“十说”都说出来，有些也不能说出来，虽然听众都是同行，但是真正的受众是学生，所以演课比说课更需要教师有明确的学生观。好的演课具有 3 个特征：虚拟真实性、实用性、创新性。

虚拟真实性是演课最突出的特征。在一个没有学生的教室里，要完成一节课从导入到总结的全过程，这就需要教师有想象力和模拟感。虽然学生、课堂、教具等都是虚拟的，但教师是真实的。因此，教师要有代入意识和能力，要像真的那样上课，并且通过自己的表演，能够让旁听者也能感觉到你是在真正地上课，而不是装模作样地在表演。

演课的实用性是指它具有实用价值。虽然演课省略了一些教学环节，但整个上课流程应该是真实的、有用的。演课是浓缩版的上课，仍然需要教师有驾驭课堂的真功夫。

演课的创新性是指教学过程中有新奇的教法，并且这种教法能够收到较好的效果。虽然没有学生，但教师可以借助虚拟学生的口，把一些创新的步骤说出来。比如说："刚才这个善于表达的学生给我描绘了这样一个思路……"

演课时教师可以板书，这一点容易被忽略。

（二）与学生一起成长

因为成长型思维模式的目标追求一致，所以师生结成了成长共同体，大家努力方向一致，获取路径一致，表达方式一致，行为体现一致。这使得整个成长共同体具有源源不断的能量输出和动力表现。

与学生一起成长，要求我们数学教师要在三个方面与学生保持一致：

（1）目标一致。教师与学生成长的目标融合统一，就是指在成长型思维模式方面有所增长和提升，在固定型思维模式方面负增长或消弭。从成长型思维模式的角度来看，师生都向着一个方向奔跑，只不过教师跑得可能有些辛苦，因为成熟的思维模式要改变起来会更难一些。所以，师生在日常生活中可以建立相互促进机制，互相监督、互惠共进。

（2）步调一致。在向成长型思维模式前进的过程中，师生可以同时"起跑"，努力的步骤可以高度统一，学习的方式也可以共同分享，从而形成和谐共振、互相影响、互相受益的氛围。

（3）成长一致。师生共同成长后，取得的成绩是一致的，那就是成长型思维模式得以充填大脑，并成为决策的主要响应力。大家在成长平台上可以平等而无障碍地使用成长型思维模式语言进行交流与对话，从而产生更广泛的成长价值，促进彼此天天向上、时时进步。

综上，数学教师的专业化发展过程需要紧紧围绕教学和科研两个方面，其中教学是中心，科研是助推器。在这两个方面的发展中，如果能够用成长型思维模式来指导和引领，则会产生高效率、高收益；相反，如果对成长型思维模式一无所知、不会实践，专业化成长之路就会变得很艰苦。

尾声

测量学生的思维模式，从育人和教学的角度来讲，是为了了解学情，这个学情可能是我们以前没有关注过的领域，即思维模式学情。在日常教学中，广大教师可能只关注学情的知识基础、能力基础、心理基础，甚至思维基础，不太会关注思维模式。这是因为学科核心素养中对学科思维比较看重，而我们所不知道的是思维的思维就是思维模式，它解释了思维产生、形成的过程，决定了思维发展的方向。对数学学习来说，不管是概念理解还是结果获取，思维模式并没有直接的动力输出指向，相反，数学学科思维中的分析与综合、等量代换、逻辑推理等，则可以直接帮助学生解决问题、提高学分。但是大量的案例研究表明，思维模式，特别是成长型思维模式的发展，可以促进学科思维的发展，从而推动学科学习，进而影响师生积极的价值观形成。这才是重视成长型思维模式观测和培养的价值所在。

数学课堂上对师生的成长型思维模式进行观察，可以了解师生在一节课中成长型思维模式发展的表现点，通过成长型思维模式要素雷达图切片分析，可以快速地找出发展方向，进行针对性和专业性的干预，从而使成长型思维模式结构更完善，进而对数学课堂的“教学涡轮”产生强大的、可持续的压强。这是成长型思维模式课堂观察的价值所在。

成长型思维模式观照下的教风和学风，会综合表现为成长型课风。对成长型课风的追求，产生了课堂成长共同体。这一概念的提出，打通了成长型思维模式课堂培养的“经脉”，形成了成长型思维课堂新样态，值得深入研究。

成长型思维模式在数学实践中的发展不是一帆风顺的，需要改变实践者意识领域中的一些根深蒂固的思维定式。同样，成长型思维模式也不是学习领域中一柄无所不能的利剑，可以剑风所至，让思维模式及思维的劣构立马变良构。本书虽然在思维模式的分类上大胆地向前迈了一步，建立了象限四区模型，但其原点附近仍然存在离散现象。也就是说，这个模型仍然有一些缺陷有待改进。

成长型思维模式虽然不是万能的，但是：

具有较高成长型思维模式能量值的学生，更乐观、更豁达；

具有较高成长型思维模式能量值的教师，更努力、更通透；

具有较高成长型思维模式能量值的课堂文化，更包容、更和谐。

参考文献

[1]Sternberg R J, Conway B E, Ketron J L, et al. People's conceptions of intelligence [J]. Journal of personality and social psychology, 1981, 41（1）: 37–55.

[2]Dweck C S. Self-theories: their role in motivation, personality, and development [M]. Philadelphia: Psychology Press, 2000: 20–38.

[3]卡罗尔·德韦克.终身成长[M]. 南昌：江西人民出版社，2017.

[4]安妮·布洛克，希瑟·亨得利.成长型思维训练[M].上海：上海社会科学出版社，2018.

[5]麦克·格尔森.如何在课堂中培养成长型思维[M].北京：中国青年出版社，2019.

[6] Mueller C M, Dweck C S. Praise for intelligence can undermine children's motivation and performance [J]. Journal of personality and social psychology, 1998, 75（1）: 33–52.

[7] Blackwell L S, Trzesniewski K H, Dweck C S. Implicit theories of intelligence predict achievement across an adolescent transition: a longitudinal study and an intervention [J]. Child development, 2007, 78（1）: 246–263.

[8]玛丽·凯·里琪.可见的学习与思维教学[M].北京：中国青年出版社，2017.

[9]弗拉维尔，米勒.认知发展[M].邓赐平，译.上海：华东师范大学出版社，2002.

[10] 中华人民共和国教育部．义务教育数学课程标准 [M]. 北京：北京师范大学出版社，2022.

[11] 朱国军，李冉．“成长型思维模式”的内涵、功能及培养策略 [J]. 江西教育，2022（19）：69-71.

[12] 翟乡平．成长型思维与坚毅的关系：未来时间洞察力、成就动机的多重中介作用 [D]. 烟台：鲁东大学，2018.

[13] 马春花，劳慧雪，王有朋．父母自主支持、成长型思维与大学生毅力的关系研究 [J]. 职业教育（中旬刊），2019，18（2）：58-62.

[14] 吴弦．父母教育卷入对小学生学习成绩的影响：成长型思维的中介作用 [J/OL]. 当代教育论坛，2021（2）：75-88 [2021-02-15].https://doi.org/10.13694/j.cnki.ddjylt.20210125.001.

[15] 蓝翠娟，李晶．母亲工作状况对儿童情绪行为问题的影响：母亲思维方式的调节作用和家庭养育环境的中介作用 [J]. 学前教育研究，2020（2）：57-67.

[16] 刁春婷，周文倩，黄臻．小学生成长型思维模式与学业成绩、生活满意度的关系：学业自我效能感的中介作用 [J]. 心理与行为研究，2020，18（4）：524-529.

[17] 吴艳茹，郭蕾．成长型思维：“互联网 +”时代教师自主发展的动力源 [J]. 天津师范大学学报（基础教育版），2017（4）：12-17.

[18] 唐纳·威尔逊，马库斯·科尼尔斯．元认知学习：策略、活动与课例设计 [M]. 滕梅芳，沈宁，译．杭州：浙江教育出版社，2022.

[19] 梅海燕，金泠，张果，等．基于脑科学的成长型思维培养：发展每一个学生的潜能 [J]. 中小学管理，2018（6）：46-49.

[20] 尤迎九．成长型思维课：初中心理辅导课程校本化的实践创新 [J]. 江苏教育，2019（24）：15-17.

[21] 徐燕．指向成长型思维的心理团辅课程实践 [J]. 教育界（基础教育），2019（9）：19-20.

[22] 杨友平．积极思维构建成长型思维课堂[J]. 基础教育研究，2019（24）：21-22.

[23]朱国军，彭亮．开展数学深度教学　助力学生思维进阶[J]. 江苏教育，2020（33）：25-28.

[24] 李梦帆，张晓峰，叶青．如何在课堂上培养学生的成长型思维？[J]. 上海教育，2020（8）：47-49.

[25] 屠琰．成长型思维在中职班集体管理团队建设中的应用[J]. 中小学心理健康教育，2018（6）：64-66.

[26] 张祥云，龚彦滇．教育追求：重“成功”还是重“成长”[J]. 高等教育研究，2020，41（2）：1-8.

[27] 王艳玲．在教师专业发展中建构成长型师生关系[J]. 鸡西大学学报，2007（1）：6-8.

[28] 徐燕．积极心理学引领下发展学生和家长的成长型思维[J]. 启迪与智慧（中），2020（6）：72-73.

[29] 李凌艳，耿丽娜．成长型思维模式干预项目及其对我国自主发展教育落地的启示[J]. 教育科学研究，2018（9）：80-85.

[30] 朱国军．基于深度学习的教学要义及实践[J]. 上海教育科研，2020（12）:89-92.

[31] 金慧．基于问题解决的学习支持[M]. 长春：吉林大学出版社，2011.

[32] 安德斯·艾利克森，罗伯特·普尔．刻意练习[M]. 王正林，译．北京：机械工业出版社，2019.

[33] 鸿雁．读心术[M]. 长春：吉林文史出版社，2017.

[34] 郭婷．微表情心理学[M]. 哈尔滨：黑龙江美术出版社，2019.

[35] 杨福家．博雅教育[M]. 上海：复旦大学出版社，2015.

[36] KBS Homo Academicus 制作团队．怎样才是最好的学习[M]. 千太阳，译．北京：中信出版社，2014.

[37] 何权峰 . 格局 [M]. 南京：江苏凤凰文艺出版社，2015.

[38] 王蒙 . 原则：极简孟子 [M]. 北京：北京联合出版公司，2019.

[39] 阿伦·蒙德塞克，詹姆斯·迪斯，埃林·K. 迪斯 . 如何学习最有效 [M]. 丁大刚，译 . 上海：上海世界图书出版公司，2004.

[40] 吴军 . 态度 [M]. 北京：中信出版集团，2018.

[41] 吴军 . 见识 [M]. 北京：中信出版集团，2018.

[42] 天野胜 .OKR 思维 [M]. 金磊，译 . 北京：中国友谊出版社，2021.

[43] 约翰·杜威 . 我们怎样思维经验与教育 [M]. 姜文闵，译 . 北京：人民教育出版社，2005.

[44] 朱迪亚·珀尔，达纳·麦肯齐 . 为什么：关于因果关系的新科学 [M]. 江生，于华，译 . 北京：中信出版集团，2019.

[45] 海穆特·班尼须，赫尔曼·冯·萨斐德，卡塔莉娜·冯·萨斐德 . 心理学百科 [M]. 江雯娟，罗珮菁，林敏雅，译 . 南宁：广西人民出版社，2011.

[46] 彼得·C. 布朗，亨利·L. 罗迪格三世，马克·A. 麦克丹尼尔 . 认知天性：让学习轻而易举的心理学规律 [M]. 邓峰，译 . 北京：中信出版集团，2018.

[47] 杨维忠，陈胜可，刘荣 .SPSS 统计分析从入门到精通 [M]. 北京：清华大学出版社，2011.

[48] 沈毅，崔允漷 . 课堂观察：走向专业的听评课 [M]. 上海：华东师范大学出版社，2019.

[49] 吴江林，林荣凑，俞小平 . 课堂观察 LICC 模式 [M]. 上海：华东师范大学出版社，2019.

[50] 崔允漷，沈毅，吴江林 . 课堂观察Ⅱ：走向专业的听评课 [M]. 上海：华东师范大学出版社，2019.

[51] 高巍 . 课堂教学行为观察与评价研究 [M]. 武汉：武汉大学出版社，2019.

[52]Stiggins R J. 促进学习的学生参与式课堂评价 [M]. 国家基础教育课程改革“促进教师发展与学生成长的评价研究”项目组，译 . 北京：中国轻

工业出版社，2005.

[53] 秦桂花，蒋泽法，王敦淼 . 中小学生成长型思维模式现状与学习成绩的关系 [J]. 家长（中），2020（20）：122-124.

[54] 霍华德 · 加德纳 . 多元智能新视野 [M]. 沈致隆，译 . 北京：中国人民大学出版社，2010.

[55] 程安妮 . 指向成长型思维培养的课堂教学反馈优化 [J]. 文教资料，2020（13）：172-174，187.

[56] 张晓东 . 掀开基础教育改革的人学新篇章 [J]. 江苏教育，2019（2）：20-21.

[57] 王卫丽，石国伟 . 成长型思维模式培育路径探索 [J]. 基础教育课程，2020（11）：32-37，44.

[58] 钟启泉 . 课堂研究 [M]. 上海：华东师范大学出版社，2016.

[59] 黄爱云，李霓 . 成长型思维：改善数学学习的新路径 [J]. 教育现代化，2019（53）：22-24.

[60] 朱国军 . 证据推理让学生的数学学习走向深刻 [J]. 教学与管理，2020（35）：35-37.

[61] 朱国军 . 本源性教学，让小数更有意义——“小数的意义”教学实践与思考 [J]. 小学数学教师，2021（1）：40-44.

[62] 朱国军 . 变中寻不变　玩中悟本质——以“A4 纸中的数学问题”教学为例 [J]. 江苏教育，2021（43）：61-65.

[63] 朱国军，陈静 . 深化学习内容　渗透数学思想——“图形的割补”教学实录与评析 [J]. 小学数学教育，2019（22）：62-63.

[64] 张军瑾 . 让创造成为习惯 [M]. 上海：上海教育出版社，2011.

[65] 白月桥 . 课程教学的脑理根据 [J]. 早期教育（教师版），2009（Z1）：94.

后 记

2018年，我们看到了一份报告——《2018年美国教育趋势》。这个报告是美国独立网站 Teach Thought 发布的，它通过分析 2018 年教育行业的访客网络行为，得出了美国人最关心的教育话题和最热门的教育趋势，其中有我们耳熟能详的创客教育、PBL、布鲁姆目标分类、个性化学习、多元评价等，但是排在第一位的是成长型思维。于是，我们成立了课题组，开始了对成长型思维的文献研究和应用。

两年后，基于前期研究，课题组向江苏省教育科学规划办公室申报了“指向小学生成长型思维培养的课堂观察研究”课题，该课题被批准为重点资助课题（立项号 B-a/2020/02/32）。课题开题时，江苏省教育科学规划领导小组办公室董林伟主任对该课题寄予厚望，南京师范大学附属中学江宁分校张士民校长希望将这个课题做成全校的课题，并在课题研究过程中进行多次引领和具体指导。感谢他们对本课题的支持和评价！

四年来，课题组采集了大量的数据，进行了数轮的观察和分析、两年的干预和验证，终于取得了一点创新成果。这些成果集中体现在理论和实践两个方面：理论方面创新是对卡罗尔·德韦克思维模式的内涵进行了拓展和延伸，改一维两极表述为二维四区数学模型表述；实践方面创新是提出了课堂成长共同体，并践行至今。在数学教学中发展师生的成长型思维模式首先取得了一些经验，并将其总结成文，编辑成册，以分享我们的经验和研究方法。

在课题研究过程中，课题组先后向南京师范大学附属中学教育集团和江宁区小学进行了三场展示汇报，在此向南师附中葛军校长及江宁区教科室汪圣龙主任、陈林静老师表示感谢！

在成书过程中，南京市教育科学研究所刘大伟所长多次关心、鼓励、支持，并对本书章节结构和书名提出了具体的指导建议，特此感谢！

课题研究的辐射效应，引起了江宁区教育局的关注，课题组被认定为“四有好教师培育团队”。本课题组核心成员有以下教师：江苏第二师范学院刘英莹老师，南师大附中江宁分校张建忠、马婷、陈洋洋、贾迪、杨小莉、苏小菊、厉琳煜、韩雪峰、张建亮等老师。他们在课题研究中无私地贡献智慧，并参与所有的课堂观察，在此感谢团队各成员的辛勤努力和付出。

南师大附中江宁分校张瑞、祝宇霖、陈元珠、庞芳、张滨等老师参与了实验班的实验研究工作，并提供了学生成长的一手资料，在此一并表示感谢！

感谢南京晓庄学院的大力支持！

后期，研究团队还会将成长型思维模式观测和培养的研究经验应用于其他学科，乃至德育活动、校园管理等其他领域。

朱国军　李冉

2023年1月